KB203847

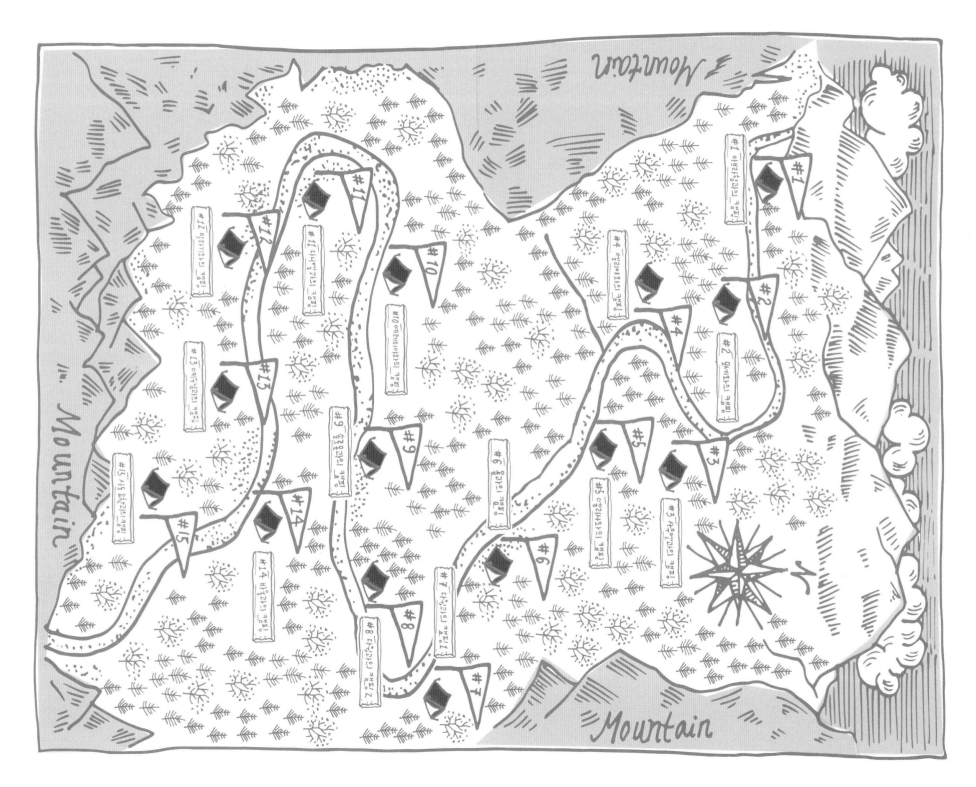

바이블 트레킹

바이블 트레킹

김성규 지음 | 이혜민·조하영 그림

복음의 능선을 따라
종주하는
15주 통독 시리즈

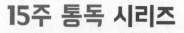

홍성사

일러두기
본문의 성경 구절은 개역개정판을 사용했습니다.

말씀을 사랑하는 바이블 트레커 _____에게
마음을 담아 이 책을 드립니다.

이찬수 분당우리교회 담임목사

청소년부터 전 성도가 이해하기 쉬운 통독서가 필요했던 교회, 온오프라인 성경 모임을 운영하고자 하는 사역자, 하나님과 더 깊은 일대일 신앙을 원하는 분들에게 적극 추천한다.《바이블 트레킹》의 각 주마다 있는 트레킹의 심볼 이미지와 성경 지도 등은 통독이라는 모험에 상상력을 더하는 좋은 소품이 되어 줄 것이다. 소그룹 또는 개인 누구나 나만의 '트레킹 저널'을 써 보기를 권한다.

신도배 서울드림교회 담임목사

《바이블 트레킹》을 읽으면서 '고맙다'는 마음과 '재밌다'는 마음이 들었다. 성경을 가까이하려는 노력이 결실로 나타났고, 자칫 지루할 수도 있는 성경 읽기를 트레킹에 비유해 아주 흥미롭게 설명하기 때문이다. 이미 정기적으로 성경 통독을 하고 있는 성도들이나, 처음 시작하려는 성도에게 모두 추천할 만한 책이다. 특히, 청소년이나 청년들이 실제로 '트레킹'을 하면서 이 책을 활용해 통독할 수 있다면 대단히 좋을 것이다.

김여호수아 서울드림교회 담임목사

　김성규 목사는 서울드림교회에서 새신자들을 위한 '드림플러스'라는 예배 사역을 섬기며 목회 훈련을 하였다. 또한 교회에 익숙하지 않은 사람들과 아직 믿음에 확신이 없는 초신자들이 쉽게 이해할 수 있는 메시지를 전하면서 목회의 새로운 대상을 향한 마음을 키워 왔다. 그의 새로운 책을 보면서 그 마음이 고스란히 녹아난 것 같아 감사하고 기쁘다. 성경 통독이라는 조금은 지루해질 수 있는 여정을 쉽고 흥미롭게 인도해 주는《바이블 트레킹》을 통독이 부담스럽게 다가오는 분들에게 추천한다. 이 책을 통해 더 깊은 말씀의 풍요로움을 경험하게 될 것이다.

박지순 HSBC 신우회장

　"90일간의 바이블 트레킹" 완주 경험의 생생한 감동이 책을 통해 살아난다. 트레킹의 안내자이자 안내도인 '깃발강의'는 성경을 읽는 내내 인도받은 선명한 핵심을 잊지 않고 붙잡게 만든다. 해당 성경에 대한 설명에서 저자의 탁월한 해석과 빨려 들어가는 스토리텔링은 성경 통독임을 잊게 한다. '캠핑'에서는 깊이 마주하고 싶었던 인물에 집중하게 하며, 작가의 예리한 권면에 큰 울림이 있다. 몇 번을 트레킹해도 결코 지루하지 않을 신선한 성경 통독 여행서이다.

송영일 MYSC 서비스디자인 디렉터, 테이블처치 성도

　마치 트레킹처럼 바람을 가르며 성경을 경쾌하게 읽는 경험. 아무리 느리게 곱씹어 성경 보기를 선호하는 사람이라도, 예쁜 캠핑 지도와 당신을 기다리며 피운 모닥불을 그냥 지나치지 못할 것이다. 일상을 멈추고 하나님의 산으로 트레킹을 떠나보자. 이 책은 당신의 여정에 능숙한 세르파(현지 안내인)가 되어 줄 테니 가방 위쪽에 담으시고.

성경이라는 산맥의 능선을 따라 걷는 '바이블 트레킹'을 시작합
니다. '바이블 트레킹'은 정상을 정복하기 위해 산을 오르는 '등산'이
아닌, 산에서 산으로 이어지는 능선을 따라 걷는 '산행'을 말합니다. 트
레킹의 목적은 산길을 걷는 행위 그 자체에 있습니다. 창세기에서 요
한계시록까지 복음의 능선을 따라 주님과 함께 걸으며 주님이 보여 주
시는 것을 보고 깨달음을 발견하고 주님과 대화하는 '주님과의 동행'
입니다.

유학 시절 읽었던 빌 브라이슨의 《나를 부르는 숲》(A Walk in the
Woods)에서 '바이블 트레킹'에 대한 영감을 얻었습니다. 저자는 오랜
친구와 함께 애팔래치아 트레일 종주에 도전합니다. 친구와 함께 배낭
을 메고 산행을 하며 장대한 자연을 경험하고 산행에서 만나는 사람들
과 추억을 쌓아 갑니다. 비록 종주에 성공하지는 못했지만 두 친구는
언제든 산을 찾고 또 즐길 수 있는 '산사람'이 되었습니다.

'바이블 트레킹'에 함께하시는 여러분 또한 언제든 성경이라는
산을 찾고 또 즐기는 '산사람'이 되기를 바랍니다. 완주하지 못해도 괜

찮습니다. 천천히 산길을 걸으며 산행의 기쁨을 맛보시기를 바랍니다.

이 책은 '바이블 트레커'를 위한 트레킹 가이드입니다. 90일간의 바이블 트레킹을 돕기 위해 깃발강의와 트레킹 저널, 캠핑, 스낵타임으로 함께합니다. 《바이블 트레킹》은 성경이라는 산을 긴 호흡으로 천천히 걸어 보고 싶은 분들과 함께하는 책입니다. 성경을 처음 접하시는 분들에게는 가벼운 영적 산행이, 이전에 성경 통독을 경험하신 분들에게는 색다른 영적 산행이, 성경을 깊게 묵상하고 싶은 분들에게는 풍성한 영적 산행이 될 것입니다.

2020년 유례없는 팬데믹 상황을 '바이블 트레킹'의 은혜로 함께 이겨 나간 테이블처치, 위워크 스낵타임, HSBC 신우회 가족들을 포함한 도심의 바이블 트레커들에게 감사합니다. 여러분과 함께 성경 산맥을 걸으며 나눈 은혜들 때문에 이 책을 엮을 수 있었습니다. 더불어 시작 전부터 함께 꿈을 나누었던 빈티지앤뉴 파트너들 황유숙, 조하영, 이혜민 님과 바쁜 와중에 기꺼이 책의 내용을 감수해 준 믿음의 친구들 신숙구, 고대곤 목사에게 감사드립니다. 마지막으로 저를 위해 늘 기도해 주시는 제주와 수지에 계신 부모님들께, 저의 기쁨인 두 아들 윤과 진, 그리고 제 인생 트레킹의 동반자 아내 주은에게 고마운 마음을 전합니다.

바이블 트레커들의 믿음의 완주를 응원하며,
Raise a Hallelujah!

바이블 트레킹
사용법

★ 준비물
마음에 드는 성경책, 바이블 트레킹 책,
바이블 트레킹 지도, 수첩과 연필, 견과류와 물

★ 시간
하루에 성경 13-14장씩, 트레킹 1시간 정도 소요,
걸으면서 10분 정도는 단축 가능

깃발강의 트레킹 코스

깃발강의 깃발강의는 한 주간 성경산맥을 종주하면서 반드시 기억해야 하는 지점에 두 개의 깃발을 꽂고 가이드를 받는 시간입니다. 두 개의 깃발은 바이블 트레킹 지도 안에 이미지로 그려 놓았습니다. 듣고 나서 트레킹을 할 때, 깃발이 보이는 말씀을 만나게 되면 잠시 머물러 감상해 보시기 바랍니다.

캠핑 트레킹을 하면서 우리는 성경 속의 인상적인 인물들과 마주치게 됩니다. 그럴 때면 더 시간을 보내며 이야기를 나누고 싶습니다. 잠시 그들을 만난 장소에 텐트를 치고 함께 캠핑을 즐겨 보면 어떨까요? 가까이에서 그들의 이야기를 듣다 보면 성경이 더 쉽게 이해되는 경험을 하게 됩니다.

트레킹 저널 트레킹의 신비는 같은 길을 다시 걸어도 산을 새롭게 알아 가는 데 있습니다. 그래서 트레킹 저널을 기록해 놓고, 그것을 다시 읽으면 새롭게 경험한 감동은 더 선명해지고 풍성해집니다. 그리고 과거의 트레킹의 감동이 되살아나 두 배의 기쁨과 보람을 전해 줍니다.

스낵타임 일주일의 산행을 마친 트레커들이 성경산맥 산장에 모여서 한 주간의 말씀 중 더 알고 싶었던 장면, 무언가 더 사연이 있을 거라 생각되는 내용의 질문을 나눠 보는 시간입니다. 불가에 모여 따뜻한 커피와 차를 마시면서 이야기를 나누는 시간을 통해 성경산맥과 구원의 능선의 의미를 알아 가게 됩니다.

차례

참조·타락
홍수·바벨탑
4 족장

#1

1주

창세기-출애굽기

깃발강의

첫 주 깃발강의를 시작합니다. 이번 트레킹에서는 이 두 가지를 꼭 기억하셨으면 좋겠습니다.

먼저, 첫 번째 깃발을 볼까요? 동그라미 안의 화살표들이 한 방향으로 돌고 있습니다. 그리고 네 개의 키워드가 돌고 있습니다. '창조—타락—홍수—바벨탑'. 저는 성도들과 이 주제에 대해 이야기할 때 '창조' 옆에는 '사랑', '타락' 옆에는 '범죄', '홍수' 옆에는 '다시 사랑', '바벨탑' 옆에는 '다시 범죄'를 적곤 했습니다. 오늘도 그 키워드로 설명해 보도록 하겠습니다.

하나님은 사랑으로 '창조'하셨습니다. 창조하시고 나서 하나님이 기뻐하시는 것을 보면 그분의 감동이 얼마나 컸는지 알 수 있습니다. 그러나 그 모든 창조물은 한순간에 '범죄'로 오염됐습니다. 끝이 없

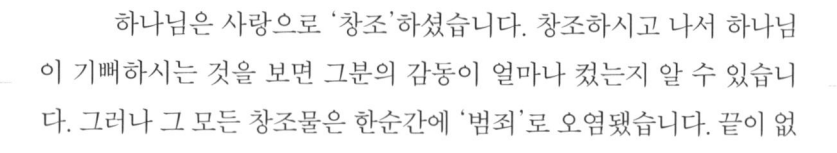

는 '타락'으로 죄가 쌓여 갔습니다. 그 죄가 쌓여서 하나님은 사랑하는 이들을 심판하실 수밖에 없었습니다. '홍수'로 모든 죄를 쓸어버리셨습니다. 그렇지만 심판으로만 끝이 나지 않았습니다. 노아의 가족을 통해 새로운 소망이 시작됐습니다. 하나님은 그들을 '다시 사랑'하셔서 죄를 심판하시고, 노아의 식구들을 구원하셨습니다. 무지개를 보여 주시면서 다시는 이와 같은 심판을 하지 않겠다고 약속해 주셨습니다. 그리고 그들의 새로운 시작을 축복하셨습니다.

심판은 끔찍한 재앙이지만 하나님의 심판에는 노아와 그의 가족을 통한 새로운 시작의 소망이 담겨 있습니다. 무지개 언약 안에 인간을 향한 하나님의 사랑이 선명하게 새겨 있습니다. 그러나 그들은 머지않아 다시 죄를 짓습니다. 타락하고 '다시 범죄'하게 됩니다. 그들의 커져 가는 교만한 마음을 보여 주는 것이 바로 '바벨탑'입니다. 하나님의 영광이 아닌 인간의 명예를 목적으로 세웁니다. 그리고 언젠가 또 당할 수 있는 하나님의 심판을 대비하는 그들의 불신은 바벨탑을 더 높게 세우도록 만들었습니다.

'창조, 타락, 홍수, 바벨탑'이라는 창조시대의 사이클을 '사랑, 범죄, 다시 사랑, 다시 범죄'라는 단어로 생각해 보았습니다. 하나님의 사랑과 인간의 죄로 인한 순환은 구약의 역사 속에 연이어 등장하고, 예수님이 오시기 전까지 반복됩니다. 이번 트레킹에서 이것만 기억해서도 저는 보람 있을 것 같습니다.

두 번째 깃발입니다. 숫자가 쓰여 있네요. 숫자 '4'입니다. 창세기는 어떤 책보다도 시대별 구분이 뚜렷합니다. 1장부터 11장까지는 역사 이전 시대인 창조시대, 12장부터는 역사가 시작되는 족장시대입니다. 두 번째 깃발은 족장시대에 등장하는 네 명의 족장들입니다. '아브라함—이삭—야곱—요셉'. 통독을 시작하는 창세기부터 수많은 인물들이 등장하고, 창세기 5장부터 나오는 족보에는 수많은 인물들이 쏟아집니다. 그들을 설명하는 스토리들도 끊이지 않고 계속됩니다. 그런데 이번 트레킹에서 족장시대를 걸어갈 때는 다른 사람들은 다 잊어도 이 네 명의 이름을 꼭 기억해야 합니다.

족장시대의 첫 번째 지도자는 아브라함입니다. 아브라함은 '믿음'으로 유명합니다. 그를 찾아오신 하나님의 약속을 믿고 족장시대의 기반인 친척과 아비의 집을 떠났습니다. '떠남'으로 시작된 그의 역사는 믿음이 무엇인지를 보여 줍니다.

오늘은 창세기 22장으로 아브라함과 이삭을 설명해 보겠습니다. 어느 날, 아브라함은 불에 제물의 모든 것을 태우는 번제물로 이삭을 바치라는 하나님의 명령을 받았습니다. 그는 곧바로 짐을 싸서 다음날 하나님의 산으로 갑니다. 어느 지점이 되자 그를 힘으로 말릴 수 있는 신실한 종들도 떼어 내고, 이삭과 함께 산으로 들어갑니다. 그리고 그는 아들을 죽이려고 합니다. 그때의 믿음을 어떻게 설명해야 할까요? 그는 불안한 마음으로 떨지도 않고, 머뭇거림도 없습니다. 그는 마지막 순간까지 하나님이 언약으로 주신 아들이 그 이삭이라는 것을 믿으면서 칼을 들었습니다. 언약을 이어 갈 유일한 아들을 죽이려고 하는 그의 믿음은 히브리서 11장 19절에 설명되어 있습니다. 아브라함은 이삭이 그 자리에서 죽어도 하나님은 다시 살리실 수 있다고 믿었습니다.

이삭의 키워드는 '순종'입니다. 그는 아브라함의 믿음의 유산을 가지고 있음이 분명합니다. 앞서 나눈 창세기 22장에서 자신을 바치려는 아버지 아브라함과 함께 산으로 올라갑니다. 노년의 아버지가 그의 손을 묶는 것을 도살장으로 끌려가는 양처럼 순종하며 받아들입니다. 아브라함이 이삭을 바치는 그림을 많은 화가들이 그렸습니다. 그중 17세기 화가 피아체타는 100세를 넘긴 노년의 아브라함에 안긴 이삭을 근육질의 청년의 모습으로 그렸습니다. 그의 손은 묶여 있지 않으며 아버지의 품에 고개를 묻고 있습니다. 이삭은 아버지의 믿음을 신뢰하며 그에게 순종합니다.

야곱의 키워드는 '성장'입니다. 이삭의 쌍둥이 아들 중에 둘째인 야곱은 자신 앞에 있는 형보다 늘 앞서가려고 애를 씁니다. 그러다 어느 순간 그는 넘지 말아야 할 선을 넘습니다. 무리한 도전으로 도망자가 된 야곱을 하나님이 찾아가셨습니다. 도전과 깨달음의 반복 속에서 그는 성장하고 성숙해집니다. 혈기가 이끌어 가던 야곱에게 '이스라엘'이라는 새로운 이름을 주시고, 하나님이 원하시는 민족의 지도자로 삼으셨습니다. 그의 이름은 민족의 이름이 되고, 그의 열두 아들들은 이스라엘을 대표하는 열두 지파가 되었습니다.

마지막으로 요셉의 키워드는 '섭리'입니다. 섭리는 시계의 수많은 톱니바퀴들이 맞물려 돌아가듯이, 하나님이 보이는 곳과 보이지 않는 곳에서 역사하시는 것을 의미합니다. 요셉은 아버지의 특별한 사랑을 받고 자라던 아들이었지만 한순간에 돌아올 수 없는 나라로 팔려 간 노예가 됩니다. 그러나 그것은 그를 신실한 믿음의 사람으로 연단하는 과정이 되었습니다. 그 과정에서 일어난 사건과 기적들은 그를 감옥에도 보내고, 애굽(이집트)이라는 제국의 총리로도 만듭니다. 그리고 그 일을 통해 하나님은 가뭄 속에서 사라질 수 있었던 야곱의 가족을 구원하시고 열두 아들들은 부유한 애굽 제국에서 민족의 규모를 갖추게 됩니다. 이 기적의 역사를 만들어 가는 데 요셉의 삶의 순간들은 톱니바퀴처럼 움직이고 일합니다.

믿음의 아브라함, 순종의 이삭, 이스라엘이라는 민족의 이름을 받은 야곱, 섭리의 요셉. 트레킹을 하며 이 네 명을 꼭 기억하시길 바랍니다.

그럼 첫 번째 깃발강의는 여기까지 하겠습니다. 바이블 트레킹의 첫 출발을 응원합니다. 파이팅!!

트레킹 저널

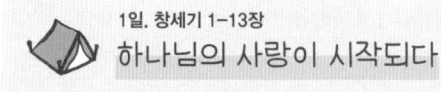

1일. 창세기 1–13장
하나님의 사랑이 시작되다

트레킹의 시작점은 창조의 순간입니다. 그리고 하나님의 사랑도 같은 시작점에서 출발합니다. 저는 미술 작품들을 감상하면서, 과연 예술가들은 집중하던 작품을 만들다가 손을 떼야 하는 시점을 어떻게 정하는지 궁금했던 적이 있습니다. 작가로서 느끼는 자신의 작품에 대한 완성도와 만족감이 어떨지 궁금했습니다.

성경 말씀은 모든 창조물이 하나님의 작품이었고, 말씀은 완성품이었다는 것을 강조합니다. 하나님은 그의 작품들을 보시면서 만족감을 아끼지 않고 표현하셨습니다. 보이지 않는 시간도, 광대한 공간도, 아름답고 향기로운 꽃들도 하나님이 보시고 기뻐하신 작품들이었습니다. 그중에서도 인간을 향한 특별한 마음을 성경에 남겨 놓으셨습니다. 하나님은 인간을 자신의 형상으로 만드시고, 특별히 하나님의 호흡을 불어넣어 숨 쉬게 하셨습니다.

하루는 하나님이 남자가 혼자가 아니라 동반자가 있으면 좋겠다는 생각을 하셨습니다. 그를 사랑하는 마음에 삶을 공유하고, 서로 도울 수 있는 여자를 창조하셨습니다. 그리고 그 둘을 위해 특별한 장소를 준비하셨습니다. 아담과 하와의 눈에 아름다운 것들로 채우시고, 좋아할 맛있는 음식들을 준비하신 에덴동산입니다.

여호와 하나님이 그 땅에서 보기에 아름답고 먹기에 좋은 나무가
나게 하시니 동산 가운데에는 생명 나무와 선악을 알게 하는
나무도 있더라 창 2:9

그러나 하나님의 사랑만 채워진 세상에 결이 완전히 다른 무엇이 들어왔습니다. 바로 죄입니다. 죄는 시작되자마자 발전되고 확장되었습니다. 죄의 결과도 걷잡을 수 없이 커지고, 다른 사람들에게 퍼졌습니다. 하나님의 사랑은 아픈 마음으로 바뀌었습니다.

땅 위에 사람 지으셨음을 한탄하사 마음에 근심하시고 창 6:6

죄가 쌓여서 심판을 피할 수 없게 됩니다. 큰 홍수를 통해 죄인들도, 죄로 덮힌 세상도 물로 덮입니다. 그러나 모든 것을 덮는 심판도 완전한 해결을 주지 못합니다. 노아의 가족으로 시작한 새로운 세대도 다시 죄를 짓게 됩니다. 이 반복은 이어집니다. 예수님이 오시고, 모든 것을 이루시기 전까지.

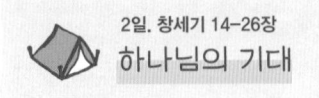

이미 노년에 접어든 아브라함을 하나님이 찾아오셨습니다. 그리고 그에게 '언약'이라고 부르는 약속을 주십니다. 전능하신 하나님이 죄로 끊어진 인간에게 주신 언약을 아브라함은 반드시 이루어질 미래로 받아들입니다. 이것이 믿음입니다.

> 그를 이끌고 밖으로 나가 이르시되 하늘을 우러러 뭇별을 셀 수
> 있나 보라 또 그에게 이르시되 네 자손이 이와 같으리라 아브람이
> 여호와를 믿으니 여호와께서 이를 그의 의로 여기시고 창 15:5-6

하나님의 언약은 아브라함이 바라는 소원이 됩니다. 하나님의 언약이 펼쳐질 미래를 소망하며, 기다립니다.

> 이는 그가 하나님이 계획하시고 지으실 터가 있는 성을
> 바랐음이라 히 11:10

믿음의 사람은 하나님의 말씀을 사실로 받아들입니다. 그 위에 생각을 쌓고 믿음으로 결정하고, 하나님의 약속이 이루어지기를 기다립니다.

하나님도 아브라함을 믿고 기대하셨습니다. 사람의 모습으로 그를 방문한 하나님을 알아보고 달려와서 극진히 섬기는 모습은 이 순간이 얼마나 중요한 의미를 지니는지 보여 줍니다. 그리고 그를 방문한 사람들이 떠나는 장면에서 하나님이 가진 기대를 보여 주십니다.

여호와께서 이르시되 내가 하려는 것을 아브라함에게
숨기겠느냐 아브라함은 강대한 나라가 되고 천하 만민은
그로 말미암아 복을 받게 될 것이 아니냐 내가 그로 그 자식과
권속에게 명하여 여호와의 도를 지켜 의와 공도를 행하게 하려고
그를 택하였나니 이는 나 여호와가 아브라함에게 대하여 말한
일을 이루려 함이니라 창 18:17-19

하나님의 기대는 아브라함의 온전한 믿음이었던 것 같습니다. 그에게 이삭을 번제의 제물로 바치라고 명령하십니다. 그는 하나님의 명령에 즉시 반응하여 짐을 싸고, 새벽에 출발합니다. 그가 하려는 행동을 말릴지도 모를 힘센 종들은 멀리서 기다리게 하고, 이삭만 데리고 올라가 제단에 바쳤습니다. 그의 순종은 하나님의 기준을 온전히 채웠습니다.

우리 조상 아브라함이 그 아들 이삭을 제단에 바칠 때에 행함으로
의롭다 하심을 받은 것이 아니냐 네가 보거니와 믿음이 그의
행함과 함께 일하고 행함으로 믿음이 온전하게 되었느니라 약 2:21-22

3일. 창세기 27-39장
형과의 전투에 앞서 벌어진 하나님과의 씨름

이삭에게는 에서와 야곱이라는 쌍둥이 아들이 있었습니다. 야곱은 동생이기 때문에 받지 못하는 것을 형에게서 빼앗고 싶었습니다. 기회가 오자 맏아들의 권리도, 에서가 받을 축복도 모두 챙깁니다. 그리고 그 대가를 혹독하게 치릅니다. 그는 축복은 받았지만 사랑받지 못합

니다. 시간이 지나도 형이 자신을 죽이려 한다는 두려움과 죄책감을 떨치지 못합니다. 도망자 생활을 마치고자 고향으로 돌아오는 길에 그는 한 낯선 사람을 만납니다.

> 야곱은 홀로 남았더니 어떤 사람이 날이 새도록 야곱과
> 씨름하다가 창 32:24

야곱은 자신을 찾아온 낯선 사람과 밤이 새도록 씨름합니다. 승부를 내지 못한 채 날이 밝게 되어 놓아 달라고 하는 그 사람을 야곱은 보내 주지 않습니다. 야곱이 축복하지 않으면 갈 수 없다고 말하자, 낯선 상대는 이렇게 말합니다.

> 그가 이르되 네 이름을 다시는 야곱이라 부를 것이 아니요
> 이스라엘이라 부를 것이니 이는 네가 하나님과 및 사람들과
> 겨루어 이겼음이니라 창 32:28

야곱이 씨름한 상대는 하나님이었습니다. 과거의 죗값을 에서에게 받을지도 모를 그 순간에 하나님은 직접 결판을 내시려고 오셨습니다. 야곱은 이 긴박한 순간 앞에 벌어진 씨름에서 승리하고, 축복을 확인받습니다. 동시에 하나님을 직접 보았지만 죽임당하지 않았음을 깨닫습니다.

그 이후 야곱은 담대해졌습니다. 상황은 달라지지 않았지만, 하나님께 받은 용서와 평안은 그가 형에게 나아가 죗값을 치르겠다는 마음의 준비를 하게 해주었습니다. 그는 이제 무리 뒤에 숨지 않고 맨 앞으로 나아옵니다. 에서가 400명을 거느리고 온다는 소식에 낙심하고 두려워 어쩔 줄 모르던 야곱은 에서 앞에 일곱 번 절하며 진심으로 용

서를 구합니다.

　　파도처럼 밀려오는 상황 속에서 낙심은 믿음을 주저앉힙니다. 그러나 하나님은 마땅히 심판을 받아야 할 죄인을 찾아오셔서 그를 일으키시고 평안 가운데 담대히 걸어가게 하십니다.

> 　　야곱이 밧단아람에서부터 평안히 가나안 땅 세겜 성읍에 이르러
>
> 　　그 성읍 앞에 장막을 치고 창 33:18

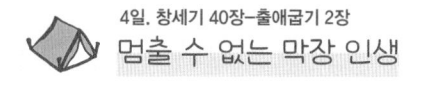

4일. 창세기 40장–출애굽기 2장
멈출 수 없는 막장 인생

　　노인이 된 야곱의 아들들은 하나님의 축복과 멀어 보이는 삶을 살아가고 있었습니다. 막장 인생을 보여 주는 그의 아들들입니다. 이스라엘의 사랑을 독차지하던 요셉은 열일곱 살이 되었는데도 형들의 잘못을 그냥 지나치지 않았습니다. 그를 편애하는 아버지에게 일러바치던 철없는 아들이고, 얄미운 동생이었습니다. 열 명의 형들은 분노가 차올라 동생 요셉을 죽이려고도 했지만, 목숨만은 살려 주자는 유다의 말을 듣고 미디안 상인들에게 노예로 팔아넘깁니다. 그리고 야곱에게 돌아가서 요셉이 들짐승들에 죽임당했다며 거짓말합니다.

　　이어지는 야곱의 아들 중 유다의 이야기는 그들의 삶이 얼마나 부패했는지를 보여 줍니다. 유다는 남편을 잃은 며느리 다말의 삶을 불쌍히 여기지 않았고, 돕지도 않았습니다. 그리고 유다의 아들 오난은 하나님이 기뻐하시지 않는 행동으로 심판받습니다. 어느 누구에게도 사랑과 보호를 받지 못하던 다말은 길거리의 여인처럼 시아버지 유다를 속여 동침하고 임신하게 됩니다. 자신의 아기를 임신한 줄 모르고

다말을 심판하려던 유다는 이 모든 문제가 자신의 이기심과 타락으로 빚어진 일임을 깨닫고 잘못을 인정합니다. 유다는 이때 느낀 수치와 죄책감으로 그제서야 그의 길을 멈춥니다.

유다 집안에서 보인 막장 드라마의 흔적은 사라지지 않습니다. 다말에게서 태어난 쌍둥이 형제의 이름은 마태복음의 예수님의 족보에도 등장합니다. 그러나 역사에 남겨진 그의 수치와 부끄러움은 유다가 더 이상 죄를 짓고도 깨닫지 못하던 삶을 바꾸어 주었습니다. 사랑하는 이들을 위해 희생을 마다하지 않은 모습으로 변화됩니다. 애굽의 총리가 된 요셉이 야곱이 사랑하는 베냐민만 남기려고 붙잡을 때, 유다는 또다시 슬픔을 이기지 못할 야곱을 생각하면서 희생을 자처합니다. 죄에 무뎌진 삶에서 돌이킬 수 없을 것 같았던 야곱의 아들들을 하나님은 포기하지 않으셨습니다.

> 이제 주의 종으로 그 아이를 대신하여 머물러 있어
> 내 주의 종이 되게 하시고 그 아이는 그의 형제들과
> 함께 올려 보내소서 그 아이가 나와 함께 가지 아니하면
> 내가 어찌 내 아버지에게로 올라갈 수 있으리이까 두렵건대
> 재해가 내 아버지에게 미침을 보리이다 창 44:33-34

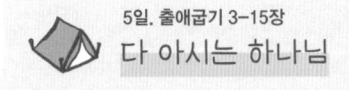

5일. 출애굽기 3-15장
다 아시는 하나님

모세와 아론이 처음 바로(파라오)를 만났을 때는 아무런 기적도 일어나지 않았습니다. 바로는 그들의 말을 듣고 애굽에서 노예 생활을 하는 이스라엘 민족을 더 심한 고통으로 괴롭게 했습니다. 이로 인해

모세와 아론을 환영하고 함께 예배했던 이들은 그들을 원망하고 저주했습니다. 그러자 모세도 하나님을 원망합니다.

> 모세가 여호와 앞에 아뢰어 이르되 이스라엘 자손도 내 말을
> 듣지 아니하였거든 바로가 어찌 들으리이까 나는 입이 둔한
> 자니이다 출 6:12

그러자 하나님은 모세에게 험난한 미래를 말씀합니다. 내가 너를 하나님 같게 하고, 아론이 너의 입이 되어 주어도 바로는 변하지 않을 것이라고 말씀합니다. 고집을 피우는 바로에게 기적을 보이실 것이고, 그래도 변하지 않는 그에게 큰 능력으로 심판하시겠다고 말씀합니다.

하나님은 연약하여 흔들리는 모세와 아론의 마음도 아십니다. 기적을 보아도 변하지 않을 바로의 완고함도 아십니다. 하나님은 그를 아시기에 기적도, 심판도 계획하셨습니다. 그리고 애굽에서 이끌어 내시는 동안 매일 이어지는 구원으로 하나님이 그들의 능력이 되어 주셨습니다.

애굽의 모든 첫째 아들이 죽을 때 이스라엘 백성은 생명을 지킬 수 있었습니다. 그들은 여전히 약하지만 하나님의 보호하심이 그들의 능력이 되었습니다. 애굽 군사를 이길 수 없는 그들에게 바다를 가르시는 하나님이 친히 이스라엘의 군대가 되어 주셨습니다. 광야에서 먹을 것을 찾을 수도 없고 기를 수도 없을 때, 만나와 메추라기를 보내 주셨습니다.

> 하나님의 떡은 하늘에서 내려 세상에 생명을 주는 것이니라 요 6:33

그들의 연약함을 아시는 하나님이 매일 주시는 기적으로 그들을 애굽에서 구원하시고, 광야를 부족함 없이 걷게 하셨습니다. 다 아시는 주께서 그들의 능력이 되셨습니다.

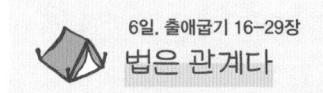

6일. 출애굽기 16–29장
법은 관계다

이전에 없던 민족, 나라, 백성이 등장했습니다. 이들은 하나님과 맺은 언약을 받은 민족입니다. 제사장으로서의 역할을 사명으로 받은 나라입니다. 그리고 그들은 하나님이 거룩하신 것처럼 거룩한 백성으로 살아가야 합니다.

> 세계가 다 내게 속하였나니 너희가 내 말을 잘 듣고 내 언약을
> 지키면 너희는 모든 민족 중에서 내 소유가 되겠고 너희가 내게
> 대하여 제사장 나라가 되며 거룩한 백성이 되리라 너는 이 말을
> 이스라엘 자손에게 전할지니라 출 19:5-6

하나님이 주신 언약을 지키면 이스라엘 민족이 모든 민족 중에 특별하게 쓰임받으리라 약속하십니다. 나라 중에 제사장 나라가 되며, 거룩한 백성이 될 것이라는 언약을 이스라엘 민족에게 주십니다. 그리고 모세의 말을 들은 이들은 한목소리로 하나님의 말씀에 순종을 약속합니다.

《성경을 어떻게 읽을 것인가》를 쓰신 더글라스 스튜어트 교수님의 강의를 들은 적이 있습니다. 구약의 법문서(Legal Text)를 배울 때 "법은 관계다"라고 수업 시간마다 반복해서 말씀해 주신 내용이 지금도 생생히 기억납니다. 출애굽기와 레위기에 나오는 제사법을 지키면

이들은 하나님의 소유가 되고, 가장 중요한 역할을 하는 제사장의 직분을 감당하며 거룩한 백성이 될 수 있습니다. 이 법을 받은 민족은 특권을 받은 이들입니다. 하나님이 약속하셨기 때문에 반드시 이뤄질 축복입니다.

이들이 지켜야 할 것이 있습니다. 이들은 오직 하나님만을 사랑해야 합니다. 어떤 신도 함께 섬겨서는 안 됩니다. 어떤 우상에도 의미를 부여해서는 안 되고, 어떤 신상도 만들어서는 안 됩니다. 다른 신들의 이름을 기억하지도 말고, 입 밖에 내지도 말라고 말씀합니다. 하나님을 예배할 때는 정해진 날에 가르쳐 주신 율법에 따라서 예배를 드려야 합니다. 그리고 다른 신을 섬기는 이들과 함께 그들의 신들에게 예배하면 안 됩니다. 오직 하나님께만 예배하는 그의 백성들이어야 합니다. 이들이 받은 율법은 하나님과 이렇게 가장 우선순위를 두는 관계임을 보여 주는 것입니다.

아브라함과의 캠핑

창세기 18:1-8

아브라함과 텐트를 치고 캠핑을 하려고 합니다. 오늘 첫 번째 캠핑 장소는 아브라함이 하나님을 만난 특별한 장소 마므레입니다.

> 여호와께서 아브람에게 이르시되 너는 너의 고향과 친척과
> 아버지의 집을 떠나 내가 네게 보여 줄 땅으로 가라 ^{창 12:1}

창세기를 시작으로 이곳까지 걸어온 이들은 우리만이 아닙니다. 하나님도 함께 걷고 계십니다. 그리고 아브라함을 만나기 전까지 안타까운 마음으로 걸으시던 길입니다. 죄로 인해 하나님의 작품들은 깨어졌습니다. 그 죄로 인해 아담과 하와가 무너지고, 세상은 오염되어 갔습니다. 하나님이 '후회'라고 표현하실 만큼 하나님의 걸작품이자 그

분의 꿈을 담은 세상과 사랑하는 인간들이 죄로 인해 망가졌습니다. 그때, 역사의 획을 그으며 시작된 길이 아브라함의 길입니다. 하나님이 아브라함에게 구원의 언약을 주시면서 시작하신 그 길에서 오늘 캠핑할 마므레는 처음으로 보이는 그 언약의 실체입니다.

이곳에서 나눌 첫 번째 메시지입니다. 아브라함의 예배의 자리에서 영광을 올려 드리십시오.

아브라함도 우리와 같이 복음의 능선을 따라 갈대아 우르를 떠나 걷고 있었습니다. 그런데 이곳 마므레에 오기 전까지 그에게 반복적으로 이어지는 것이 있습니다. 그는 머물고 장막을 치는 곳에서 예배를 드립니다. 그는 하란을 떠나 세겜 땅 모레의 큰 나무가 있는 곳까지 갔을 때, 그곳에서 하나님을 만나고 제단을 쌓았습니다. 벧엘로 갑니다. 그리고 그는 그곳에서 여호와께 예배를 드립니다. 그는 애굽을 지나 벧엘로 다시 돌아와 그곳에서 예배합니다. 그리고 오늘 본문에 롯이 떠나고 하나님이 이 땅을 약속의 땅으로 준다고 말씀하실 때 그는 그곳에서 예배합니다.

> 너는 일어나 그 땅을 종과 횡으로 두루 다녀 보라 내가 그것을
> 네게 주리라 이에 아브람이 장막을 옮겨 헤브론에 있는 마므레
> 상수리 수풀에 이르러 거주하며 거기서 여호와를 위하여 제단을
> 쌓았더라 창 13:17-18

아브라함은 하나님의 음성만을 의지해서 걸어가야 했습니다. 그는 내일 어디로 가야 할지 모르는 상황에서 가족을 돌보고, 족장으로서 수많은 일들을 결정해야 했습니다. 그런 상황에서도 어떻게 믿음을 지킬 수 있었을까요? 그는 항상 예배를 드렸습니다. 그가 가는 곳마다 드린 예배를 설명하는 모든 구절에는 반복되는 단어가 있는데, "거기

서"입니다. 아브라함은 마므레 그곳에서도 여호와를 위한 제단을 쌓았습니다.

오늘 바이블 트레킹을 여러분의 삶의 자리에서도 이어 가실 텐데, 그곳에서도 예배를 드리시기 바랍니다. 그 자리에서 우리를 자녀로 부르신 하나님을 바라보고, 부르시기 바랍니다. 우리를 위해 십자가를 지시고 부활하신 예수님께 영광 돌리기 바랍니다.

두 번째로, 아브라함의 언약의 자리에서 감사의 고백을 올려 드리십시오. 이곳 마므레에서 하나님은 아브라함과 많은 추억을 만드십니다. 15장 1절을 보면, 하나님이 이전에 주셨던 언약을 말씀합니다. "내가 너에게 큰 상을 줄 거야." 그런데 아브라함이 말합니다. "저는 이미 노인입니다. 저에게 아끼는 엘리에셀이 있습니다. 그가 받을 것입니다." 그런데 하나님은 낙심한 그를 데리고 텐트 밖으로 이끌고 나가십니다.

> 그를 이끌고 밖으로 나가 이르시되 하늘을 우러러 뭇별을 셀 수
> 있나 보라 또 그에게 이르시되 네 자손이 이와 같으리라 창 15:5

오늘 우리가 캠핑하는 이곳에서 하나님은 별을 보여 주셨습니다. 그리고 그 별들로 아브라함에게 주신 언약을 기억하게 하셨습니다. "너는 나의 사람이야. 어떤 어려움이 있더라도 이것은 변하지 않아. 앞으로 밤의 별을 볼 때마다 이것을 기억하거라."

이번 트레킹을 준비하면서 산에 간 적이 있었습니다. 이전에 많이 오르던 산이었지만 유난히 산과 또 다른 산으로 이어지는 능선이 너무나도 선명하게 들어왔습니다. 그리고 시원한 바람을 맞으며 성경의 모든 책들이 산맥과 같이 생각되고, 복음은 그것을 잇는 능선처럼 그려졌습니다. 그리고 '인생의 산맥도 그렇지 않을까'라는 생각이 이어졌습니다. 그날 정상에서 하나님은 성경과 인생에 대한 새로운 이해를 추

억으로 남겨 주셨습니다. 그러면 앞으로 산을 보고, 겹겹이 쌓여 있는 산들을 볼 때마다 저는 무슨 생각을 할까요? 하나님이 마므레에서 아브라함의 언약을 밤하늘의 별로 확인시켜 주신 것을 기억하세요. 여러분에게 아브라함의 별이 있습니까? 저의 산의 능선과 같이 하나님이 이미 주신 확인의 사인들, 예수 그리스도의 흔적들이 있다면 그것을 돌아보며 하나님과의 시간을 추억해 보세요. 혹시 없다면 오늘 아브라함과 함께하는 첫 번째 캠핑, 그리고 바이블 트레킹이 그렇게 기억할 수 있는 하나님의 흔적이 되기를 바랍니다. 또한 여러분의 삶에서 예수님과의 추억을 많이 만들어 가시길 축복합니다.

마지막으로 아브라함을 찾아오신 자리에서 나의 하나님을 만나십시오. 아브라함이 마므레에 정착한 후 시간이 지나갑니다. 사라도 아흔 살이 넘고, 아브라함도 백 살이 넘었습니다. 아브라함의 마음에도 의심이 생겨 갈 때 하나님이 찾아오십니다. 그리고 언약이 이루어질 것이니 그 증표로 할례를 받으라고 말씀합니다. 그리고 마므레의 커다란 나무들 가까운 곳에 다시 찾아오셨습니다. 우리가 있는 이곳에 오신 거죠.

여호와께서 마므레의 상수리나무들이 있는 곳에서 아브라함에게 나타나시니라 날이 뜨거울 때에 그가 장막 문에 앉아 있다가 창 18:1

하나님이 나타나셨습니다. 2절을 보면 세 사람이 아브라함 가까이에 서 있었습니다. 하나님이 사람의 모습으로 오셨습니다. 하나님이 아브라함을 만나시고 말씀하시지만 이렇게 오신 적은 없었습니다. 아브라함의 모습도 파격입니다. 2절에서 그는 달려 나갑니다. 다른 번역을 보면 뛰어갔다고 말합니다. 또 다른 번역은 서둘러 장막 문 앞으로 뛰어갔다고 말하고 있습니다. 아브라함은 그를 찾아오신 하나님의 발을 씻겨 드릴 물을 준비합니다. 나를 선택하시고 언약을 주시고 삶의 주인이 되신 그분을 위해 급히 장막으로 가서 빵을 굽습니다. 급히 아주 좋은 송아지를 잡아 정성스러운 식탁을 준비합니다.

하나님은 우리에게도 분명히 찾아오실 것입니다. 그때 하나님을 알아보시고 아브라함처럼 뛰어가서 영접하시길 바랍니다. 그분에게 드릴 수 있는 가장 좋은 것을 드리며, 그 자리가 여러분의 마므레가 되시길 축복합니다.

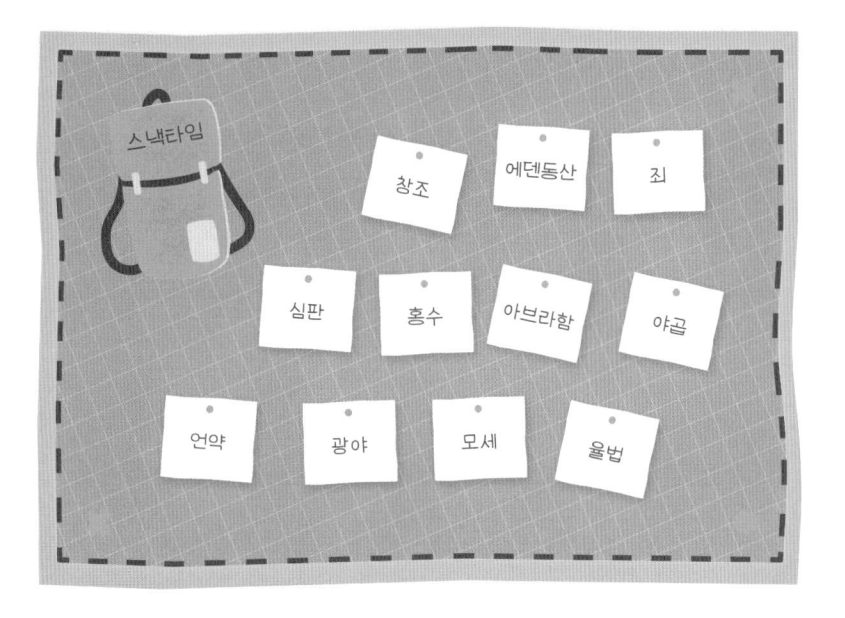

Q1 창세기의 앞부분부터 족보가 나오는데 수많은 이름을 읽는 것이 어떤 의미가 있는지 모르겠습니다. 무엇을 배워야 하나요?

좋은 질문이네요. 앞으로 성경을 계속 읽어 가면서 이런 생각은 더 하실 수 있으니까요. 익숙하지 않은 이름들이 나열되는 족보는 구약에서도, 신약에서도 종종 만나게 됩니다. 먼저 족보는 그 자체로서 의미가 있습니다. 족보에 나오는 인물들이 신화적인 인물이 아니라 역사적인 실존 인물이라는 것을 든든하게 지지해 줍니다.

다른 관점으로 묵상하면서 족보를 통해 받는 은혜는 인간의 삶에 대해 생각해 보는 데 도움이 됩니다. 창세기 5장에 나오는 인물들을 보면 우리가 사는 시대의 수명과 큰 차이를 보여 줍니다. 단위가 세 자리수입니다. 그중에도 가장 오래 산 사람은 누구일까요? 므두셀라입니다. 그는 969년을 살았습니다. 가장 오래 살았던 그의 삶은 두 문장으로 설명됩니다.

> 므두셀라는 백팔십칠 세에 라멕을 낳았고 라멕을 낳은 후
> 칠백팔십이 년을 지내며 자녀를 낳았으며 창 5:25-26

성경의 역사에서 900년이 넘는 가장 긴 시간을 산 사람의 삶은 자녀들을 낳고 키웠다는 한 문장으로 기록되었습니다. 족보 속의 이런 메시지들은 이 세상의 삶에서 무엇이 중요한지를 생각하게 합니다. 반면, 그의 아버지 에녹은 하나님의 뜻을 따라 평생 깊은 관계를 누리고, 하나님이 그를 데려가셨습니다. 이 땅에서 죽음을 당하지 않았기 때문에 그의 수명은 알 수가 없습니다. 하늘나라에서 주님과 함께 있는 그에게 더이상 의미가 없는 숫자는 이 땅에서만 늘어날 뿐입니다.

Q2 하나님은 제사를 드리라고 이렇게 많은 율법을 주셨나요? 성막, 예복 등 규정을 왜 이렇게 복잡하고 세밀하게 만드셨나요?

저는 하나님이 율법을 구체적이고 세밀하게 만드신 이유가 있다고 생각합니다. 오늘은 그 의미 중에서 교육과 훈련의 의미를 나누고 싶네요. 한 예를 들어 볼까요? 레위기 10장 1절부터 시작되는 이야기를 보면 제사장으로 선택받은 아론의 아들들이 제사를 드리기 시작한 지 얼마 되지 않아 죽게 됩니다. 하나님이 모세를 통해 말씀하신 불을 쓰지 않

아서입니다. 제사는 진지한 것입니다. 그래서 제사를 대하는 태도에 대해서, 특별히 사람들을 대표하여 제사를 드리는 레위인들에게 엄하게 지키셨습니다. 하나님과 그 말씀에 대한 진지함을 갖고 거룩한 삶을 유지하게 하심으로써, 그들이 특별한 마음을 준비하는 계기가 되었을 것입니다. 이것을 우리 삶에 적용해 볼 때 목사인 저도, 세상 속에 있는 여러분의 자리에서의 마음을 돌아보게 됩니다. 하나님이 원하시는 거룩함을 추구하는 삶을 살아가야 합니다. 그리고 고민되는 작은 일들도 기도로 여쭤보고, 성경적인 관점으로 분별해야 하는 것에 대해 적용해 보게 됩니다.

Q3 오늘은 바이블 트레킹으로 통독하는 첫 주였습니다. 통독을 추천하시는 특별한 이유가 있나요?

통독은 영적인 자신감을 주는 데 큰 도움이 됩니다. 혹시 일독을 해보고 싶어 오신 분들이 계시다면 격려해 드립니다. 생각보다 큰 믿음의 자신감을 얻게 될 것입니다. 그리고 통독을 해보면서 말씀과 연관되어 은혜로운 스토리가 삶에 많이 생겼거나 매일 읽는 것이 버겁지 않으시다면, 통독을 큐티처럼 이어 가 보시길 바랍니다. 우리가 지금 하고 있는 바이블 트레킹은 하루에 13장에서 14장 정도씩 읽는 양입니다. 적지 않은 양이기 때문에 오늘 어떤 말씀으로 나에게 은혜를 주실지 모릅니다. 그래서 더 기대하며 읽게 됩니다. 그러나 확실한 것은 오늘 내게 말씀하시는 구절이 꼭 있습니다. 그것을 발견하는 기쁨과 행복은 하루를 살아가는 큰 힘이 되어 줍니다. 또한 그로 인해 말씀을 사랑하게 되고 자랑하게 합니다. 이것이 통독이 주는 건강한 능력이라고 생각합니다. 이번 바이블 트레킹을 통해 여러분의 라이프 스타일에 통독이 추가되기를 바라며 권해 드립니다.

2주

출애굽기 – 신명기

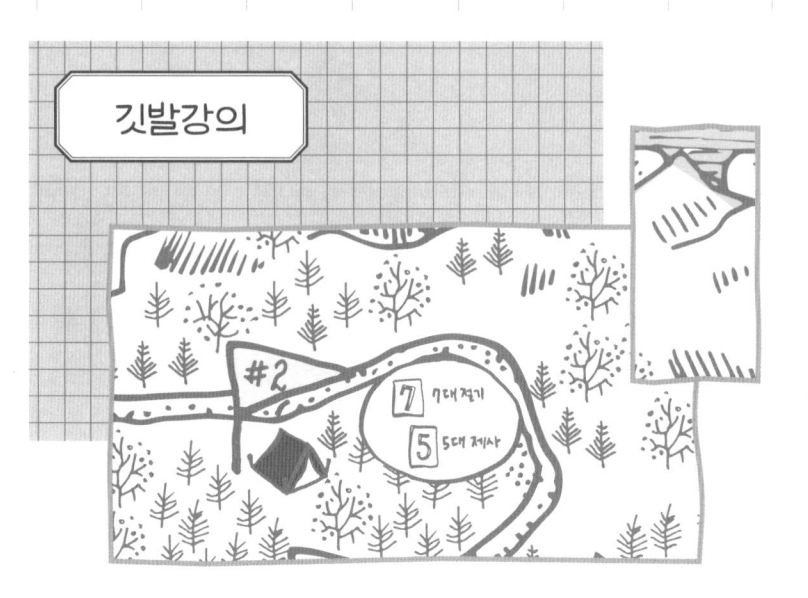

깃발강의

2주차 바이블 트레킹을 시작하겠습니다. 이번 주에 걷게 될 광경은 1주차와는 많이 다릅니다. 이전에는 산과 들판이 있었다면 황폐한 광야를 걷게 될 것입니다. 이 시간은 통독 여정의 황무지와도 같은 어려운 구간이기도 합니다. 그런 이유 중 하나는 율법의 낯선 용어들이 아닐까 합니다. 오늘 함께 나눌 5대 제사와 7대 절기에 대한 깃발강의를 통해 읽기 전 익숙해지는 시간을 가져 보겠습니다.

첫 번째 깃발은 5대 제사인 번제, 소제, 화목제, 속죄제, 속건제입니다. 번제의 키워드는 '다' 그리고 '생명'입니다. 번제는 다 태우는 것입니다. 고기와 피만 태우는 것이 아니라 내장도 껍질도 모두 태웁니다. 내가 가진 것 중에 드리지만 내 마음은 전부를 드린다는 자세로 드립니다. 진실된 마음으로 제물을 바치는 것을 기뻐하셔서 생명을 주시는 것이 바로 번제이며, 이는 구원과 관련되어 있습니다. 가장 본질적인 의미를 담고 있기 때문에 모든 제사의 기본이 되는 제사입니다.

소제의 키워드는 '곡식'과 '감사'입니다. 소제는 곡식을 제물로 드리는데, 곡식을 빻아서 올리브기름과 향을 넣어 불로 태워 드립니다. 제사는 동물로만이 아니라 곡식으로도 드립니다. 특별히 1년 동안 보리와 밀을 재배하여 추수한 곡식들로 드리는 소제는 하나님이 수고에 대해 수확을 넘치도록 주심에 감사하는 의미를 갖고 있습니다.

화목제의 키워드는 '사랑'과 '잔치'입니다. 화목제는 의무적으로 드리는 제사가 아닙니다. 화목제는 하나님을 향한 깊고 특별한 사랑을 더 올려 드리고 싶어 드리는 제사입니다. 그리고 화목제는 제물의 모든 것을 태우지 않습니다. 고기의 일부분 중 제사를 드린 제사장에게 넓적다리를 주고, 나머지 고기는 집으로 가져와서 정해진 시간 안에 먹어야 합니다. 그러나 그것은 한 가정이 먹을 수 있는 양이 아닙니다. 그래서 이웃과 함께 그 제물을 나누어 먹습니다. 그동안 마음을 표현하고 싶었던 사람들, 풀고 싶었는데 기회를 찾던 사람들, 가난한 사람들을 초대하여 평소 자주 먹을 수 없는 맛있는 음식을 나누어 먹습니다. 이것은 하나님이 함께하시는 기쁜 자리일 뿐만 아니라 이 땅에서 하나님이 베풀어 주시는 풍성한 잔치입니다.

속죄제의 키워드는 '회개'와 '십자가'입니다. 이스라엘 온 민족의 죄, 개인이 지은 죄를 주님 앞에 가지고 나와 용서를 구하는 제사입니다. 자신의 연약함 때문에 지켜야 하는 것을 못 지킨 죄, 알지 못하면서 지었던 모든 죄에 대해 회개의 정해진 날 하나님 앞에 겸손히 용서를 구하고, 새롭게 다짐하는 제사입니다. 같은 흐름으로 예수님은 우리 모두의 죄를 사하시기 위해 속죄 제물이 되어 주셨습니다. 십자가의 죽으심으로 우리 모두를 위한 속죄의 길을 열어 주셨습니다.

속건제의 키워드는 '보상'과 '책임'입니다. 속건제는 누군가에게 피해를 입혔을 때 보상하고 죄의 용서를 구하는 제사입니다. 하나님은 상대방에게 지은 죄에 대한 책임을 율법으로 정하셨습니다. 죄에 대한 용서는 값없이 주시는 은혜이지만, 내가 누군가에게 지은 죄에 대해 무겁게 생각하고 대가 지불을 하는 것은 하나님 앞에서도, 피해를 준 사람에게 대해서도 당연하게 생각해야 합니다.

이제 두 번째 깃발에 대해 생각해 볼까요? 7대 절기는 유월절, 무교절, 초실절, 칠칠절, 나팔절, 속죄일, 초막절입니다.

유월절의 키워드는 '어린 양'입니다. 애굽에서 모든 집의 맏아들은 죽임당할 수밖에 없을 때, 어린 양의 피를 바른 집의 생명은 하나님이 지켜 주셨습니다. 그들의 의로움이 아니라 어린 양의 피로 구원하신 것에 대한 가르침을 기억하는 날입니다. 그리고 어린 양은 예수님의 십자가로 이어져서 오직 예수 그리스도의 피로써 구원받은 것을 깨닫게 하십니다.

무교절의 키워드는 '정체성'입니다. 무교절의 모든 전통은 광야를 기억하는 메시지가 있습니다. 하나님이 언제든 떠나라고 말씀하실 때, 순종해야 하는 민족임을 기억하는 날입니다. 그리고 그 충성이 그들의 정체성이며, 그들의 영광임을 기억하는 절기입니다. 앞날을 알 수도 없고, 예측할 수도 없지만 오직 하나님을 의지하면서 나아갈 수 있는 믿음을 가진 민족임을 깨닫게 됩니다.

초실절과 칠칠절의 키워드는 '감사'입니다. 변화무쌍한 자연과 씨름하면서 수고하며 땀으로 일군 작물들을 추수하면서 하나님께 올려 드리는 감사의 제사입니다. 초실절과 칠칠절은 모두 첫 수확에 대한 감격과 감사를 올려 드리는 의미가 있습니다. 초실절은 보리, 칠칠절은 밀의 첫 수확을 감사로 올려 드리며, 동시에 그들에게 주신 풍성한 공급을 믿음으로 감사하며 누리는 날입니다. 특별히 칠칠절의 넘치도록 부어 주시는 은혜는 다음날의 오순절과 연결되어서 성령 충만하게 임하시는 것을 이해할 수 있게 해줍니다.

　　나팔절의 키워드는 '재림'입니다. 영광스럽게 오실 메시아를 사모하고 기대하는 마음으로 채우는 날이 나팔절입니다. 유대인들은 이 날을 지내며 메시아를 기다리고, 기독교인들은 다시 오실 메시아 예수님을 기다립니다. 예수님이 다시 오실 때, 나팔을 불며 이 땅에서 권세를 부리던 사탄의 역사는 끝났음을 선포할 것입니다.

　　속죄일의 키워드는 '회개'입니다. 7대 절기 중에 가장 진지하게 치러지는 거룩한 날입니다. 해가 진 다음부터 그 다음날 해가 질 때까지 금식하면서 자신과 모두의 죄를 용서해 주시는 은혜를 경험합니다. 이날은 슬프고 무거운 날이 아니라 한 해를 기쁘고 새롭게 시작할 수 있는 축복의 날입니다.

　　마지막으로 초막절의 키워드는 '축복'과 '경고'입니다. 초막절은 10일 동안 야외에 엉성한 초막을 짓고 지내는 기간입니다. 광야에서 40년 동안 옷도 해어지지 않고 신발도 닳지 않게 하시며, 만나를 내려주시고 불기둥과 구름기둥으로 인도하신 하나님을 기억합니다. 동시에 하나님의 백성답지 못하게 죄 가운데로 다시 들어갈 때는 사랑하시기 때문에 광야로 인도하실 것이라는 경고의 메시지도 함께 되새기는 절기입니다.

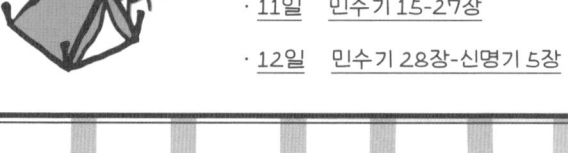

트레킹 저널	· 7일	출애굽기 30장-레위기 2장
	· 8일	레위기 3-15장
	· 9일	레위기 16장-민수기 1장
	· 10일	민수기 2-14장
	· 11일	민수기 15-27장
	· 12일	민수기 28장-신명기 5장

 7일. 출애굽기 30장-레위기 2장
하나님을 만날 수 있는 길이 열리다

제사는 하나님과의 만남입니다. 죄로 끊어진 인간이 하나님을 만날 수 있는 길은 제사로 인해 열렸습니다. 그리고 율법을 받으면서 그들이 이것을 지키기만 하면 거룩하신 하나님을 만날 수 있는 존재가 되었습니다.

> 거기서 내가 너와 만나고 속죄소 위 곧 증거궤 위에 있는 두 그룹
> 사이에서 내가 이스라엘 자손을 위하여 네게 명령할 모든 일을
> 네게 이르리라 출 25:22

이제 이 율법을 통해서 하나님과 모세가 만나는 길이 열립니다. 그리고 이 길은 제사장과 이스라엘에게 열어 주신 길입니다. 언약궤 앞

의 죄가 사해지는 그곳에서 하나님은 그들을 만나 주시고, 모든 것을 말씀하실 것입니다.

율법으로 드리는 제사는 이스라엘이 지켜야 할 번거로운 제도가 아니라 이제 지키기만 하면 하나님 아버지를 달려가서 만나고, 그의 마음을 들을 수 있는 대화의 문인 것입니다.

> 이는 너희가 대대로 여호와 앞 회막 문에서 늘 드릴 번제라
> 내가 거기서 너희와 만나고 네게 말하리라
> 내가 거기서 이스라엘 자손을 만나리니
> 내 영광으로 말미암아 회막이 거룩하게 될지라 출 29:42-43

그곳은 그들이 하나님 앞에서 제단의 모든 제물을 태울 때 하나님이 기뻐하시는 향기가 나는 곳입니다. 그러나 주의할 점이 있습니다. 하나님은 제물을 좋아하시거나 인간의 제사를 필요로 하시는 존재가 아님을 잊으면 안 됩니다.

> 헛된 제물을 다시 가져오지 말라 분향은 내가 가증히 여기는 바요
> 월삭과 안식일과 대회로 모이는 것도 그러하니 성회와 아울러
> 악을 행하는 것을 내가 견디지 못하겠노라 사 1:13

하나님은 제물의 불로 태워지는 냄새를 좋아하시는 분이 절대 아닙니다. 준비된 마음으로 정해 주신 율법을 순종하며 진정한 마음의 제사를 드릴 때 기쁘게 받으십니다. 동시에 그동안 주고 싶으셨던 사랑을 속죄와 거룩으로 하나님의 백성에게 부어 주십니다.

> 그 제단을 증거궤 위 속죄소 맞은편 곧 증거궤 앞에 있는 휘장

밖에 두라 그 속죄소는 내가 너와 만날 곳이며 ^{출 30:6}

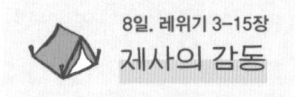

8일. 레위기 3-15장
제사의 감동

레위기에 나오는 제사는 읽는 이들에게 재밌는 부분이 아닙니다. 낯선 상황들과 그려지지 않는 물건들로 집중력을 잃기 쉽습니다. 그러나 이스라엘 백성이 모세에게 제사에 대한 이야기를 들었을 때 그리고 직접 제사를 드렸을 때, 우리의 생각과 달리 그들은 매우 감동과 기쁨을 받았으리라 생각할 수 있습니다.

이스라엘 백성은 이제 하나님의 기쁨이 되는 방법을 알게 되었습니다. 레위기 1장부터 제사의 구체적인 방법들이 나옵니다. 그중에 한 예로 모세가 제사를 소개하며 불로 제물을 태울 때 반복해서 기록해 놓은 문구를 생각해 볼까요?

> 그 내장과 정강이를 물로 씻을 것이요 제사장은 그 전부를 제단
> 위에서 불살라 번제를 드릴지니 이는 화제라 여호와께 향기로운
> 냄새니라 ^{레 1:9}

하나님이 기뻐하시는 제사와 향기를 이제 알게 되었습니다. 그리고 이것은 번제에 이어 소제, 화목제에서 태우는 장면을 설명할 때마다 반복해서 나옵니다. 하나님은 제사를 통해 무엇을 좋아하시는지에 대한 이해가 생겼습니다. 그렇기에 그것을 바라고 믿고 기대하며 준비할 것입니다.

그리고 그들은 이 제사를 통해 그들의 죄가 용서받게 됨을 알게

되었습니다. 어떤 제사로 누구의 죄가 사해지고, 어떻게 하면 용서받을 수 있을지를 알게 된 것입니다. 속죄제와 속건제에 대한 설명을 보면 하나님이 시키시는 대로 하면 용서를 받는다는 하나님의 약속이 있습니다. 그렇기에 그들은 죄에 대한 자유와 해방을 기대하며 제사의 자리로 갈 수 있게 되었습니다.

> 그 송아지를 속죄제의 수송아지에게 한 것 같이 할지며 제사장이
> 그것으로 회중을 위하여 속죄한즉 그들이 사함을 받으리라 레 4:20

이제 아론이 첫 제사를 드립니다. 모세가 가르쳐 준 제사의 방법대로 아들들과 하나씩 해봅니다. 그들은 섬세하게 말씀하신 제사의 법을 지키며 드렸습니다. 그리고 가르쳤던 모세와 첫 제사를 드린 아론은 밖으로 나와 백성들을 축복했습니다. 그러자 여호와의 영광이 모든 백성에게 임했고, 백성들은 하나님을 기쁘게 해드리고 그 영광을 맛보았습니다.

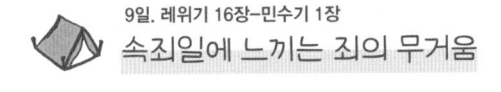

9일. 레위기 16장–민수기 1장
속죄일에 느끼는 죄의 무거움

한 나라가 하나님 앞에 금식하며 죄의 용서를 받는 날이 있다는 것은 어떤 의미일지 생각해 보았습니다. 모든 백성이 하나님이 죄를 용서해 주심을 경험하게 되는 날입니다.

> 이 날에 너희를 위하여 속죄하여 너희를 정결하게 하리니
> 너희의 모든 죄에서 너희가 여호와 앞에 정결하리라 레 16:30

그리고 그 용서를 받기 위해 제사장은 제사를 드리고, 백성들은 한 명도 빠짐없이 금식을 해야 합니다. 모든 외국인들까지도 지켜야 합니다. 그날 그 경험을 통해 이스라엘 백성은 하나님의 백성임을 깨닫고, 하나님이 거룩하신 것처럼 자신들도 거룩해져야 함을 배우고 기억하게 될 것입니다. 그리고 그들은 속죄일에 드리는 제사와 의식으로 죄의 용서를 받습니다.

속죄는 큰 축복이고 은혜입니다. 그러나 하나님은 속죄일을 통해 죄를 이해하고 하나님이 보시는 관점으로 보기를 원하셨습니다. 그래서 아론의 두 아들을 언급하시며, 제사장으로서 향을 피우면서 하나님이 정하신 불을 사용하지 않아 죽음을 맞게 되었음을 말씀합니다. 불순종이 죄인 것을 이해하기 원하셨습니다. 그날에는 완전한 안식일로 엄중하게 지키기를 원하셨습니다. 이스라엘 민족과 함께 거주하는 외국인들도 지켜야 했습니다. 그래서 누구라도 음식을 먹거나 일을 하게 되어서 하나님의 명령을 지키지 않으면, 모두가 용서받을 때 받지 못하고 그 무리의 일원이 되지 못할 것이라고 말씀합니다.

왜 그렇게 말씀하셨을까요? 하나님이 제사를 통해 주시는 은혜가 큼을 기억하며, 동시에 죄를 가볍게 생각하지 않는 자세가 필요하기 때문입니다. 그 죄 때문에 하나님의 외아들을 보내셔야 했습니다. 아들이신 예수님이 속죄일에 바쳐지는 제물처럼 피를 흘리고 죽임을 당했습니다. 이스라엘 백성의 죄를 지고 광야로 보내진 염소처럼 예수님은 우리의 죄를 지시고 사람들의 손에 끌려가 하나님 아버지와 끊어진 죽음의 골짜기를 가셔야 했습니다. 그렇게 우리의 죄를 용서하시고 우리를 구원하셨습니다.

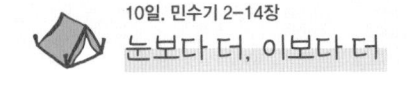

"눈에는 눈, 이에는 이"는 영화 제목에도 있을 정도로 사람들에게 익숙한 문구입니다. 당한 피해를 당연히 갚아야 한다는 공감과 지지를 할 때 대표적인 격언입니다. 그리고 이것은 범죄의 면죄부가 되어 주기도 합니다. 같은 의미의 문장은 고대의 대표적인 법인 함무라비 법전에서도 찾을 수 있는데, 이는 고대의 일반적인 복수법의 특징입니다. 성경의 대표적인 율법을 담은 레위기는 함무라비 법전보다도 더 선명하게 표현합니다.

> 상처에는 상처로, 눈에는 눈으로, 이에는 이로 갚을지라
> 남에게 상해를 입힌 그대로 그에게 그렇게 할 것이며 레24:20

아픔을 받은 만큼 그대로 갚으라는 복수의 의미처럼 보입니다. 심지어 신명기 19장 21절을 보면 그렇게 복수할 때 긍휼한 마음을 갖지 말라는 구체적인 문장이 있습니다. 그러나 조금 다른 관점으로 본다면 이것은 '선'에 대한 언급이기도 합니다. 악을 제하고자 하는 진지함과 당한 억울함을 갚기 위한 복수의 마음을 갖더라도 지켜야 할 '선'이 있습니다. 자신이 받은 만큼만 할 수 있는 것입니다. 더 이상은 안 됩니다. 더 나아가서 이것은 피해자가 복수하기 위해 만든 법이 아니라 가해자를 위한 법입니다. 범죄한 그 사람이 져야 할 마땅한 책임이 있는 것입니다. 그리고 공동체 안에서 그 죄를 지은 책임은 무겁게 다루어져 반드시 이뤄진다는 선포입니다. 그 의미를 더해 주는 말씀이 민수기 5장 7, 8절입니다. 이 구절은 피해자 입장이 아닌 가해자의 입장에서 당연히 가져야 할 책임의 '선'을 그어 줍니다. 가해자는 자신이 피해

를 다 갚아야 합니다. 완전한 보상 이후에도 더 갚아야 합니다. 성경은
5분의 1을 더 갚아야 한다고 말합니다.

> 그 지은 죄를 자복하고 그 죄 값을 온전히 갚되 오분의 일을
> 더하여 그가 죄를 지었던 그 사람에게 돌려줄 것이요
> 만일 죄 값을 받을 만한 친척이 없으면 그 죄 값을 여호와께 드려
> 제사장에게로 돌릴 것이니 이는 그를 위하여
> 속죄할 속죄의 숫양과 함께 돌릴 것이니라 민 5:7-8

피해자가 죽었더라도 그 친척을 찾아서 갚아야 합니다. 아무도
없다면 죗값을 여호와께 드려야 하며 제사장에게 가서 속죄의 제물과
함께 바쳐야 합니다. 피해자의 선은 자신이 당한 것까지, 가해자는 자
신이 피해를 준 것보다 더 주어야 하고, 반드시 책임을 다해야 한다는
것이 하나님의 확고한 의지입니다.

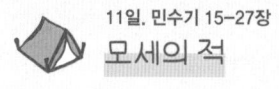

11일. 민수기 15–27장
모세의 적

모세에게 '광야에서 힘들게 했던 원수의 이름을 적으라면 누구
를 쓸까, 무엇이 힘들었는지 적으라면 무엇을 쓸까'라는 생각을 해보
았습니다. 소망교회를 담임하셨던 김지철 목사님이 개척교회 목사들
과 함께한 자리에서 나누신 말씀이 생각납니다. 광야를 걷던 모세의 적
은 "불평하는 이스라엘 백성, 모세 자신 그리고 공격하는 광야의 민족"
으로 정리해 주셨습니다. 그 내용으로 세 가지 요소를 작은 항아리처럼
모두 담은 말씀이 민수기 20장입니다.

첫 번째로 불평하는 이스라엘 백성입니다. 그들은 광야에서 끊임없이 불평하고 집요하게 모세를 공격합니다. 때로는 이성을 잃고 달려듭니다. 16장에는 고라의 일당들이 반역했을 때 하나님이 그들과 따르는 이들을 심판하시는 장면이 나옵니다. 땅이 갈라져서 고라와 그를 따르던 이들을 삼키고, 불로 심판하셨습니다. 그럼에도 불구하고 그다음 날 모든 백성이 모여 와서 모세와 아론이 그들을 죽인 것이라며 몰아세웠습니다. 모든 면에서 상식적이지 않은 그들의 모습을 보며 '모세의 고통이 얼마나 컸을까'라는 생각을 해봅니다. 민수기 20장에는 그들이 물이 없다고 다시 모세 앞에 몰려왔습니다. 누나인 미리암이 죽은 직후인데도 그들은 봐주지 않았습니다.

두 번째 적은 모세 자신입니다. 그는 모인 이들에게 원망과 분노를 실어 말하고, 지팡이로 바위를 칩니다. 물이 나와서 백성들을 마시게 했지만, 하나님은 자신을 이기지 못한 모세를 질책하셨습니다.

여호와께서 모세와 아론에게 이르시되
너희가 나를 믿지 아니하고 이스라엘 자손의 목전에서
내 거룩함을 나타내지 아니한 고로 너희는 이 회중을 내가
그들에게 준 땅으로 인도하여 들이지 못하리라 하시니라 민 20:12

약속의 땅으로 들어가지 못한다는 청천벽력 같은 선포가 끝나자마자 세 번째 적인 광야의 다른 민족이 그 길을 막아섭니다. 그리고 돌아가야 하는 길을 걸으며 백성은 다시 불평하고 원망하기 시작합니다. 집요하게 공격하는 모세의 적들은 끝까지 포기하지 않습니다.

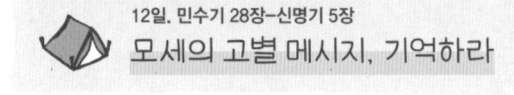
신명기는 모세의 '고별설교'입니다. 그리고 제목은 '기억하라'입니다. 신명기 4장은 왜 기억해야 하는지에 대해 설명하고 있습니다. 먼저 기억한 사람만이 살아남았습니다. 모세는 하나님의 말씀을 더하거나 빼지 않고 지금까지 지켜 온 사람들만 약속의 땅 앞에 서 있다는 확인을 시켜 줍니다. 그렇기에 하나님의 말씀에 대한 '기억'은 그들의 생존의 방법이었으며 앞으로도 그렇게 되어야 합니다. 따라서 그들이 앞으로 한 번도 가보지 않은 '약속의 땅'에 들어갈 때도 그렇게 하나님 말씀을 기억하고 지키라는 메시지를 전하고 있습니다. 그러할 때에 이제 목숨을 지키는 것을 넘어서 새로운 땅에서 다른 민족들에게 인정받는 길이 될 것이라고 설교자 모세는 선포합니다.

> 너희는 지켜 행하라 이것이 여러 민족 앞에서 너희의 지혜요
> 너희의 지식이라 그들이 이 모든 규례를 듣고 이르기를
> 이 큰 나라 사람은 과연 지혜와 지식이 있는 백성이로다
> 하리라 신 4:6

여기에 나오는 '지식'을 쉬운성경은 '슬기'라는 단어를 사용하고, 영어 번역성경(ESV)은 '이해'(understanding)라는 표현을 씁니다. 하나님을 유일한 신으로 믿는 이들이 그의 말씀을 분명하게 알고, 삶에서 지키며 보이는 것은 그들이 사는 세상이 알지 못하는 지식이고 그들에게는 없는 이해입니다.

모세가 마지막으로 이스라엘 민족에게 하나 더 당부했습니다. 그들이 기도할 때마다 하나님이 그들 가까이 찾아오신다는 약속입니

다. 하나님이 기뻐하시는 모습으로 살아갈 수 있는 모든 말씀을 광야에서 그들에게 이미 주셨습니다. 그렇기에 그들에게 주시려는 하나님의 나라는 시내 산에서 이미 세워졌고, 순종할 때 영광 가운데 빛나게 될 것을 기억하게 해줍니다. 그리고 기억을 돕는 두 가지 키워드를 줍니다. 첫 번째는 '시내 산', 두 번째는 '십계명'입니다. 이제 약속의 땅으로 들어가는 그들에게 모든 민족이 함께 말씀을 받은 '시내 산'은 그들의 역사와 추억을 고스란히 살려 줄 것입니다. 또한 하나님이 직접 언약을 쓰신 돌판인 '십계명'을 볼 때마다 특별한 사랑과 언약을 받은 민족임을 기억하게 해줄 것입니다.

모세와의 캠핑

출애굽기 34:29-35

"I HAVE MADE A COVENANT WITH YOU AND WITH ISRAEL."

두 번째 캠핑을 시작해 볼까요? 오늘 우리가 텐트를 칠 곳은 시내 산입니다.

먼저 모세가 여기까지 걸어온 길을 함께 보겠습니다. 모세가 걸어온 길은 아브라함이 걸었던 길과는 색깔이 다른 황톳빛 광야입니다. 광야에 우뚝 솟은 시내 산은 어떤 산인가요? 요즘 봄에 볼 수 있는 파스텔 색의 산이 아닌 황폐한 광야의 바위산입니다. 복음의 능선 중에서도 길로 보면 가장 힘들고, 바이블 트레킹 구간 중에도 가장 어려운 코스입니다.

이 길을 실제로 걷고 있는 이스라엘 백성도 불평불만이 가득합니다. 시내 산까지 약 2개월의 시간 동안 걸어왔습니다. 애굽으로부터 시내 광야까지 320킬로미터로 봅니다. 그럼 하루에 10킬로미터 정도 걷는다고 하면 10일이면 올 거리를 60일에 걸어왔습니다. 인원이 많을 뿐만 아니라 아이들도 있고, 노약자들도 있어서 이렇게 오래 걸렸을 것 같습니다. 이들은 그 길을 어떻게 걸었을까요? 불평하면서 걸었습니다. 원망하면서 걸었습니다. "왜 내가 이걸 시작했을까? 왜 이렇게 먼 거야? 속도는 왜 이렇게 느려?" 지난 60일 동안 성경에 기록된 거대한 불평만 세 번이나 있었습니다. 불평과 불신의 길을 걷던 광야의 이스라엘 백성이 드디어 하나님이 준비하신 시내 산에 도착한 것입니다. 하나님은 1년 동안 이 산에서 온 이스라엘 백성도 캠핑시키셨습니다. 그리고 이 자리에서 모세를 통해 율법을 주셨습니다. 이곳에서 우리도 함께 예배해 볼까요?

첫 번째, 깨어진 언약을 다시 이어 주시는 자리에서 찬양합니다.

시내 산은 하나님이 언약을 주신 자리입니다. 우리가 다 아는 "하나님의 소유, 제사장 나라, 거룩한 백성"의 언약을 받은 자리입니다. 모세는 먼저 받은 언약과 율법을 백성에게 전하고, 다시 하나님이 인도하시는 높은 곳으로 올라갑니다. 하나님은 그곳에서 율법들과 함께 언약의 말씀을 직접 쓰신 증거판 두 개를 주셨습니다. 그런데 그 돌판을 받자마자 상황이 긴박하게 돌아갑니다. 갑자기 모세에게 당장 산에서 내려가라고 말씀합니다. 무슨 일인지 분노하신 하나님은 절대로 자신을 말리지 말라고 하십니다. 나의 노여움이 크므로 이들을 멸망시키겠다 말씀합니다.

> 그런즉 내가 하는 대로 두라 내가 그들에게 진노하여 그들을
> 진멸하고 너를 큰 나라가 되게 하리라 출 32:10

모세는 이들과 함께 멸망을 받지 않고 새로운 역사의 주인공이 될 수 있었습니다. 그러나 모세는 이들을 위해 부르짖기 시작했습니다.

제발 거두어 달라고 말합니다. 하나님의 마음을 돌이키고, 산에서 내려와서 죄를 지은 이들에게 그의 사명을 다합니다. 32장 32절에 "이들을 용서하여 주십시오. 심판하시려거든 저의 이름을 생명책에서 지워 버리십시오"라고 부르짖으며 이스라엘 백성을 뒤로하고 하나님 앞에 섭니다. 모세가 없었으면 분명히 이스라엘의 역사는 지금과 달랐을 것입니다. 하나님은 모세를 보시고 그들을 용서하십니다. 그리고 하나님은 깨트려진 돌판을 다시 주시려고 모세를 시내 산 정상으로 부르십니다. 그리고 그들을 용서하시고 새로운 언약을 주십니다.

> 여호와께서 이르시되 보라 내가 언약을 세우나니 곧 내가 아직
> 온 땅 아무 국민에게도 행하지 아니한 이적을 너희 전체 백성
> 앞에 행할 것이라 네가 머무는 나라 백성이 다 여호와의 행하심을
> 보리니 내가 너를 위하여 행할 일이 두려운 것임이니라 출 34:10

시내 산은 언약을 주셨기 때문에 소망의 자리입니다. 인간의 불순종으로 깨어진 언약을 모세의 기도를 통해 용서하시며 다시 주신 소망을 기억하게 하는 자리입니다. 씻을 수 없는 죄를 지은 이들이 심판을 받아야 할 그때, 모세라는 중보자를 통해 그들은 용서를 받았습니다. 이곳에서 죄와 불순종으로 심판을 피할 수 없는 우리를 위해 친히 중보자가 되어 주신 예수님을 기억하며 찬양합니다.

두 번째, 새로운 옷을 입혀 주신 그 자리에서 찬양합니다.

하나님은 율법을 받은 이스라엘 백성을 바로 출발시키시지 않았습니다. 그들을 거룩한 백성으로 바꾸셨습니다. 이제 그에 맞는 옷을 입히신 거죠. 그리고 이스라엘 백성도 거룩한 백성으로 살아갈 준비를 곧바로 시작합니다. 모세는 회막을 만들 브살렐과 오홀리압을 부르고, 손재주 있는 이들을 모았습니다. 그런데 기쁘고 감사한 것은 달려 나오

는 이들에게서 자원하는 마음과 기쁨이 보입니다.

> 그들이 이스라엘 자손의 성소의 모든 것을 만들기 위하여
> 가져온 예물을 모세에게서 받으니라 그러나 백성이 아침마다
> 자원하는 예물을 연하여 가져왔으므로 출 36:3

　　이들은 모세와 함께 회개하고 하나님이 이끄시는 것을 기뻐하고 감사하며 만들기 시작합니다. 언약궤를 만들고, 제사장들이 입을 옷을 준비했습니다. 그리고 출애굽기의 마지막 장인 40장에는 모세가 하나님이 시키신 일을 모두 마치고 손을 씻는 장면이 나옵니다. 그렇게 하나님이 기뻐하시는 모습을 갖추어 가는 그들에게 영광을 비추어 주셨습니다.

> 모세가 회막에 들어갈 수 없었으니 이는 구름이 회막 위에 덮이고
> 여호와의 영광이 성막에 충만함이었으며 출 40:35

　　시내 산에서 제사장이 입어야 할 옷, 가지고 다녀야 할 회막과 언약궤를 만들며 제사장 나라로서의 옷을 입는 이스라엘 백성을 보셨습니다. 시내 산에서 함께 하나님을 예배하면서 우리의 삶을 돌아보고, 하나님의 소유, 제사장 나라, 거룩한 백성의 옷을 입는 시간이 되길 바랍니다.

　　마지막입니다. 하나님의 빛을 채워 주시는 자리에서 찬양합니다.

　　모세는 더 이상 자신의 혈기로 살아가는 사람이 아닙니다. 그의 믿음의 여정은 하나님의 고된 훈련을 받으면서 여전히 성숙을 향해서 현재진행형입니다. 하나님의 인도하심을 신실하게 따라가던 모세의 얼굴에도 영광이 임하게 됩니다.

모세가 그 증거의 두 판을 모세의 손에 들고 시내 산에서
내려오니 그 산에서 내려올 때에 모세는 자기가 여호와와
말하였음으로 말미암아 얼굴 피부에 광채가 나나 깨닫지
못하였더라 출 34:29

내가 만약 모세였다면 산에서 어떤 마음으로 내려갔을까요? 모세는 이전보다 성숙해졌고, 다른 사람들보다 빛나는 모습이 되었으니 개선장군처럼 당당하게 이스라엘 백성들에게 걸어갔을까요?

모세가 그들에게 말하기를 마치고 수건으로 자기 얼굴을
가렸더라 출 34:33

심판받을 민족을 구하고, 언약을 새롭게 받은 모세는 그의 얼굴을 수건으로 가렸습니다. 자신의 사명인 말씀을 선포할 때만 수건을 거두었습니다. 다시 그의 자리로 돌아갈 때는 수건으로 그의 빛을 가렸습니다. 이 빛이 자신의 빛이 아닌 것을 그는 깊이 깨닫고 있었기 때문입니다. 믿음의 여정을 걸어가는 우리에게 이미 주신 예수님의 빛을 돌아봅니다. 그리고 각자의 삶의 자리에서 하나님의 중보자가 되고, 주께서 기뻐하시는 삶이 되길 소망합니다.

Q1 민수기 12장을 보면 모세가 구스 여인과 결혼한 것은 비판을 받아 마땅한 것이 아닌가요? 미리암과 아론이 이방인과 결혼한 모세를 비방한 게 왜 문제가 되나요?

모세가 구스 여자를 취하였더니 그 구스 여자를
취하였으므로 미리암과 아론이 모세를 비방하니라 민 12:1

모세가 한 여인을 아내로 맞이하는 것은 미리암과 아론의 욕심을 움직였습니다. 미리암과 아론은 모세의 가족이었지만, 지도자로서의 모든 힘과 결정권이 모세에게 집중되어 불만이 있었습니다. 그래서 이것을 계기로 모세가 가진 지도자로서의 권위를 끌어내리고 싶은 욕심을 드러냅니다. 그들은 두려워하지 않고 그를 공격합니다.

성경에는 모세가 결혼한 여인에 대해 시원하게 이해할 수 있는 정보들을 제공해 주지 않습니다. 여인에 대한 단서는 '구스' 여인이라는 설명이 유일합니다. 구약성경 번역본 중 가장 오래된 것으로 인정받는 70인역 성경에는 여기에 등장하는 구스 여인을 에티오피아 여인으로 표현하고 있습니다. 그리고 '구스'라는 단어를 지명이 아니라 히브리어의 원어적 의미를 풀어서 내놓은 신학자들의 다양한 추측이 있습니다. 그러나 당시에 이 문장과 단락의 맥락은 구스 여인과 결혼한 모세의 결혼이 그들에게 그런 비방을 받을 이유가 아닌 것을 하나님은 알려 주십니다.

하나님은 모세를 심판하시지 않고 보호하십니다. 모세가 단지 여인의 아름다움을 보고 탐욕으로 하나님의 명령을 거슬렀다면, 분명히 하나님은 심판하셨을 것입니다. 이전에도 모세가 출애굽을 하기 위해 가는 길 위에서 하나님의 심판으로 죽임당할 뻔한 적이 있기 때문입니다. 그래도 성경은 모세의 어떤 죄에 대해서는 설명하고 있지 않습니다. 분명한 것은 그는 하나님의 심판으로 죽음 직전까지 갔습니다. 이번에도 마찬가지로 구스 여인에 대한 충분한 단서는 나와 있지 않지만, 하나님 앞에서 온유하다고 말씀하시며 모세를 보호하시고 미리암과 아론에게 심판하시는 것에 집중하여 묵상하면 좋을 것 같습니다. 읽으면서 이런 부분의 고민을 할 때마다 성경은 모든 정보를 담고 있는 것이 아니라 하나님이 가지고 있는 의도에 충실하게 쓰여진 책인 것을 이해하게 되길 바랍니다.

Q2 민수기에 나오는 발람은 예언자인가요? 이스라엘을 저주해 달라는 발락의 요청을 거부하는 것을 보면 그런 것 같기도 해서요.

　　네, 그렇게 생각할 수도 있습니다. 베드로후서 2장 16절을 보면 '선지자'라는 단어로 쓰여 있지만, 그를 하나님의 선지자로 보기는 어렵습니다. 그는 모압 왕 발락이 능력을 인정하고 있을 정도로 영적인 능력을 가진 사람으로 보입니다. 그리고 하나님이 그를 찾아가셔서 하시는 말씀을 놀라지 않고 받아들이는 것을 보면, 영적인 경험이 확실히 많았던 사람으로 보입니다. 그러나 모압 왕이 신하들에게 복채를 주어서 발람에게 보내는 모습은 성경에 나오는 선지자들을 대하는 모습과의 차이점을 보여 줍니다(민 22:7 참조).

　　그가 하는 말을 들어보면 예언자인가 생각이 들게 하는 구절도 있습니다. 모압 왕 발락은 여러 번 찾아가서 저주해 주기를 부탁하지만 하나님은 발람에게 나타나셔서 막으셨습니다. 그때마다 하나님의 뜻을 주저하지 않고 사실대로 말했습니다. 그리고 그들의 두려움은 이전보다 더 커졌습니다. 그러나 발람은 베드로후서 2장 15절과 유다서 1장 11절에서 재물에 눈이 어두워져서 수단과 방법을 가리지 않는 사람으로 평가됩니다. 그리고 요한계시록 2장 14절에는 발락이 이스라엘 백성이 우상에 대한 거부감을 없애도록 우상에게 바쳐진 음식을 먹게 하고, 음란한 죄를 짓도록 부추긴 내용들을 볼 수 있습니다. 그리고 심판의 때에 미디안의 다섯 왕과 함께 죽임을 당합니다.

　　　이스라엘 자손이 그들을 살육하는 중에 브올의 아들
　　　점술가 발람도 칼날로 죽였더라 수 13:22

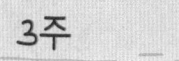

신명기 – 사무엘상

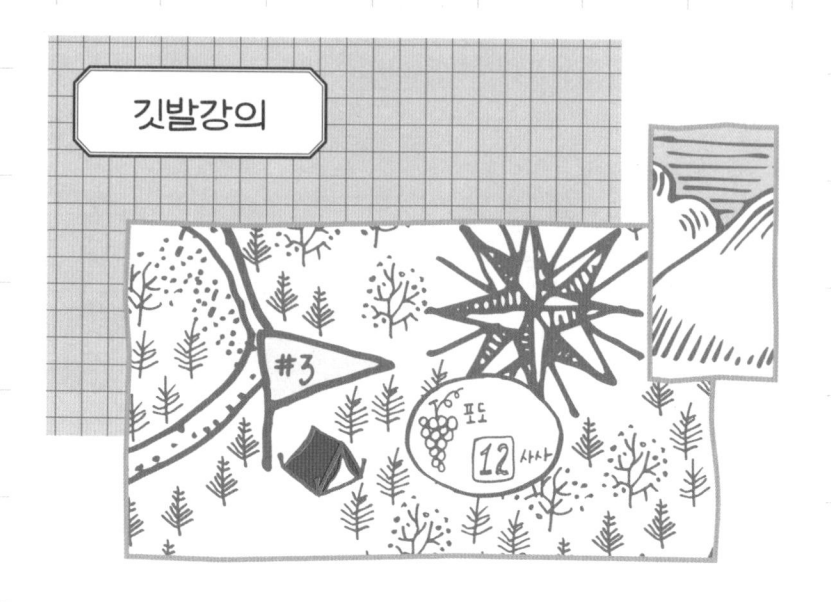

안녕하세요. 세 번째 깃발 강의를 시작해 보겠습니다.
첫 번째 깃발은 '포도'입니다.

또 에스골 골짜기에 이르러 거기서 포도송이가 달린 가지를 베어
둘이 막대기에 꿰어 메고 또 석류와 무화과를 따니라 민 13:23

포도나무는 하나님이 주신 언약의 풍성함을 보여 주는 상징입
니다. 정탐꾼들이 포도나무 가지를 꺾었을 때 얼마나 무거웠는지 두 사
람이 장대를 메고 옮겨야 했습니다. 에스골 골짜기는 이름이 '송이'일
정도로 그곳의 포도는 탐스럽고 주렁주렁 많이 열리는 것으로 유명했
습니다. 지금까지 애굽에서 노예생활을 하다가 농사를 지을 수 없는 광

야를 걸어온 이스라엘 백성이 포도나무를 장대에 메고 오는 정탐꾼들을 보고 얼마나 감탄했을지 상상해 봅니다. 하나님은 이 땅을 그들에게 주셨습니다.

> 내가 모세에게 말한 바와 같이 너희 발바닥으로 밟는 곳은
> 모두 내가 너희에게 주었노니 수 1:3

정탐꾼을 통해 보게 하신 풍성한 포도나무는 이스라엘 백성에게 주시는 하나님의 축복을 의미했습니다. 가나안 땅의 비옥함과 부요함을 보여 주는 것이었습니다. 이에 반응한 사람은 갈렙이었습니다. 그리고 갈렙과 여호수아는 비옥한 땅을 보고 하나님이 주신 땅임을 확신합니다.

> 여호와께서 우리를 기뻐하시면 우리를 그 땅으로 인도하여
> 들이시고 그 땅을 우리에게 주시리라 이는 과연 젖과 꿀이 흐르는
> 땅이니라 민 14:8

그러나 믿음이 없는 이들에게는 아무런 소용이 없습니다. 믿음이 없는 나머지 열 명의 정탐꾼들은 그곳에서 본 아낙 자손들, 거인들을 보면서 갖고 있던 믿음도 버렸습니다. 온 이스라엘 백성은 그들을 보며 울기 시작했고, 그들의 낙심은 분노로 번져 모세와 아론을 돌로 쳐서 죽이려고 했습니다.

포도나무는 하나님의 언약을 받은 이스라엘 백성을 의미하기도 합니다.

> 주께서 한 포도나무를 애굽에서 가져다가 민족들을 쫓아내시고

그것을 심으셨나이다 ^{시 80:8}

아모스 9장 14절을 보면 멸망하게 될 이스라엘이 다시 세워질 때 풍성한 열매를 맺을 포도원을 가꾸게 될 것이라고 말씀합니다. 하나님이 주시는 언약과 축복의 상징을 나타내는 포도는 그들에게 보여 주신 약속의 증거였습니다.

또한 예수님은 자신을 포도나무로 비유하셨습니다.

나는 참 포도나무요 내 아버지는 농부라 ^{요 15:1}

하나님의 언약의 성취로 우리에게 보내신 예수님은 참 포도나무 이십니다. 삶에서 예수님을 깨닫게 하시고 역사하시는 은혜를 느낄 때, 우리는 인도하심을 깨닫고 풍성하게 주실 하나님을 신뢰해야 합니다. 늘 성령 충만함 가운데 하나님이 보여 주시는 포도나무를 볼 때마다 여호수아와 갈렙처럼 하나님의 인도를 확인받는 여러분 되시길 바랍니다.

두 번째 깃발을 꽂아 볼까요? 숫자 '12'입니다. 사사기에 나오는 총 열두 명의 사사들이 바로 오늘의 깃발입니다. 여호수아가 죽은 후에 하나님은 최고 지도자로 '사사'를 세우셨습니다. 사사는 제사장입니다. 이들은 하나님께 직접 제사를 드릴 수 있습니다. 사사는 또한 예언자입니다. 이들은 하나님의 음성을 듣고, 예언을 선포하는 메신저들입니다. 그리고 이들은 왕의 역할도 합니다. 강한 군대를 만들고 그들의 나라를 지키며 다스리는 최고 지도자입니다.

사사의 역사는 사사기의 열두 사사와 함께 사무엘상에 나오는 마지막 사사인 사무엘까지로 볼 수 있습니다. 오늘 깃발강의에서 열두 사사를 두 번째 깃발로 꽂은 이유는, 사사기의 역사의 반복이 창조시대 의 하나님과 인간의 관계와 유사하기 때문입니다. 창조, 타락, 홍수, 바벨탑의 순서대로 하나님이 사랑하셔서 기회를 주셨지만, 죄로 인해 놓치는 반복이 사사기에서 보여집니다. 하나님이 보내신 사사가 죽으면 이스라엘 민족은 다시 범죄합니다. 그 죄의 심판으로 원수가 쳐들어와서 심판하면 백성의 울부짖음을 들으시고 다시 사사를 보내시는 반복이 열두 번 이어집니다. 사사기의 저자는 이들의 소망 없는 모습을 한 문장으로 이렇게 정리해 놓았습니다.

> 그 때에 이스라엘에 왕이 없으므로 사람이 각기 자기의 소견에
> 옳은 대로 행하였더라 삿 21:25

그러나 사사기의 소망은 사사기 이후에 보여 주십니다. 사사의 리더십과 그가 다스리는 나라의 건강한 모습은 사무엘상에 나오는 마지막 사사인 사무엘을 통해 보여집니다. 그래서 이스라엘 민족에게 주신 특별한 지도자, '사사'의 이상적인 모습과 하나님의 의도를 나타내십니다.

또한 사사시대의 소망을 이방인 룻을 통해 보이십니다. 하나님은 룻의 시어머니인 나오미를 통해 의로운 이방인 룻을 준비하셨습니다. 그리고 함께 돌아온 베들레헴에서 룻의 믿음과 신실한 삶으로 감동받은 보아스를 통해 예수님의 족보에 등장하게 됩니다. 하나님은 열두 명의 영웅와 같은 사사가 다스리던 시대에 찾지 못했던 소망을 룻기에서 모압 여인을 통해 보여 주십니다. 그리고 하나님의 복음의 능선이 끊어지지 않고 이어지게 하십니다.

오늘 두 가지 깃발을 확인하였습니다. 약속의 땅을 의미하는 '포도', 소망 없는 시대의 스토리 사사기의 열두 사사들을 의미하는 '12'. 이번 통독에서는 이것을 기억하며 함께 걸어가겠습니다. 그럼 이번 주도 파이팅입니다.

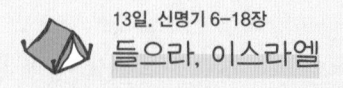

13일. 신명기 6–18장

들으라, 이스라엘

    미국에서 신학교를 다닐 때 유대인 개신교 교회에서 예배를 드린 적이 있습니다. 그곳은 경건한 유대인이면서도 예수님을 구주로 영접하고, 신약을 구약과 함께 성경으로 인정하는 유대인 개신교 교회였습니다. 자신의 민족들에게 이단이라고 배척당하면서도, 전통과 함께 복음을 지키는 그들의 진지함을 볼 때 마음이 숙연해졌습니다. 예배를 드리기 전에 구약과 신약을 상징하는 두루마리를 랍비가 들고 교회 안을 걸으며 돌 때, 어린아이들을 포함한 온 교인들이 음악에 맞춰 춤을 추며 그 뒤를 따라가는 모습을 보면서 낯설지만 기쁨을 나눴습니다.

    신명기 6장 4절은 그들의 기도와 마음을 상징하는 정신과 같습니다. "쉐마, 이스라엘!"(들으라, 이스라엘)이라는 첫 문구는 '쉐마'라고 불리며 경건한 이들의 정기적인 기도시간을 열어 주는 구절입니다.

이스라엘아 들으라 우리 하나님 여호와는 오직 유일한
여호와이시니 신 6:4

하나님 여호와가 오직 유일한 여호와이심을 믿는 사람들은 이것을 힘써 기억해야 합니다. 자신의 머리와 팔에 묶듯이 세상을 살아갈 때 몸에 지니고 가야 합니다. 그리고 그런 이들이 해야 할 것이 있습니다. 하나님을 사랑해야 합니다. 마음과 뜻과 힘을 다하여 사랑해야 하는 이유를 성경은 하나님이 먼저 사랑하셨다고 말합니다.

여호와께서 오직 네 조상들을 기뻐하시고 그들을 사랑하사
그들의 후손인 너희를 만민 중에서 택하셨음이 오늘과
같으니라 신 10:15

신명기 10장 12절부터 15절을 보면 모세는 이스라엘 백성에게 하나님의 마음을 풀어서 설명해 줍니다. 그들의 행복을 위해서 주시는 말씀이라고 말합니다. 너희를 돌보고 사랑하시는 하나님이시니 듣고 순종하라고 그들에게 설교합니다. 그리고 그 명령과 규례를 지킬 때 어떤 상황 속에서도 생명을 지키고, 번성하고, 복을 받을 것이라고 예언합니다. 언젠가 들었을 익숙한 말씀이지만 모세의 메시지에 하나님의 마음이 전해집니다. 자연스럽게 다짐하게 됩니다.

너는 마음을 다하고 뜻을 다하고 힘을 다하여
네 하나님 여호와를 사랑하라 신 6:5

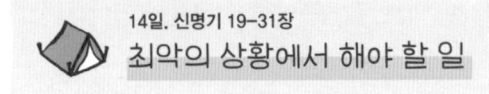
모세는 이스라엘 백성에게 전하는 고별설교의 마지막 부분에 심각한 이야기를 합니다. 약속의 땅으로 들어가기 전에 그들의 불순종으로 먼 나라로 쫓겨났다면 이것을 기억하라는 메시지입니다.

> 너와 네 자손이 네 하나님 여호와께로 돌아와
> 내가 오늘 네게 명령한 것을 온전히 따라
> 마음을 다하고 뜻을 다하여 여호와의 말씀을 청종하면 신30:2

마음을 돌이키면 하나님도 마음을 돌이키신다고 약속합니다. 몸은 하나님이 주신 땅에서 이전처럼 예배를 드릴 수 없는 먼 나라로 끌려갔을 때라도 먼저 마음을 돌이키라고 말씀합니다. 그리고 마음과 뜻을 다하여 말씀을 들으라고 하십니다. 하나님을 떠나서 죄를 짓고, 그의 심판으로 쫓아내신 하나님의 백성이 회복하는 열쇠는 말씀인 것입니다. 그러면 하나님도 마음을 돌이키신다고 약속합니다.

> 네 하나님 여호와께서 마음을 돌이키시고 너를 긍휼히 여기사
> 포로에서 돌아오게 하시되 네 하나님 여호와께서 흩으신
> 그 모든 백성 중에서 너를 모으시리니 신30:3

그리고 멀리 쫓아내신 곳에서 모으시고, 그들에게 나라를 주시고 다시 번영을 주신다고 약속합니다. 그리고 여호와께 돌아오는 자들에게 마음의 할례를 베푸시고, 말씀을 청종하는 백성에게 마음과 뜻을 다하여 하나님을 사랑하게 하신다고 말씀합니다. 이것은 신명기 10장

13절의 말씀처럼 그들의 행복을 되찾기 위하여 주시는 약속입니다. 그 말씀은 먼 곳에 있지 않습니다. 마음만 먹으면 닿을 수 있는 곳에 있습니다.

> 오직 그 말씀이 네게 매우 가까워서 네 입에 있으며
> 네 마음에 있은즉 네가 이를 행할 수 있느니라 신 30:14

시편 1편 2절에 나오는 '묵상'을 의미하는 '하가'(הָגָה)라는 히브리어는 작은 목소리로 읊조리며 읽는 전통적인 책 읽기를 의미합니다. 입과 마음이 연결되는 책 읽기입니다. 하나님을 향한 깊은 생각은 입으로 소리 내어 읽는 말씀으로 시작됩니다. 몸을 울리고, 영혼을 울립니다. 깊어지는 생각의 중심은 하나님께로 맞추어집니다. 의사소통병리학자인 케롤라인 리프는 저서 《뇌의 스위치를 켜라》에서 "하나님 다음으로 강력한 것은 당신의 마음(생각)이다"라고 합니다. 나의 작은 목소리로 말씀을 되뇌이며 가장 강력하신 하나님으로 나의 마음을 채워야겠습니다.

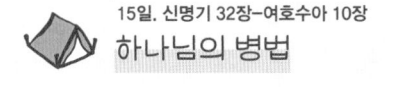

15일. 신명기 32장-여호수아 10장
하나님의 병법

여호수아는 모세의 후계자였습니다. 그리고 지도자로서 가장 중요한 임무는 '전쟁'과 '땅 분배'였습니다. 여호수아의 전쟁에는 특징이 있었습니다. 여호수아는 모든 책임을 지는 최고 지도자의 모습으로 어울리지 않는 모습을 종종 보여 줍니다. 그는 하나님께 매달립니다. 첫 번째 여리고 성 전투를 승리하고, 두 번째로 치른 아이 성 전투에서 36명

이 죽게 되었습니다. 그러자 그는 다시 광야에 있던 것이 나았다며 이제 소망이 없다고 재를 뒤집어쓰며 하나님께 엎드립니다. 최고 지도자임에도 하나님을 원망하면서 드러눕습니다. 하나님은 그런 여호수아를 보면서 다그치시지 않고, 그때 패배의 원인은 자신의 욕심을 위해 하나님 앞에서 거짓말을 하고 진실을 숨겼던 아간의 죄라고 말씀합니다.

아간을 심판하고 시작하는 아이 성 전투는 완전한 승리였습니다. 그리고 특별한 것은 두 번째로 치른 아이 성 전투를 통해 가나안의 전쟁을 주도하시는 분이 하나님이심을 구체적으로 보여 줍니다. 역사상 어느 전투보다 치밀한 작전이 펼쳐집니다. 먼저 매복작전입니다. 여호수아는 3만 명의 군사를 뽑아서 아이 성 전투에 나갈 때, 여기서 5,000명을 떼어서 성의 서쪽에 매복시킵니다. 주력부대는 성 북쪽에 주둔시키면서 성 안에 있는 모든 군사를 끌어내어 동쪽으로 유인합니다. 후퇴하는 척하며 광야로 도망치자 아이의 군대는 그들을 쫓아갔습니다. 그때 매복해 있던 5,000명은 급히 성으로 들어가서 성에 불을 질렀습니다. 그때 복병들에게 "진격"의 명령을 내린 분은 하나님이셨습니다.

> 여호와께서 여호수아에게 이르시되 네 손에 잡은 단창을 들어
> 아이를 가리키라 내가 이 성읍을 네 손에 넘겨 주리라 여호수아가
> 그의 손에 잡은 단창을 들어 그 성읍을 가리키니 수 8:18

하나님의 명령에 창을 들었던 여호수아는 전투의 마지막 순간까지 그 명령을 지키며 창을 내리지 않았습니다. 하나님은 여호수아의 군대를 매복, 유인, 포위 작전으로 지휘하시고, 이스라엘을 위해서 싸우셨습니다(수 10:42 참조). 그리고 모세의 예언대로 하나님은 몸소 가나안의 모든 전쟁에서 그들의 칼과 방패가 되어 주셨습니다.

이스라엘이여 너는 행복한 사람이로다 여호와의 구원을
너 같이 얻은 백성이 누구냐 그는 너를 돕는 방패시요 네 영광의
칼이시로다 네 대적이 네게 복종하리니 네가 그들의 높은 곳을
밟으리로다 신 33:29

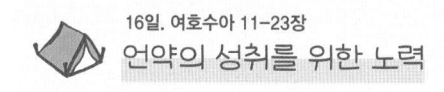

16일. 여호수아 11-23장
언약의 성취를 위한 노력

하나님이 아브라함에게 주신 언약, 모세에게 보여 주신 비전을 이루는 데 많은 수고가 있었습니다. 가나안 땅에 들어온 여호수아도 약속의 땅에 들어가자마자 시작된 전쟁을 끊임없이 치러야 했습니다. 모든 전쟁이 끝나고 땅을 분배하는 것도 만만치 않은 세밀한 작업이었습니다. 열두 지파가 하나님 앞에서 땅 분배에 대한 것을 이해하지 못하면 자신의 민족 안에서 언제든지 분쟁이 일어날 수 있는 분위기였습니다.

그중 하나의 예로 슬로브핫의 딸들에게 땅을 분배해 주는 스토리를 들 수 있습니다. 민수기 36장을 보면 슬로브핫의 딸들은 모세가 살아 있을 때 아들이 없는 집안이지만 가나안에 들어가서 상속을 받게 해달라고 요청하고, 약속을 받았습니다. 그러나 모든 지파가 땅을 분배받을 때, 슬로브핫의 딸들의 집안과 했던 약속은 지도자들의 기억에 없는 듯합니다. 아들들의 이름으로 분배가 이루어질 때 그들은 언급되지 않습니다. 그때 딸들은 제사장에게, 여호수아에게, 그리고 모든 지도자들을 찾아갑니다. 그리고 하나님은 그들에게 하신 약속을 잊지 않으셨다는 것과 받아야 할 유산을 요구합니다.

그들이 제사장 엘르아살과 눈의 아들 여호수아와 지도자들 앞에
나아와서 말하기를 여호와께서 모세에게 명령하사 우리 형제
중에서 우리에게 기업을 주라 하셨다 하매 여호와의 명령을 따라
그들에게 그들의 아버지 형제들 중에서 기업을 주므로 수 17:4

여호수아는 이들의 요구를 들어주어야 했습니다. 그러나 이들에게 주기 위해서는 므낫세 지파에게 땅을 더 분배해야 했습니다. 더 달라고 하는 슬로브핫의 딸들에게는 하나님과의 약속대로 더 주었습니다. 그리고 그것은 모든 지파의 사람들이 용납해 주었습니다. 시간이 지나고, 요셉의 지파는 자신들의 땅이 너무 적다고 이의를 제기했습니다. 여호수아는 에브라임과 므낫세 지파에게 그들이 자리잡고 있는 이들을 물리쳐서 스스로 정복할 수 있게 격려합니다. 그리고 산지와 숲을 좋은 땅으로 일구어서 살아가라고 명령합니다. 땅 분배는 절대로 쉬운 일이 아니었습니다. 경계를 정하고 배정하는 일을 넘어서, 그곳에서 잘 정착할 수 있도록 마음의 준비와 비전을 정해 주는 역할까지가 지도자로서의 역할이었습니다. 여호수아는 그 일을 마지막까지 훌륭하게 해냅니다.

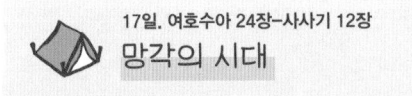

17일. 여호수아 24장-사사기 12장
망각의 시대

사사기는 여호수아 이후에 '사사'라고 불리는 지도자들에게 맡기신 이야기입니다. 사사기에는 열두 명의 사사들이 등장합니다. 이들의 등장은 늘 '구원자'로서의 등장입니다. 그 이유는 이스라엘 민족이 한 명의 사사가 죽으면 곧 하나님이 아닌 이방신들을 섬겼기 때문입니다. 그들은 지도자가 사라지면 금방 여호와를 잊었습니다.

그 세대의 사람도 다 그 조상들에게로 돌아갔고 그 후에 일어난
다른 세대는 여호와를 알지 못하며 여호와께서 이스라엘을
위하여 행하신 일도 알지 못하였더라 삿 2:10

그들은 하나님을 잊자마자 우상을 섬기기 시작합니다. 모든 이스라엘이 바알을 섬길 때 어느 정도로 심각하게 믿었는지를 유명한 사사 기드온이 보여 줍니다. 당시에 이스라엘 백성을 괴롭히던 민족은 미디안 사람들이었습니다. 그들은 농사를 짓던 땅을 남김없이 짓밟았습니다. 그리고 먹을 수 있는 가축들을 하나도 남기지 않고 빼앗아 갔습니다. 망쳐 놓고 빼앗아 갔기 때문에 이스라엘 민족은 열심히 일해도 가난한 삶을 이어 갈 수밖에 없었습니다.

그러던 중에 하나님이 기드온을 찾아오셨습니다. 그러나 중요한 사실은 기드온이 그들의 원수인 다른 민족도 아닌 이스라엘 민족을 두려워했다는 것입니다. 다른 것도 아닌 우상을 없애는 일에 그는 생명의 위협을 느끼고 두려워합니다. 그래서 그는 열 명의 종들을 데리고 깜깜한 밤에 가서 그 일을 처리합니다. 날이 밝자 성 사람들은 무너진 바알 제단과 부서져 있는 우상들을 보았습니다. 그리고 제단 위에서 하나님께 제물을 드린 것을 보았습니다. 이스라엘 사람들에게 바알의 제단과 우상을 무너뜨린 것은 큰 죄가 되었습니다. 꼭 찾아야 하는 무거운 죄였습니다. 기드온임을 알게 되자 아버지를 찾아가 그를 끌어내라고 외칩니다. 우상을 섬기는 자를 가장 큰 범죄자로 보던 이스라엘 백성은 이제 반대가 되었습니다. 원수들의 핍박 가운데서도 이것이 심판인지도 모르는 망각의 민족이 되었습니다. 가장 중요한 십계명의 제1계명을 지키려는 기드온을 이스라엘 민족은 바알을 위해서 죽이려 하고 있습니다.

이스라엘 자손이 주위의 모든 원수들의 손에서 자기들을
건져내신 여호와 자기들의 하나님을 기억하지 아니하며 삿 8:34

18일. 사사기 13장-사무엘상 1장
유일한 의인

사사기 안에서는 사사시대의 소망을 찾기가 쉽지 않습니다. 의
도적으로 그렇게 쓴 것처럼 보여지기도 합니다.

그 때에 이스라엘에 왕이 없으므로 사람이 각기 자기의 소견에
옳은 대로 행하였더라 삿 21:25

이스라엘 민족에게는 왕이신 하나님, 그리고 하나님이 보내신
최고 지도자였던 사사들이 있었습니다. 열두 명의 사사들을 보내시고,
하나님이 그들 앞에서 살아 계신 것을 보여 주셔도 그들은 다시 하나님
없는 세상을 만들었습니다. 자신들이 원하는 대로 살아갑니다. 그러나
사사시대의 소망은 이스라엘에 있지 않고, 그들과 함께 살고 있는 한
이방 여인에게 있었음을 보여 주십니다. 그 이방 여인의 이름은 룻입니
다. 그녀는 베들레헴에서 모압으로 이주하여 살아가던 나오미의 집안
으로 시집가게 됩니다. 그러나 그 집안의 모든 남자들이 일찍 죽게 되
고 가정생활을 이어 갈 수 없게 되자 나오미는 두 며느리를 돌려보내려
합니다. 그러자 룻은 끝까지 시어머니와 함께 가기를 선택합니다. 룻의
결정은 나오미와 함께 돌아온 베들레헴의 사람들에게 도전이 되는 메
시지가 되었습니다.

> 보아스가 그에게 대답하여 이르되 네 남편이 죽은 후로 네가
> 시어머니에게 행한 모든 것과 네 부모와 고국을 떠나 전에 알지
> 못하던 백성에게로 온 일이 내게 분명히 알려졌느니라 룻 2:11

그녀의 특별한 마음을 알아본 보아스는 단순히 시어머니 나오미를 향한 사랑만이 아니라, 하나님을 향한 믿음으로 온 것을 알고 있다고 말합니다. 하나님을 깊이 사랑한 한 모압 여인이 하나님을 향한 믿음과 시어머니를 향한 사랑을 이어 가고, 그로 인해서 절망의 시대에 소망이 있었음을 보여 줍니다.

그리고 룻기의 마지막 부분에는 그녀가 다윗의 할머니였음을 기록해 놓습니다. 어디에서도 의인을 찾기 어려웠던 시대에 이방 여인이었던 룻의 믿음은 이스라엘의 영원한 자랑이 될 다윗과 예수님의 가문을 이어 가고, 나오미의 자랑이 되었다는 것을 보여 줍니다.

> 그의 이웃 여인들이 그에게 이름을 지어 주되 나오미에게 아들이
> 태어났다 하여 그의 이름을 오벳이라 하였는데 그는 다윗의
> 아버지인 이새의 아버지였더라 룻 4:17

사무엘과의 캠핑

사무엘상 8:1-22

"Listen to all that the people are saying to you; it is not you they have rejected, but they have rejected me as their King."

미스바에서 사무엘과의 캠핑을 시작해 보겠습니다. 사무엘에게는 모세에게도, 여호수아에게도 붙여지지 않았던 '사사'라는 직함이 있었습니다. 이들은 하나님이 약속의 땅에서 세우시고, 450년 동안 민족을 맡기신 최고 지도자들이었습니다. 이들은 모든 영역을 아우르며 제사장, 예언자, 왕으로서 해야 할 모든 일을 합니다. 종교와 정치에 관련된 영역의 구분이 이들에게는 없습니다. 그렇지만 이들은 전적으로 하나님을 의지하고 그의 뜻을 들으며 민족을 다스렸기 때문에 누가 보더라도 이스라엘 민족을 통치하시는 분은 하나님이셨습니다. 따라서 사사의 모습은 우리가 이 땅에서 어떻게 살아가야 할지를 보여 주는 모델이기도 합니다. 세상으로 부름받은 성도들이 부르심의 자리에서 제사장, 예언자, 왕으로서 살아가야 하는 것은 우리의 사명입니다(벧전 2:9 참조).

사사의 역사상 가장 위대했던 사무엘에게 어떤 곳에서도 믿음을 선택하는 자세를 배워 보도록 하겠습니다.

첫 번째, 전쟁의 자리에서 믿음을 선택합시다.

마지막 사사인 사무엘의 시대가 되자 그는 온 백성을 오늘의 캠핑 장소인 미스바로 부릅니다. 그리고 금식을 선포하고 기도하기 시작합니다.

> 그들이 미스바에 모여 물을 길어 여호와 앞에 붓고 그 날 종일
> 금식하고 거기에서 이르되 우리가 여호와께 범죄하였나이다
> 하니라 사무엘이 미스바에서 이스라엘 자손을 다스리니라 삼상 7:6

아무것도 먹지 않고 기도하고 있습니다. 그 소식을 듣고 블레셋 사람들이 그들을 공격하기 위해 올라왔습니다. 그러나 사무엘은 기도하는 일을 멈추지 말라고 외칩니다. 그들은 멈추지 않고 그들 가까이 전진합니다. 그리고 비무장 상태인 그들을 공격합니다. 그때, 하나님이 큰 천둥소리를 내서서 군대를 흔들어 놓으셨습니다. 이스라엘 백성은 하나님의 기적 앞에서 얼어붙은 블레셋 군사들을 물리치고, 승리합니다.

사사기에서 반복되는 열두 번의 기회와 실패 속에서 사사들의 역사를 통해 보여 주시는 메시지가 있습니다. "나의 전쟁의 방법은 사람이 아니라, 나를 둘러싸고 있는 하나님을 보는 것이다."

여러분의 전쟁터에서 하나님을 보시기 바랍니다. 자신을 둘러싸고 있는 적이 아니라 그들을 둘러싸고 있는 하나님을 보십시오. 하나님이 없는 나 자신을 보면 이스라엘 백성처럼 메뚜기로 보입니다. 그러나 만물의 주관자이신 하나님을 바라보며 그분이 인도하시는 길을 붙들 때 그분이 준비하신 승리를 보게 될 것입니다.

두 번째, 확인의 자리에서 믿음을 선택합시다.

사무엘의 시대는 눈부신 부흥의 시대였습니다. 사사기에 나오는 사사는 열두 명입니다. 그러나 열두 명의 시대는 소망이 없는 시대였습니다. 사사기의 마지막 구절은 이렇게 그 시대를 마무리합니다.

> 그 때에 이스라엘에 왕이 없으므로 사람이 각기 자기의 소견에
> 옳은 대로 행하였더라 삿 21:25

사사기 이후에 나오는 마지막 사사인 사무엘의 시대는 어떤 사사보다도 빛나던 때였습니다. 그러나 그의 아들들이 이스라엘 백성에게 신뢰를 주지 못하자, 그들은 어김없이 이전처럼 믿음을 저버리고 불순종의 길을 걸어갑니다. 하나님이 인도하시는 길이 아닌 그들의 믿음이 가는 길을 요구합니다. 그들의 요구에 이전에 함께했던 은혜의 추억은 느껴지지 않습니다. 왕을 요구하며 나오는 이들에게 사무엘이 적지 않은 실망을 한 것 같습니다. 낙심한 그에게 하나님이 말씀합니다.

> 여호와께서 사무엘에게 이르시되 백성이 네게 한 말을 다 들으라
> 이는 그들이 너를 버림이 아니요 나를 버려 자기들의 왕이 되지
> 못하게 함이니라 삼상 8:7

예수님은 많은 세리들과 죄인들 그리고 작은 트집이라도 잡으려고 모인 유대인들 앞에서 탕자의 비유를 드셨습니다. 이야기 속에서 부유한 집의 아들이었던 탕자가 답답한 집에서 벗어나 마음껏 누리며 살고 싶은 마음에 아버지를 조르기 시작합니다. 나가게 해달라고. 유산을 달라고. 아버지는 그저 듣습니다. 그리고 그의 몫이기에 유산을 줍니다. 그것을 받은 아들은 떠나갑니다. 여러분, 아들을 그 길로 가게 하

는 것은 무책임한 방치일까요? 포기를 가장한 유기일까요? 오늘 사무엘에게 "백성들이 너에게 하는 것을 다 들어주어라"라고 하는 그때는 어떤 순간일까요? 탕자가 떠나기로 마음먹은 날입니다. 화려해 보이지만 속은 비어서 허망한 길, 마셔도 마셔도 갈증이 나는 것이 확실한 길로 아버지가 탕자를 보내는 순간입니다. 그에게 소망 없음을 다시 한번 확인하는 순간입니다.

사무엘상 8장 7절도 그런 순간입니다. "사무엘아, 백성들이 너를 버린 것이 아니야. 나를 버린 것이다. 아들아, 마음을 지켜라. 믿음이 흔들려서는 안 된다."

모든 사람이 하나님을 버려도 여러분은 믿음을 선택하시기 바랍니다. 모두가 소망이 없다고 말하는 순간에도 여러분은 포기하시지 않는 하나님 곁에 서 있는 유일한 믿음의 사람이 되셔야 합니다. 모든 허망한 것이 드러나는 확인의 자리에서도 믿음을 지키시기 바랍니다.

마지막, 세 번째입니다. 출발의 자리에서 믿음을 선택합시다.

이스라엘 백성이 원하는 것은 하나 '왕'이었습니다. 하나님은 주시기로 작성하십니다. 이스라엘의 왕을 세우는 것은 하나님이 아닌 백성들의 생각이었습니다. 하나님이 원하시는 나라는 이 모습이 아닌 하나님이 왕이시고 그분의 다스림을 따라가는 나라였습니다. 그러나 백성은 그것을 바라지 않았습니다. 그러자 하나님은 그 길을 갈 수 있도록 열어 주시고, 하나님의 사람에게 그 길을 준비하게 하십니다. 그렇다면 질문합니다. 왜 하나님은 그것을 허락하셨을까요? 하나님의 나라, 하나님의 제도가 무너지는 것은 그 길이 끊기는 것이 아닌가 생각하게 합니다.

그럴 때 우리가 지금 하고 있는 바이블 트레킹, 성경산맥을 떠올리시면 됩니다. 창세기부터 요한계시록까지 함께 읽고 있습니다. 에덴동산부터 길을 시작해 광야의 길을 걷고 있습니다. 애굽의 노예가 되어서도 이 길은 끊어지지 않음을 경험했습니다. 홍해와 요단강을 가르고 건너가는 길입니다. 이들이 만들었던 이 나라는 둘로 쪼개지고, 어느 순간 이들의 나라는 사라지고 이 땅에서 쫓겨나 포로 생활을 하게 됩니다. 그렇다면 이들의 길이 끊길까요? 그렇지 않습니다. 하나님의 길, 복음의 길은 요한계시록까지 한 번도 끊긴 적이 없습니다.

그렇다면 우리에게 중요한 것은 사사와 왕이 아닌 것이죠. 예수 그리스도가 복음인 이 구원의 길인지 아닌지가 중요합니다. 하나님은 사사시대의 끝, 그리고 새로운 왕국이 시작되는 출발선에서 사무엘의 마음을 다잡아 주십니다. 바이블 트레커 여러분! 한 번도 끊어진 적 없는 구원의 길, 복음의 길에서 신발끈을 묶고 담대하게 출발하시길 바랍니다.

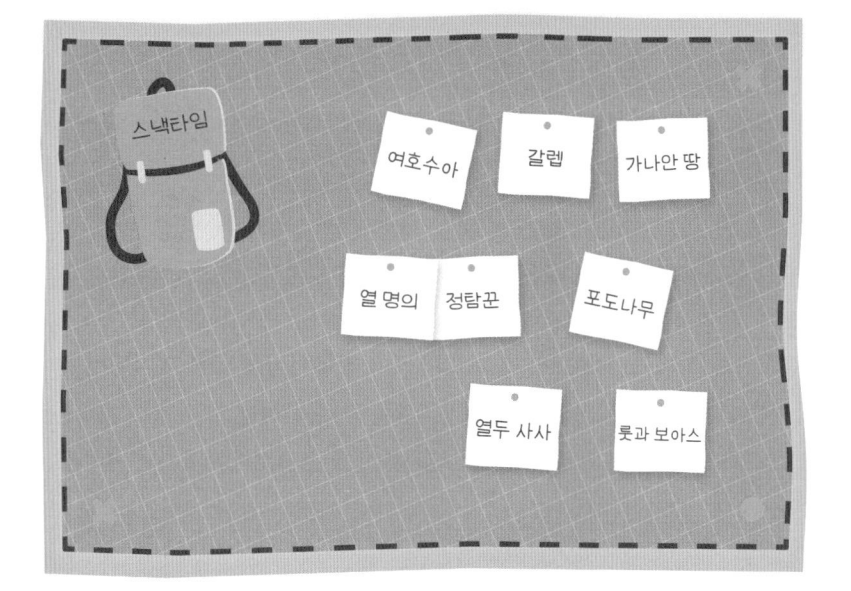

여호수아

갈렙

가나안 땅

열 명의 정탐꾼

포도나무

열두 사사

룻과 보아스

스낵타임

Q1 사사기 19장에 나오는 레위인의 끔찍한 행동은 의로운 행동인가요? 민족 내전으로 이어지게 만든 이 행동을 어떻게 보아야 할까요?

사사기의 마지막에 길게 쓰여 있는 이 이야기에는 사사가 등장하지 않습니다. 그렇지만 사사시대의 어두운 역사를 보여 주는 대표적인 이야기로 볼 수 있습니다. 그 이유는 이렇습니다. 19장은 "이스라엘에 왕이 없을 그때에"로 시작해서 21장 25절로 연관된 이야기와 사사기 전체의 마무리가 동일하게 "그 때에 이스라엘에 왕이 없으므로"입니다. 하나님을 찾지 않고, 모두가 자기 소견에 옳은 대로 했음을 표현하고 있기 때문입니다. 그리고 이것은 오랫동안 신학적으로도 매우 뜨거운 주제였습니다. 악한 시대에 나올 수 있는 다양한 죄들이 복잡하게 얽혀 있기 때문에 시대적으로 주목받는 주제들로 달라지고, 그에 대한 해석도 계속해서 나오고 있습니다. 레위인 개인에 맞추어서 생각해 볼 수 있는 점을 나누어 볼까요?

먼저 레위인의 이름은 나오지 않습니다. 19장 1절을 보면 이 사람은 에브라임의 산지에서도 외딴 곳에 살고 있던 사람이라고 합니다. 사람들의 주목을 받고 사는 사람은 아닌 것처럼 보입니다. 그러나 당시의 레위지파는 성직자였습니다. 그리고 기브아에서 자신의 집에 초대한 노인에게 자기 자신을 여호와의 집에 가고 있는 사람이라고 하는 걸로 보아서 레위인으로서의 정체성을 가진 것을 확인할 수 있습니다. 그러나 그의 삶은 어느 레위인과는 달라 보입니다. 그의 가정에 첩이 있었습니다. 다른 사람들보다 모든 면에서 모범이 되어야 할 그가 첩을 두었다는 것은 이스라엘 민족이 종교적으로, 문화적으로 얼마나 타락하고 영적으로 둔감해졌는지를 보여 줍니다.

발단의 핵심인 사건에서도 레위인은 자신을 지키는 것 외에 다른 행동을 보여 주지 못합니다. 베들레헴으로 도망간 첩을 데리고 다시 자신의 집인 에브라임 산지로 돌아가는 길에서 기브아에서 하룻밤 머물게 됩니다. 숙소를 찾지 못하다가 겨우 들어간 한 노인의 집에 그 성의 불량배들이 들이닥쳤습니다. 그들은 노인의 집으로 들어간 레위인을 보고 그에게 성적으로 악한 행동을 하기 위해 내놓으라고 소동을 일으킵니다.

> 그들이 마음을 즐겁게 할 때에 그 성읍의 불량배들이
> 그 집을 에워싸고 문을 두들기며 집 주인 노인에게 말하여
> 이르되 네 집에 들어온 사람을 끌어내라
> 우리가 그와 관계하리라 하니 삿 19:22

이것은 역사적으로 타락한 도시인 소돔과 고모라에서 보았던 모습과 다르지 않습니다. 롯의 집에 찾아온 천사들을 성의 사람들이 내놓으라고 했듯이 레위인은 자신을 지키기 위해 달려드는 그들에게 자신의 첩을 내보냅니다. 누구보다 거룩함을 추구해야 했던 레위인이 자신을 지키기 위해 식구를 사지로 보냅니다. 그러나 더 기가 막힌 것은 그는 어떤 노력도 하지 않습니다. 말씀에서는 그의 기도도, 수고도, 심지어 걱정도 찾아볼 수 없습니다. 만약에 그가 여인을 찾기 위해서 집 밖을 나섰다면 문 앞에 쓰러져 있는 그녀를 발견했을 것입니다. 그리고 기가 막힌 것은 그녀의 시체를 발견한 그를 설명하는 말씀입니다.

> 그의 주인이 일찍이 일어나 집 문을 열고 떠나고자 하더니
> 그 여인이 집 문에 엎드러져 있고 그의 두 손이 문지방에
> 있는 것을 보고 삿 19:27

그에게는 여인이 생각 속에 없는 것처럼 느껴집니다. 그는 집으로 가는 일정을 위해 일찍 일어났습니다. 그리고 그녀 없이 길을 떠나려고 했습니다. 그런데 그때 길에 쓰러져 있는 여인을 발견합니다. 레위 사람은 그 여인이 죽었음을 알게 되자 자신의 집으로 옮겨서 끔찍한 방법으로 열두 지파에게 자신의 억울함을 알린 것입니다.

> 내가 내 첩의 시체를 거두어 쪼개서 이스라엘 기업의
> 온 땅에 보냈나니 이는 그들이 이스라엘 중에서
> 음행과 망령된 일을 행하였기 때문이라 삿 20:6

그에게 첩이 소중했다면 그에게 주어진 긴 시간 동안 어떤 행동이라도 보여 주었을 것입니다. 그의 분노는 첩을 향한 사랑이 아니었습니다. 그녀의 죽음을 보고 느낀 자신이 당한 모욕과 수치에 대한 분노였습니다.

4주

사무엘상 – 열왕기하

네 번째 깃발강의입니다. 이번 주부터 이스라엘 왕국의 역사가 시작됩니다. 첫 번째 왕으로 세워진 사람은 사울입니다. 선지자 사무엘이 사울의 머리에 기름을 부어서 그가 하나님이 세우신 나라의 왕이 되었음을 알리셨습니다. 사울 다음으로는 지금도 이스라엘의 대표적 상징인 다윗이 왕이 되었습니다. 그도 하나님의 선지자 사무엘이 기름을 부어서 세운 왕입니다. 그리고 이제 그의 후예들이 나라의 왕이 되어 다스리게 됩니다.

이스라엘의 역사는 크게 둘로 나눌 수 있습니다. 통일왕국과 분열왕국입니다. 통일왕국은 세 명의 왕만 기억하시면 됩니다. 사울, 다윗, 솔로몬. 이들이 왕으로 다스린 기간은 외우기 쉽습니다. 세 왕은 모두 40년씩 이스라엘 왕국을 다스렸습니다. 성경에는 오늘 다 이야기를 못 나눌 정도로 '40'이라는 숫자가 등장하는 중요한 사건이 많이 나옵니다. 노아의 홍수 때 비가 내린 날도 40일, 모세가 시내 산에서 지낸 40일, 광야에서의 방황도 40년, 엘리야가 로뎀나무에서 동굴로 갈 때의 40일, 예수님의 광야 40일, 부활 후 사람들과 함께하신 날도 40일이었습니다.

사울도 다윗도 솔로몬도 40년을 채웠는데, 어떻게 이 숫자를 채울 수 있었을까요? 바로 다윗 때문에 가능하였습니다. 사울은 40년을 채우기 전에 다윗과 부하들에게 죽임당할 수 있었습니다. 그러나 다윗은 하나님을 두려워하는 마음으로 좋은 기회를 취하지 않았습니다. 솔로몬도 하나님께 지혜를 선물로 받고, 성전을 영광스럽게 지어 하나님께 올려 드린 왕이지만 그는 타락하고 우상을 섬기기까지 합니다. 그런 솔로몬은 다윗이 아니었다면 하나님의 심판을 분명히 받았을 것입니다. 하나님은 다윗을 기억하셨습니다. 하나님은 솔로몬의 아버지 다윗이 하나님을 깊이 사랑하고 섬긴 삶을 기억하시고 심판하시지 않았습니다.

그럼 본격적으로 두 개의 깃발을 나누어 보겠습니다.

첫 번째 깃발은 '법궤'입니다. 법궤는 하나님이 광야에서 제사에 대해 주신 율법과 함께 그들에게 주신 선물이었습니다. 그 안에는 하나님의 기적을 기억하게 해주는 물건들이 있었습니다. 만나를 담은 금항아리, 아론의 싹 난 지팡이, 언약의 돌판입니다. 그때까지 가장 인상적인 기적의 상징들이었습니다. 그러나 이것은 단순한 기적을 일으키는 신령한 물건들이 아니라, 하나님이 그들과 함께한 상징이었습니다. 이것들에 대한 다른 인식을 사무엘상에 나오는 역사를 통해 볼 수 있습니다.

대제사장 엘리와 그의 아들들이 나라의 지도자일 때, 블레셋과의 전쟁에서 열세에 몰리자 이기기 위해 지혜를 낸 것이 전쟁터에 법궤를 가지고 온 것이었습니다. 4,000명의 군인이 죽게 되자 이들은 언약 궤를 가져옵니다. 이들은 기적을 일으키시는 하나님께 기도하는 것이 아니라 언약궤를 전쟁터로 가지고 갑니다. 그들에게 법궤는 기적의 상징이었습니다. 법궤가 있으면 하나님이 블레셋으로부터 공격을 막아 주실 것이라고 믿은 것입니다(삼상 4:1-11 참조).

반대로 다윗은 왕이 되어 블레셋 군대를 물리치자마자 가장 먼저 법궤를 가지고 옵니다. 빼앗긴 법궤를 이스라엘로 다시 가져오는 것은 그의 가장 큰 소원이었습니다. 다윗에게 기적의 상징들인 그 영적인 보물들은 하나님의 기적이 아니라 하나님의 임재를 의미했습니다. 그것을 보면서 하나님을 더욱 사랑하고, 하나님을 추구하는 삶을 살고자 믿음을 굳건하게 하는 보물이었습니다.

우리에게 하나님이 소중한 이유가 무엇인지 자주 체크해 봐야 합니다. 나도 모르는 순간 중요한 본질이 사라진 채 살아갈 수 있습니다. 하나님보다 기적을 추구하는 삶이 될 수 있습니다. 내가 원하는 것을 위해 하나님을 이용하는 삶이 나도 모르게 익숙해질 수 있고, 하나님과 함께함이 행복이 아니라 하나님의 기적이 중요한 삶이 될 수 있습니다. 트레킹하면서 법궤가 나올 때마다 하나님의 임재와 하나님을 추구하는 삶을 생각하며 읽으시기 바랍니다.

두 번째 깃발은 '성막'입니다. 성막도 또 하나의 하나님을 추구하는 것입니다. 하나님은 광야의 시내 산에서 성막을 주셨습니다. 그들과 함께 걸어가며 그들이 제사를 드리면서 하나님을 예배할 수 있게 하셨습니다. 이제 이스라엘 백성이 하나님을 만나고 싶으면 언제든 달려갈 수 있는 곳이 생긴 것입니다. 그 예배를 받으시고 그들을 용서하시며 축복하시는 하나님을 만날 수 있는 곳이 바로 성막이었습니다. 다윗이 왕이 된 지 얼마 되지 않았을 때, 그의 눈에 성막이 들어왔습니다. 왕이 되자마자 블레셋에 빼앗긴 법궤를 가져왔던 다윗의 열심은 다시 한

번 불타올랐습니다. 그에게는 성막이 한없이 초라해 보였고, 하나님께 죄송한 마음이 들었습니다.

그 마음은 곧 자신의 손으로 성전을 지어야겠다는 의지로 바뀌었습니다. 그러나 다윗 왕은 전쟁을 너무 많이 치러서 하나님이 안 된다고 말씀하시는데도 그 뜻을 꺾지 않습니다. 그는 지을 수 없었지만 자신의 아들 솔로몬이 성전을 짓는 것에 대해 명령만 하면 모든 것이 움직이도록 재료를 준비하고, 뛰어난 장인들도 준비해 놓습니다. 하나님을 추구하는 다윗의 열정은 성막에서 성전으로 이어지고, 그 성전은 솔로몬을 통해 이루어집니다.

이 시대를 살아가는 우리에게 성전은 무엇입니까? 성경은 이렇게 말씀합니다.

> 너희는 너희가 하나님의 성전인 것과 하나님의 성령이 너희 안에
> 계시는 것을 알지 못하느냐 고전 3:16

> 그러므로 형제들아 내가 하나님의 모든 자비하심으로 너희를
> 권하노니 너희 몸을 하나님이 기뻐하시는 거룩한 산 제물로
> 드리라 이는 너희가 드릴 영적 예배니라 롬 12:1

우리에게 구약의 시대보다 더 진지하게 제사를 올려 드릴 길이 열렸습니다. 제사를 드리면서 거룩해지는 것이 아니라 우리의 몸을 거룩한 산 제사로 드리는 것입니다. 자신이 성전임을 깨달아 삶에서 예배하며 살아가는 것이 우리가 해야 할 일입니다.

19일. 사무엘상 2–14장

용맹한 왕자, 요나단

　　사사시대 이후 왕을 요구하는 이스라엘 백성에게 하나님은 사울을 왕으로 주십니다. 수많은 이들 중에 그를 선택하시고 축복하십니다. 그러나 하나님의 기름부으심을 받은 왕으로서도, 전쟁을 치르러 나서는 왕으로서도 초라한 모습을 보여 줍니다. 사무엘상 13장 5절을 보면, 3,000명의 이스라엘 군대 앞에 전차 3만 대와 말을 타는 군인들만 6,000명의 블레셋 군대가 나타났습니다. 성경은 그들이 바닷가의 모래와 같이 많았다고 설명합니다. 모든 군사들이 두려워하는 상황에서 탈영병들이 생겨나기 시작했습니다. 그의 군대의 사기는 더 내려갈 수 없을 정도로 떨어졌습니다. 블레셋 앞에 선 사울의 군대는 이제 600명입니다. 그런 상황에서 빛나는 용사가 있었습니다. 그는 사울의 아들 요나단입니다.

> 요나단이 자기의 무기를 든 소년에게 이르되 우리가 이 할례
> 받지 않은 자들에게로 건너가자 여호와께서 우리를 위하여
> 일하실까 하노라 여호와의 구원은 사람이 많고 적음에 달리지
> 아니하였느니라 삼상 14:6

그들은 하나님이 자신들의 길을 인도하시는지에 대해 확인하면서 들어갑니다. 하나님의 허락이 떨어지자마자 요나단과 소년은 한 팀이 되어서 영화와 같은 전투를 이뤄 냅니다. 넓지 않은 공간을 휘집으면서 자신만만한 블레셋 군사 20명을 죽였습니다. 그리고 이들의 갑작스러운 죽음은 모든 군사들을 두려움에 떨게 만들었습니다. 심지어 땅이 흔들렸다고 말합니다. 그렇기에 이들은 공황상태에 빠져들며 방향을 정하지 못하고 사방으로 달아나기 시작했고, 같은 편끼리 칼을 휘두르며 싸웠습니다. 그러자 블레셋 군대 안에서 종처럼 일하던 사람들도 일어나서 요나단을 돕기 시작합니다. 매복하던 이스라엘 군대들도 함께 힘을 합하여 대승을 이루어 냅니다.

이 대승은 사울의 군대는 절망적이었지만 담대한 믿음을 가진 요나단이 있었음을 보여 줍니다. 그리고 이스라엘 군대가 올바른 방향으로 나아갈 때 하나님은 전쟁을 치르시고, 책임지심을 보여 줍니다.

> 여호와께서 그 날에 이스라엘을 구원하시므로 전쟁이 벧아웬을
> 지나니라 삼상 14:23

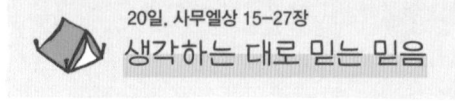
사울의 군대와 나라는 강해졌습니다. 가는 곳마다 승리를 거두고, 강한 블레셋과도 겨룰 수 있을 만큼 힘을 갖게 되었습니다. 하나님은 그런 힘을 얻은 사울에게 명령하십니다. 애굽을 나와서 광야 생활을 할 때 그들의 길을 막았던 아말렉을 심판하고, 사람들뿐만 아니라 생명을 가진 모든 가축들도 죽이라고 명령하셨습니다. 하나님이 목적을 가지고 시작하신 출정이었습니다. 그리고 분명한 지침을 주셨지만 그는 자신이 옳다고 생각하는 대로 행동합니다. 마치 사사기의 마지막 구절인 사사기 21장 25절의 말씀처럼 명령하신 하나님이 계시지 않는 것처럼 행동합니다. 그리고 자기 소견에 옳은 대로, 자기가 하고 싶은 대로 불순종합니다. 그러나 더 큰 문제는 사울이 인지하지 못한다는 것입니다.

> 사울이 사무엘에게 이르되 나는 실로 여호와의 목소리를
> 청종하여 여호와께서 보내신 길로 가서 아말렉 왕 아각을 끌어
> 왔고 아말렉 사람들을 진멸하였으나 다만 백성이 그 마땅히 멸할
> 것 중에서 가장 좋은 것으로 길갈에서 당신의 하나님 여호와께
> 제사하려고 양과 소를 끌어 왔나이다 하는지라 삼상 15:20-21

그는 다 죽였다고 말합니다. 제물로 드릴 양과 소를 제외하고는 다 죽였다고 말합니다. 하나님 앞에서도 정직하지 못한 생각과 말이 자연스러워졌습니다. 이제 하나님이 명령하시면 사울에게는 전혀 다르게 이해됩니다. 자기가 원하는 대로 해석되고, 그것이 하나님의 명령이라고 믿습니다. 자신의 거짓말이 있으면서도 두려워하지 않습니다. 하

나님은 이전에 있었던 죄를 심판하기 위해 그를 보냈지만 그는 아말렉 왕을 살려서 왔으면서도 다 죽였다고 말합니다. 그리고 그것이 하나님이 하라고 하신 일이라고 말합니다. 그의 말도 안 되는 불순종과 교만한 고집이 그를 돌이킬 수 없는 길로 인도했습니다.

> 사무엘이 이르되 여호와께서 번제와 다른 제사를 그의 목소리를
> 청종하는 것을 좋아하심 같이 좋아하시겠나이까 순종이
> 제사보다 낫고 듣는 것이 숫양의 기름보다 나으니 삼상 15:22

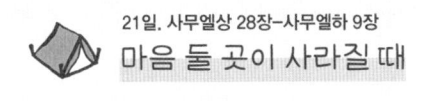

21일. 사무엘상 28장–사무엘하 9장
마음 둘 곳이 사라질 때

사무엘상 30장 1절에 벌어지는 아말렉의 시글락 공격은 곧 도망자의 고난이 끝나가는 시기에 일어났습니다. 그러나 어느 때보다도 힘든 시기였습니다. 우선 자신을 믿어 주고, 힘이 되어 주었던 블레셋 아기스와의 이별이 있었습니다. 다른 블레셋으로 돌아가는 길이었습니다. 그러나 눈앞 시글락의 마을은 다윗과 그의 부하들의 아내들과 자녀들 모두 끌려간 상태였습니다. 그중에는 다윗의 두 아내들도 있었습니다. 그들은 탈진될 정도로 울었습니다. 더 중요한 것은 그 무거운 상황 속에서 다윗이 이전에 겪어 보지 못한 일을 당합니다. 목숨을 걸고 자신을 지키고, 함께 전투에 나갔던 부하들이 돌을 들고 그를 죽이려고 둘러싼 것입니다. 성경은 다윗이 그때 평정심을 잃고 당황하는 모습을 표현해 놓았습니다. 그러나 긴 시간이 지나지 않아 회복했다는 것이 중요합니다.

백성들이 자녀들 때문에 마음이 슬퍼서 다윗을 돌로 치자 하니
다윗이 크게 다급하였으나 그의 하나님 여호와를 힘입고
용기를 얻었더라 삼상 30:6

다윗은 위기의 순간을 극복할 수 있는 준비가 되었습니다. 성경에는 회복하는 과정에 대한 구체적인 설명이 없고 그저 하나님을 통해서 얻었다고 말합니다. 철저하게 혼자가 되었습니다. 지친 몸에 주시는 새로운 힘도, 어려운 순간을 감당할 수 있는 지혜도, 끝까지 전투할 수 있는 인내도 오직 하나님으로부터 받았습니다. 하나님의 사람에게는 여호와 하나님 덕에 어떤 순간에도 부족함이 없습니다.

그는 영적으로 충만했습니다. 먼저 제사장 아비아달과 함께 하나님께 전투 작전에 대해 물어보며 기도합니다. 다윗은 부하들과 브솔 골짜기로 달려갑니다. 골짜기를 건너다가 그동안 쌓인 피로로 건널 수 없는 부하들이 보이자, 지친 200명을 골짜기에 쉬게 하고 400명만을 데리고 추격을 이어갑니다. 치열한 전투는 그다음 날 어두운 밤이 될 때까지 이어졌고, 긴 전투를 포기하지 않고 끝까지 이겨 냅니다. 그리고 전투에서 돌아온 다윗은 되찾은 아내들과 자녀들을 돌려보내 주고, 전리품을 백성들에게 나누어 줍니다. 또한 그가 이끄는 공동체가 앞으로 이어 갈 원칙들도 세워 갑니다.

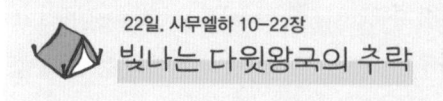

22일. 사무엘하 10-22장
빛나는 다윗왕국의 추락

다윗은 예고 없이 찾아온 유혹 앞에 무너집니다. 한가로운 궁정의 저녁에 나타난 밧세바를 갖기 위해 추악한 범죄를 저지르고, 죄를 덮

기 위해 자신의 권력을 사용했습니다. 밧세바의 남편인 우리야의 충심을 알면서도 살아 돌아올 수 없는 전쟁터로 그를 보내어 죽게 만들었습니다. 그리고 그녀를 자신의 왕궁으로 데려왔습니다. 다윗은 이것을 숨기려고 했지만 하나님은 그의 추악한 죄를 사람들에게 드러내셨습니다. 그에게 첫 번째 나타난 예언대로 밧세바가 낳은 다윗의 아들은 7일 만에 병으로 죽었습니다. 나단의 또 다른 예언대로 그의 왕국은 무너지기 시작합니다.

> 여호와께서 또 이와 같이 이르시기를 보라 내가 너와 네 집에
> 재앙을 일으키고 내가 네 눈앞에서 네 아내를 빼앗아 네
> 이웃들에게 주리니 그 사람들이 네 아내들과 더불어 백주에
> 동침하리라 삼하 12:11

그의 자녀들로 시작된 재앙은 예언처럼 성적인 범죄들과 다윗의 아들인 압살롬이 아버지의 아내들을 대낮에 범하는 일로 이어집니다. 그리고 압살롬의 나라가 세워지고, 다윗은 도망자의 신세가 됩니다. 한곳에서 다윗의 군대가 죽인 이스라엘 군대는 2만 명이 될 정도로 치열하게 벌어졌습니다. 이 전투에서 다윗이 승리합니다. 용맹스러운 그의 군대는 왕을 지키고, 나라의 모습을 회복시켰습니다. 그러나 다윗만은 혼란스러워 갈팡질팡합니다. 그 이유는 그가 승리한 원수는 그의 사랑하는 아들 압살롬이었기 때문입니다. 그리고 그가 그렇게 된 이유는 자신의 죄에 대한 심판이고, 예언의 성취인 것을 알고 있기 때문입니다.

의로운 사람이 저지른 죄의 결과는 혼란입니다. 하나님의 백성으로서 의로운 삶을 추구하지만 순간 나타나는 죄의 유혹과 자신의 연약함을 깨닫고 살아가게 됩니다. 그리고 죄에게 주도권을 빼앗기게 되

면 혼돈 속에서 괴로워하며 죄의 결과와 마주해야 합니다. 다윗은 믿음으로 그 슬픔의 시간을 감내하고 사무엘하 22장의 노래로 하나님께 감사를 올려 드립니다.

> 여호와께서 그의 왕에게 큰 구원을 주시며 기름 부음 받은
> 자에게 인자를 베푸심이여 영원하도록 다윗과 그 후손에게로다
> 하였더라 삼하 22:51

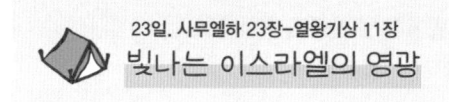

23일. 사무엘하 23장-열왕기상 11장
빛나는 이스라엘의 영광

솔로몬은 다윗왕국을 이어받습니다. 솔로몬의 나라를 한 단어로 표현한다면 '영광'일 것 같습니다. 그에게는 다른 나라의 왕들에게서는 찾을 수 없는 무언가가 있었습니다. 그것은 이 땅이 아닌 다른 세계에 있을 법한 것들이었습니다.

첫 번째로 지혜입니다. 하나님이 그에게 선물로 주신 지혜에는 사랑과 정의가 함께 있었습니다. 열왕기상 3장을 보면 두 명의 창녀가 한 아기를 서로 자신의 아기라고 주장하며 재판을 청합니다. 솔로몬은 칼을 가져오게 해서 살아 있는 아이를 반쪽으로 나누어 주라고 합니다. 이때 다른 여인에게 아기를 주라는 여인의 말을 듣자마자 솔로몬은 진실을 찾아냅니다. 공평하게 나누어 갖는 것이 정의로운 것처럼 보이지만, 사랑은 그것을 거부하고 받을 수 있는 것을 포기합니다. 엄마의 사랑은 정의보다 우선일 거라는 마음을 이해하고 있는 것입니다.

> 하나님이 솔로몬에게 지혜와 총명을 심히 많이 주시고 또 넓은

마음을 주시되 바닷가의 모래 같이 하시니 솔로몬의 지혜가 동쪽

모든 사람의 지혜와 애굽의 모든 지혜보다 뛰어난지라 ^{왕상 4:29-30}

두 번째는 그의 빛나는 성전입니다. 하나님이 성전을 짓게 하실 재료들은 다윗을 통해 모두 준비하셨습니다. 그리고 어떻게 만들지에 대한 디자인도 모두 마무리되었습니다. 솔로몬은 지을 수 있을 때가 오자 30년을 들여서 성전을 짓고 완공했습니다. 그리고 천 마리의 제물을 드려서 하나님을 기쁘시게 했던 솔로몬은 백성들과 함께 영광스러운 예배를 드립니다.

이 두 가지, 지혜와 성전의 영광을 보여 주는 인물이 열왕기상 10장에 나오는 스바 여왕입니다. 향료길의 중심에서 동서양의 문물에 밝았던 그녀는 솔로몬의 지혜와 성전에서 번제를 드리는 모습을 보며 그의 나라의 특별함과 그렇게 만들어 내신 여호와 하나님을 찬양합니다.

왕께 말하되 내가 내 나라에서 당신의 행위와 당신의

지혜에 대하여 들은 소문이 진실하도다 내가 그 말들을 믿지

아니하였더니 이제 와서 본즉 당신의 지혜가 크다 한 말이

그 절반도 못 되니 당신은 내가 들은 소문보다 더하도다 ^{대하 9:5-6}

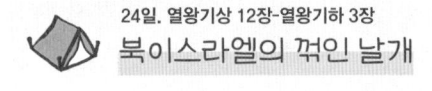

24일. 열왕기상 12장-열왕기하 3장
북이스라엘의 꺾인 날개

북이스라엘 왕국이라는 이름은 존재하지 않았습니다. 하나님이 만드신 이스라엘은 하나의 왕국이었습니다. 그러나 솔로몬의 죄로 인

해 하나님의 왕국이 둘로 나뉘게 됩니다. 한 민족이 창을 들고 서로를 바라보며, 언제든 전쟁을 일으킬 수 있는 적이 된 비극적인 역사의 시작입니다. 이것은 우상숭배라는 무거운 죄의 참혹한 결과였습니다. 평생을 지혜로 명성을 지켜 온 솔로몬 왕은 그의 노년에 어리석음과 불순종으로 이스라엘 왕국을 북이스라엘과 남유다로 찢어 놓았습니다. 하나님이 북이스라엘의 왕을 솔로몬의 신하였던 여로보암으로 세우실 때, 그 이유를 명확하게 말씀하셨습니다.

> 이는 그들이 나를 버리고 시돈 사람의 여신 아스다롯과 모압의
> 신 그모스와 암몬 자손의 신 밀곰을 경배하며 그의 아버지 다윗이
> 행함 같지 아니하여 내 길로 행하지 아니하며 나 보기에 정직한
> 일과 내 법도와 내 율례를 행하지 아니함이니라 왕상 11:33

여로보암은 우상숭배가 축복받은 하나님의 나라를 둘로 갈라 놓을 정도의 큰 죄임을 알았습니다. 그러나 그는 왕이 되자마자 이해할 수 없는 죄를 저지릅니다. 이스라엘 역사상 가장 수치스러운 금송아지를 다시 만들고, 그것을 하나님으로 여기며 예배하는 나라를 건설합니다. 여로보암 왕이 하나님께 저지른 반역은 파격적이었을 뿐만 아니라 신속하게 진행되었습니다. 그는 금송아지 두 개를 만들어서 그것이 하나님인 것을 직접 선포했습니다. 금송아지를 단과 벧엘에 하나씩 두고, 예배를 드리는 제사장들은 레위인이 아닌 사람들 중에 뽑아서 제사를 드리게 했습니다. 율법을 비슷하게 지켜 가며 백성들이 하나님이 아닌 금송아지를 섬기게 만들었습니다. 이해할 수 없는 그의 행동은 사울이 왕의 자리를 지키기 위해 했던 행동을 생각나게 합니다. 그러나 그 죄의 결과는 더 처참합니다. 시작부터 꺾인 북이스라엘의 날개는 마지막 멸망의 순간까지 200년 동안 한 번도 날지

못하게 만들었습니다.

이스라엘 자손이 여로보암이 행한 모든 죄를 따라 행하여 거기서
떠나지 아니하므로 여호와께서 그의 종 모든 선지자를 통하여
하신 말씀대로 드디어 이스라엘을 그 앞에서 내쫓으신지라
이스라엘이 고향에서 앗수르에 사로잡혀 가서 오늘까지
이르렀더라 왕하 17:22-23

엘리야와의 캠핑

오늘은 기적의 선지자 엘리야와 캠핑을 하려고 합니다. 그러나 엘리야와 캠핑을 함께할 로뎀나무 아래는 기적의 자리가 아닙니다. 바알을 숭배하는 이들의 공격이 다 끝날 것이라고 생각하는 결정적인 기적이 일어난 직후이기는 하지만, 여기서 만나는 엘리야에게 승리의 기쁨이 느껴지지 않습니다. 오히려 엘리야가 무참하게 무너진 자리입니다.

그가 이 형편을 보고 일어나 자기의 생명을 위해 도망하여
유다에 속한 브엘세바에 이르러 자기의 사환을 그 곳에 머물게
하고 자기 자신은 광야로 들어가 하룻길쯤 가서 한 로뎀 나무
아래에 앉아서 자기가 죽기를 원하여 이르되
여호와여 넉넉하오니 지금 내 생명을 거두시옵소서

나는 내 조상들보다 낫지 못하니이다 하고 ^{왕상 19:3-4}

엘리야는 3년간의 가뭄을 그치게 하는 하나님의 비를 보면 그
들이 돌아올 줄 알았습니다. 450명의 바알 선지자들을 물리치면 이스
라엘 백성이 회개하고, 우상숭배 하는 나라를 만든 아합 왕과 이세벨의
불순종이 멈출 줄 알았습니다. 그러나 세상은 전혀 바뀌지 않았습니다.
이전보다 맹렬히 그를 죽이려는 이세벨 앞에 엘리야는 아무것도 보이
지 않고, 들리지 않습니다. 엘리야가 이 정도로 혼란에 빠진 이유는 무
엇일까요? 그것은 그가 하나님이 아니라 하나님의 기적에 눈을 빼앗겼
기 때문입니다. 엘리야는 이세벨과 싸우는 어느 때부터 하나님을 믿는
믿음이 아니라 우상숭배 하던 사람들도 돌아올 수밖에 없는 하나님의
기적에 대한 확신을 가지고 달려왔던 것이었습니다.

이런 상황 속에서 하나님이 주시는 첫 번째 메시지입니다. 하
나님의 기적이 아니라 하나님 자신이 세우십니다. 하나님은 엘리야가
절망 속에서 도망친 광야에서 그 한 사람을 위한 기적을 보이십니다.

> 여호와께서 이르시되 너는 나가서 여호와 앞에서 산에 서라
> 하시더니 여호와께서 지나가시는데 여호와 앞에 크고 강한
> 바람이 산을 가르고 바위를 부수나 바람 가운데에 여호와께서
> 계시지 아니하며 바람 후에 지진이 있으나 지진 가운데에도
> 여호와께서 계시지 아니하며 또 지진 후에 불이 있으나
> 불 가운데에도 여호와께서 계시지 아니하더니 불 후에
> 세미한 소리가 있는지라 ^{왕상 19:11-12}

하나님은 엘리야 한 명을 위해 기적으로 어느 누구도 할 수 없
는 능력을 보여 주십니다. 산을 가르고 바위를 쪼개는 바람 속에도 하

나님은 계시지 않습니다. 눈앞에 땅을 가르시는 지진 속에서도 하나님은 엘리야에게 자신을 보여 주시지 않습니다. 그저 음성이 들릴 뿐입니다. 중요한 것은 기적이 아니라 기적을 일으키시는 하나님이라는 것을 알려 주십니다. 보이지 않지만 말씀하시는 그분을 다시 한번 경험으로 깨닫게 하십니다. 우리는 하나님의 기적을 바라며 사는 것이 아니라 하나님을 바라며 살아가야 합니다. 기적이 상황을 바꾸지 못할 때 그 전쟁은 진 것이 아닙니다. 함께하시는 하나님이 나의 주인이 아님이 패배인 것입니다. 그렇다면 승리도 마찬가지입니다. 우리의 상황이 바뀌지 않아도 하나님이 우리와 함께 계신 것이 승리입니다.

하나님이 주시는 두 번째 메시지입니다. 하나님은 기적이 아니라 사람으로 세우십니다.

북이스라엘에 3년 동안 가뭄이 들어 비를 내리게 할 때는 선지자 엘리야가 있었습니다. 이스라엘 백성이 홍해를 건널 때는 하나님이 보내신 모세가 있었습니다. 이사야 6장 8절에 사람을 찾으시는 하나님의 모습을 보여 주십니다.

> 내가 또 주의 목소리를 들으니 주께서 이르시되 내가 누구를
> 보내며 누가 우리를 위하여 갈꼬 하시니 그 때에 내가 이르되
> 내가 여기 있나이다 나를 보내소서 하였더니 사6:8

그러나 하나님이 불완전하셔서 사람을 필요로 하는 것은 아닙니다. 하나님의 불완전함을 사람이 채우는 것이 아니라 완전하신 하나님은 사람을 세우셔서 일하기를 원하십니다. 하나님은 아담을 창조하시고 함께 그 동산에서 살아가시듯 그렇게 일하기를 원하십니다.

하나님의 사람들은 때로 흔들리기도 합니다. 특별한 사명감으로 일하던 사람들도 그런 위기를 겪습니다. 모세는 자신이 바위에 물

을 치면 사람들이 깨닫고 돌아올 것을 생각했습니다. 그러나 하나님은 모세의 교만한 마음이 옳지 않음을 알려 주시고, 바로잡아 주십니다. 마찬가지로 엘리야가 "이 땅에 나밖에 없는데 내가 이렇게 망가졌습니다"라고 말할 때, 하나님은 준비하고 계셨던 후계자 엘리사가 있음을 알려 주시고 하나님이 계획하신 일의 마무리를 후예가 하게 됨을 깨닫게 하십니다. 또한 그는 혼자가 아니라 한 번도 우상을 섬기지 않았던 칠천 명이 지금 그 시간에도 있음을 알려 주십니다.

힘이 채워져 있을 때든지, 모든 것이 비어 있어서 소망이 없을 때든지 있는 모습 그대로 하나님 앞에 나아가시기 바랍니다. 하나님이 여러분의 힘과 능력이 되어 주실 것입니다.

마지막 세 번째입니다. 하나님의 기적이 아니라 하나님의 말씀으로 세우십니다.

엘리야가 바알의 제사장들 앞에서 담대하게 섰던 것은 비를 내리신다는 하나님의 그 순간의 명령으로 서 있는 것이 아닙니다. 이전에 "하나님이 아닌 우상을 섬기는 것은 죄다"라고 말씀하신 십계명의 말씀 위에 서 있는 것입니다. 바알을 이길 수 있는 기적으로 서는 것이 아니고, 그것을 감당할 수 있는 사람의 능력으로 서는 것이 아닙니다. 하나님의 말씀을 붙들고 서는 것입니다. 그 말씀으로 우상을 숭배하는 이세벨은 심판을 받을 것입니다. 바알의 선지자들을 물리치시고, 긴 가뭄을 끝내는 폭우를 보면서도 조금도 돌이키지 않는 그녀를 심판하심을 통해 그의 말씀이 영원히 서게 될 것을 볼 것입니다.

> 돌아와서 전하니 예후가 이르되 이는 여호와께서 그 종 디셉 사람
> 엘리야를 통하여 말씀하신 바라 이르시기를 이스르엘 토지에서
> 개들이 이세벨의 살을 먹을지라 왕하 9:36

삶의 자리에서 예수님의 사람으로서 하나님의 말씀을 세우시길 축복합니다. 내가 아무리 해도 소망이 안 보일 때, 하나님의 말씀을 붙드시길 바랍니다. 여러분의 세대에 아무런 일이 일어나지 않아 보여도 주님과 구원의 길을 준비하는 이 길을 통해서 여러분의 후배들이 온전히 그 일을 해낼 것입니다.

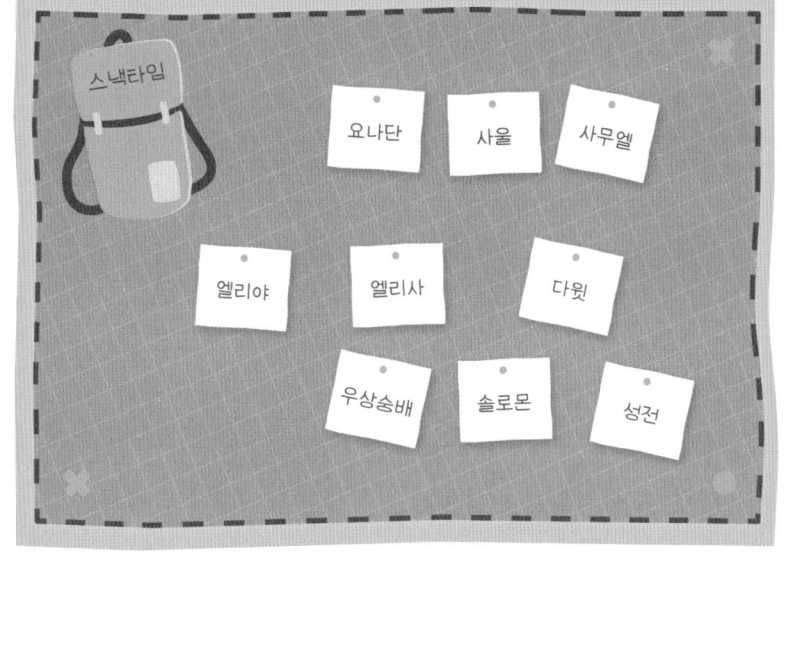

Q1 어린아이들이 엘리사를 '대머리'라고 놀리자, 엘리사가 저주해서 아이들이 길 위에서 심판당하는 장면이 나옵니다. 이것은 철없는 아이들에게 너무한 것 아닌가요?

이 이야기가 논란의 소지가 있는 것은 이 일이 일어난 시점과 관계가 있습니다. 그의 스승인 엘리야가 하늘로 승천하고 나서의 이야기입니다. 이스라엘 백성이 불말과 불병거를 타고 하늘로 올라간 것을 입에서 입으로 전해 들은 지 얼마 되지 않았을 때입니다. 그리고 엘리사는 그 자리에서 엘리야보다 훨씬 큰 영적인 능력을 하나님께 구하고 받은 것에 대한 내용이 나옵니다. 엘리야가 하늘로 올라간 직후에 보여지는 그의 초월적인 모습은 달라진 그의 능력을 느끼게 해줍니다.

그런데 얼마 지나지 않아 벧엘로 올라갈 때 한 무리의 어린아이들을 만납니다. 그 아이들은 엘리사를 알아보고 따라가면서 그를 조롱하기 시작합니다. 그리고 그 내용이 무겁습니다.

> 엘리사가 거기서 벧엘로 올라가더니 그가 길에서 올라갈
> 때에 작은 아이들이 성읍에서 나와 그를 조롱하여 이르되
> 대머리여 올라가라 대머리여 올라가라 하는지라 왕하 2:23

벧엘로 들어오는 길목에서 엘리사를 조롱하고 있습니다. 아이들은 엘리사를 '대머리'라고 부르고, '올라가라'라고 조롱하고 있다고 말합니다. 그 아이들을 보고 엘리사는 저주합니다.

> 엘리사가 뒤로 돌이켜 그들을 보고 여호와의 이름으로
> 저주하매 곧 수풀에서 암곰 둘이 나와서 아이들 중의
> 사십이 명을 찢었더라 왕하 2:24

그들을 하나님의 이름으로 저주했고, 그때 곰이 나와서 42명의 아이들을 잔인하게 죽였습니다. 이 상황이 너무 참혹합니다. 그래서 이 일에 대한 논쟁이 계속 있어 왔습니다. 많이 다뤄지는 내용은 '작은 아이들'이라는 표현의 해석입니다. 여기에 나오는 히브리어 단어들의 사용을 예로 들면서 한쪽은 작은 아이들이 아니라 청소년, 젊은이였을 것이라는 해석입니다. '작은'이라는 의미를 빼고 '소년들'로 봅니다. 영어로 번역한 NIV성경을 보면 23절에서 '작은'이라는 단어를 빼고 표현합니다. 자신의 주관으로 판단하기 이전의 어린아이들이 아닌 청소년, 넓게는 청년

으로 보고 이해하는 관점이 있습니다.

반대로 여기에 나오는 아이들을 어린아이들로 보는 해석입니다. '작은'이라는 단어가 의미하는 것은 말 그대로 아직은 자신의 생각을 정립하기 이른 어린 나이로 보는 것입니다. 영어성경 KJV, ESV성경에는 23절에 나오는 이 표현을 히브리어 그대로 "작은 소년들"이라고 번역하고 있습니다. 이렇게 된다면 그들이 받은 심판은 판단할 수 없는 이들이 아니라 이들에게 직접적으로, 간접적으로 하나님을 두려워하지 않고 조롱하게 만드는 벧엘 성의 어른들에 대한 심판의 의미가 되는 것입니다.

'작은 아이들'에 대한 논쟁은 아직도 이어지고 있지만, 이 말씀에서 변하지 않는 중요한 내용은 하나님을 두려워하지 않는 것에 대한 메시지입니다. '대머리'와 '올라가라'라는 아이들의 조롱은 단순히 엘리사 개인이 아닌 하나님에 대한 모욕이 담겨 있습니다. '대머리'라고 하는 단어와 이미지는 당시에 부정함, 죄인에 대한 표현이었습니다. 엘리사의 경우에는 죄와 관련된 결과가 아니었기에 부끄러울 일이 아니었습니다. 그러나 아이들은 어리석은 이들이 문둥병자를 조롱하듯 하나님의 선지자를 대했습니다. 그리고 소년들은 "올라가라"라고 말합니다. 성에서 떠나라는 것이 아니라 하늘로 올라간 스승 엘리야처럼 하늘로 올라가 보라는 조롱입니다. 대머리라고 조롱받는 죄인에게 하늘로 올라가 보라고 하는 것은 선지자인 엘리사에 대한 모욕일 뿐만 아니라 엘리야를 하늘로 들어올리신 하나님에 대한 조롱이었습니다. 이 대목은 이 아이들이 살고 있는 벧엘 성의 사람들 안에 갖고 있는 기본적인 죄악이 얼마나 무거웠는지를 보여 줍니다. 이 죄를 하나님이 심판하셨습니다. 기적을 일으킬 수 있는 엘리사가 아이들을 심판한 것이 아니라 엘리사가 죄를 선포했고, 그것에 대한 죄의 경중에 따라 두 마리의 암곰을 보내신 분은 하나님이셨습니다.

이 대목에서 아이들이 아니라 이 아이들의 부모를 포함한 벧엘 성의 죄를 심판하신 걸로 이해하시면 좋을 것 같습니다.

5주

열왕기하 – 역대하

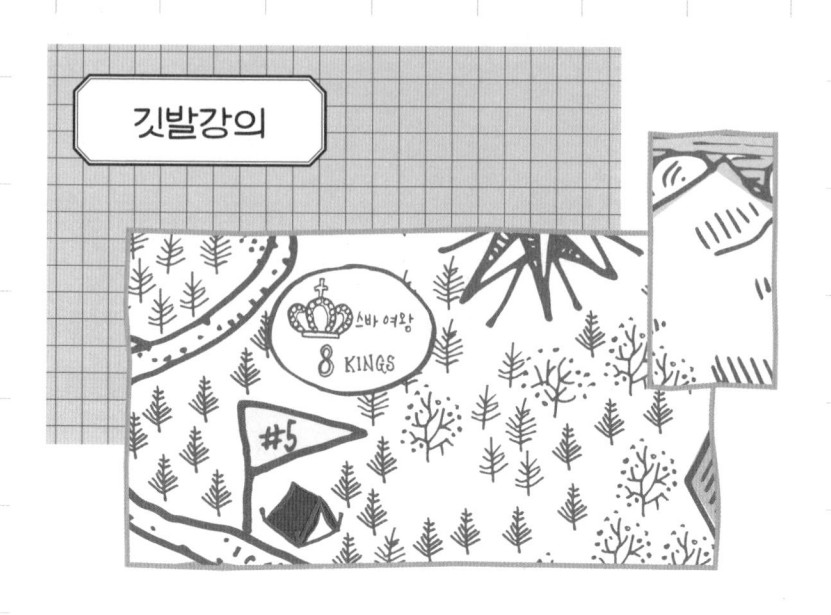

안녕하세요. 다섯 번째 깃발 강의를 시작합니다.

첫 번째 깃발은 '스바 여왕'입니다. 수많은 이야기 중에 스바 여왕을 깃발로 꽂은 이유는 이스라엘 왕국이 어떤 모습이었는지에 대한 상징적인 스토리이기 때문입니다. 하나님이 세우신 나라의 빛나는 모습은 영적으로만이 아니라 보기에도 눈부신 나라였음을 보여 주는 대목입니다. 스바 여왕에 대한 스토리는 열왕기상 10장과 역대하 9장에 공통적으로 나옵니다. 그리고 거의 동일한 내용으로 쓰여져 있습니다. 왜일까요? 바벨론의 포로시대를 끝내고 돌아와서 이스라엘의 영광을 역사로 남기려고 할 때 스바 여왕이 보았던 이스라엘의 영광이 그들에게는 큰 기쁨이고 자부심이었기 때문입니다.

일단 스바는 어떤 곳일까요? 향료길의 무역 중심지였습니다. 대류과 대륙을 잇는 비단길이 유명하죠. 비단길로 유명한 실크로드는 귀한 물건들만이 아니라 동서양의 문명이 움직이는 길이었습니다. 비단길과 마찬가지로 향료길은 당시의 사치품이었던 향료뿐만 아니라 금과 보석을 가지고 왔습니다. 그리고 당시 왕실의 필수품이고 제사 때 쓰이는 귀한 향료를 스바 여왕보다 더 많이 가져온 사람은 없었다는 말을 통해 그가 취급하는 것이 그들에게 얼마나 큰 의미가 있었는지를 보여 줍니다.

그러나 스바 여왕에게 멀기도 하고 작은 나라인 이스라엘의 솔로몬을 보고 싶어 왔던 이유는 눈에 보이는 화려함이 아니었던 것 같습니다. 그 행렬이 도착하자마자 나오는 구절은 어려운 문제를 가지고 왔다는 내용입니다. 여왕이 멀리서 찾아온 것은 지적 호기심 때문이었습니다. 그리고 많은 신하들을 이끌고 진귀한 보물들을 가지고 왔지만, 비즈니스를 위한 이야기가 아니라 그의 모든 생각을 나누었습니다. 그리고 솔로몬은 모든 질문에 빠짐없이 답해 주었습니다. 그렇게 대답해 주는 것은 솔로몬에게는 어려운 일이 아니었습니다.

> 솔로몬이 그가 묻는 말에 다 대답하였으니 왕이 알지 못하여
> 대답하지 못한 것이 하나도 없었더라 왕상 10:3

동서양의 지혜를 늘 가깝게 접하고 즐겼던 스바 여왕의 마음은 솔로몬에게 완전히 열렸습니다. 그렇게 마음이 열림과 동시에 그녀의 눈에 솔로몬의 나라가 들어왔습니다. 그 전에도 이미 보았는데 얼마나 솔로몬의 지혜가 궁금했는지 그와 대화 전에는 보이지도 않았습니다. 그러나 이제야 그의 눈에 들어오는 장면을 성경은 이렇게 설명합니다.

> 스바의 여왕이 솔로몬의 모든 지혜와 그 건축한 왕궁과 그 상의

식물과 그의 신하들의 좌석과 그의 시종들이 시립한 것과 그들의
관복과 술 관원들과 여호와의 성전에 올라가는 층계를 보고 크게
감동되어 왕상 10:4-5

그 시대 동서양의 문화를 실시간으로 꿰뚫고 있는 여왕의 눈에
이스라엘이 얼마나 아름답고 영광스러웠는지를 보여 주는 장면입니다.
지혜로운 왕 그리고 하늘의 지혜로 다스리는 왕이 빛나는 나라.

인자와 진리가 네게서 떠나지 말게 하고 그것을 네 목에 매며 네
마음판에 새기라 그리하면 네가 하나님과 사람 앞에서 은총과
귀중히 여김을 받으리라 잠 3:3-4

있는 그 자리에서 하나님만을 바라보고 충성스럽게 살아가며,
하나님의 눈에도 세상의 눈에도 존귀함을 받게 되시길 바랍니다.

두 번째로 함께 꽂을 깃발은 '여덟 명의 선한 왕'입니다. 그럼 여
덟 명의 선한 왕과 함께 이스라엘의 모든 왕에 대한 간단한 정리로 시
작해 볼까요? 먼저 통합왕국 때는 세 명의 이름만 나옵니다. 성경이 익
숙하지 않은 분들도 세 명의 이름을 어디선가 한 번은 들어 보셨을 것
입니다. 그러나 분열왕국이 시작하면 두 개로 나누어지는 이스라엘 왕
국의 많은 왕의 이름들이 쏟아집니다. 이렇게 많은 왕을 어떻게 외우나
하시겠지만 일단 숫자로 생각하면 어렵지 않습니다. 각 나라마다 20명
의 왕. 이렇게 생각하면 쉽습니다. 북이스라엘의 20명의 왕, 남유다의
20명의 왕. 그런데 북이스라엘은 짧고, 남유다는 길죠? 그 이유는 당연
히 북이스라엘은 20명의 왕이 짧은 기간 동안 다스리다 다른 왕으로 바
뀐 것이죠. 특별히 북이스라엘은 반란이 계속해서 일어나서 왕이 바뀌
는 역사가 빈번하게 일어납니다. 여로보암 왕조, 바아사 왕조, 시므리

왕조, 오므리 왕조, 예후 왕조. 그런데 남유다는 일단 반란이 없었고, 길게 다스리던 왕들이 있었습니다. 그중에도 오늘 주제인 여덟 명의 왕들이 돋보입니다. 이들이 바로 오늘의 두 번째 깃발인 선한 왕들입니다.

이들이 선한 왕이라고 불릴 수 있는 기준은 하나였습니다. 이스라엘 백성에게 주신 레위기를 지키는 왕이었습니다. 가장 중요한 기준은 우상숭배입니다. 여덟 명의 왕들은 우상숭배를 하지 않고, 그 모습을 자신의 역사에서 없애기 위한 개혁을 일으켰습니다. 그리고 더 위대한 왕으로 칭찬받은 왕은 국가적으로 끊긴 제사와 유월절과 같은 절기를 회복한 왕이었습니다. 왕이 살아가는 길에서 자신의 역할은 기본적으로 성실하게 하되, 우선순위가 늘 하나님이었던 왕이 바로 여덟 명의 선한 왕입니다.

정리해 볼까요? "이스라엘 왕국은 통일왕국, 분열왕국. 통일왕국은 세 명, 분열왕국은 북이스라엘과 남유다 똑같이 20명. 그리고 남유다가 더 길게 국가로서 존재했던 이유는 바로 여덟 명의 선한 왕 때문이었다." 이렇게 기억하시면 됩니다. 어렵지 않죠? 이 말씀을 보면서 우리가 있는 자리를 사명으로 알고 감당하며, 하나님을 우선순위로 시작하시길 바랍니다.

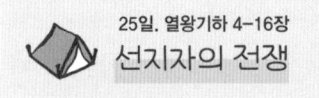

25일. 열왕기하 4-16장
선지자의 전쟁

　　선지자들의 활약은 엘리야와 엘리사로부터 펼쳐졌습니다. 엘리야의 제자인 엘리사는 그를 둘러싼 아람 군대를 하나님의 기적으로 물리쳤습니다. 하나님이 베푸신 기적은 메시지를 담고 있었으며, 반전의 역사를 만들었습니다.

　　열왕기하 6장은 아람 군대와 이스라엘이 전쟁할 때의 이야기입니다. 아람 군대가 대군을 보내어 전쟁하는 상황에서 공들여서 진행하던 작전들이 번번히 이스라엘에 발각되었습니다. 그러던 중에 그들은 작전을 미리 파악하는 사람이 이스라엘의 예언자인 엘리사인 것을 알게 되자, 큰 군대를 그에게 보냈습니다. 무장하지 않은 한 명의 선지자를 붙잡기 위해 기마병 그리고 중무장한 전차들이 함께하는 대군을 보낸 것입니다. 엘리사가 있는 성을 겹겹이 둘러싼 군대를 바라보던 엘리사의 종은 두려움에 빠졌습니다. 엘리사는 그에게 보이는 것을 알려 줍니다.

> 대답하되 두려워하지 말라 우리와 함께 한 자가
> 그들과 함께 한 자보다 많으니라 하고 기도하여 이르되 여호와여
> 원하건대 그의 눈을 열어서 보게 하옵소서 하니 여호와께서
> 그 청년의 눈을 여시매 그가 보니 불말과 불병거가 산에 가득하여
> 엘리사를 둘렀더라 왕하 6:16-17

엘리사에게는 그 적군들 너머에 있는 하나님의 불말과 불병거들이 보였습니다. 그의 명령이 내려지면 언제든 아람 군대를 순식간에 불태울 수 있는 불의 군대가 산을 가득하게 덮고 있는 것을 종에게도 보여 주었습니다. 수넴 여인의 아들을 살릴 때를 비롯해서 때로는 보이지 않고 하나님이 침묵하실 때도 믿음의 길을 걸었던 엘리사였습니다. 그러나 이번에는 그에게 선명하게 보여 주시면서 하나님의 전쟁을 이어 가게 하셨습니다.

전쟁의 클라이막스는 여기서 끝나지 않습니다. 성으로 달려오던 그들의 눈이 멀게 되고, 엘리사는 무장해제된 그들을 사마리아 성 앞으로 이끌고 갑니다. 화살로 모든 군사를 죽일 수 있는 거리까지 데리고 옵니다. 그런데 그들을 죽이지 않고, 도리어 잔치를 베풉니다. 이 전투에서는 하나님의 사람도, 아람 군대에도 피 흘리는 이들이 없었습니다. 승자는 너무 확실하지만 패자를 대접하고 돌려보냅니다. 그리고 패자는 군사를 한 명도 잃지 않았으면서도 패배를 인정하고 승자에게 다시 달려오지 않습니다. 모든 것이 이상하고 어색합니다. 하늘의 불말과 불병거를 보내신 하나님은 믿음으로 기도한 엘리사의 기도를 들으시고 베푸신 기적으로 원수들을 물리치셨습니다.

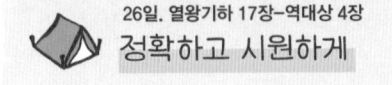

요시야는 남유다의 의로운 왕 중에서도 단연 돋보이는 왕입니다. 요시야는 하나님의 말씀을 정확하고 시원하게 지켰습니다.

> 요시야와 같이 마음을 다하며 뜻을 다하며 힘을 다하여 모세의
> 모든 율법을 따라 여호와께로 돌이킨 왕은 요시야 전에도 없었고
> 후에도 그와 같은 자가 없었더라 왕하 23:25

먼저 요시야는 유월절을 정확하게 복원하여 지켰습니다. 그럴 수 있었던 것은 감추어졌던 율법을 찾았기 때문입니다. 그 장면은 마치 보물을 찾은 스토리처럼 기록되어 있습니다. 사실 유다의 의로운 왕들 중에 유월절을 복원한 왕은 히스기야와 요시야입니다. 역대하 30장 1절을 보면 요시야의 증조할아버지인 히스기야는 그동안 지키지 않았던 유월절을 되살린 역사적으로 위대한 왕입니다. 그러나 히스기야의 열심은 특별했지만 율법이 없었기 때문에 역부족인 부분이 있음을 알고 있었고, 어기게 되는 상황들이 생길 때는 하나님께 자비를 구하는 기도를 했습니다.

> 결심하고 하나님 곧 그의 조상들의 하나님 여호와를 구하는
> 사람은 누구든지 비록 성소의 결례대로 스스로 깨끗하게
> 못하였을지라도 사하옵소서 하였더니 대하 30:19

그러나 그의 증손자인 요시야 왕의 시대에는 차원이 다른 삶을 살 수 있었습니다. 하나님이 그들에게 율법을 주셨기 때문입니다. 요시

야는 왕이 되자마자 성전을 수리했습니다. 그리고 그때 제사장 힐기야는 성전에서 율법책을 발견합니다. 요시야는 하나님의 말씀을 시원하게 지켰습니다.

> 또한 이스라엘에게 범죄하게 한 느밧의 아들 여로보암이 벧엘에
> 세운 제단과 산당을 왕이 헐고 또 그 산당을 불사르고 빻아서
> 가루를 만들며 또 아세라 목상을 불살랐더라 왕하 23:15

그리고 정확하게 지켰습니다. 그들은 말씀에 나와 있는 대로 지켰기 때문에 히스기야의 유월절과 날짜가 달랐습니다. 순종에 대한 마음이 컸기 때문에 모세에게 주신 율법대로 유월절을 지키며 큰 감격을 누렸습니다.

> 사사가 이스라엘을 다스리던 시대부터 이스라엘 여러 왕의
> 시대와 유다 여러 왕의 시대에 이렇게 유월절을 지킨 일이
> 없었더니 왕하 23:22

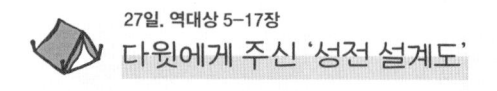

27일. 역대상 5-17장
다윗에게 주신 '성전 설계도'

성전은 하나님께 있어 그리 중요한 것이 아니었습니다. 이미 하나님의 말씀대로 지어진 성막이 있었습니다. 그리고 하나님은 사람이 지은 집에 모실 수 있는 신이 아닌 것을 다윗도, 솔로몬도 알고 있었습니다.

누가 능히 하나님을 위하여 성전을 건축하리요 하늘과 하늘들의
하늘이라도 주를 용납하지 못하겠거든 내가 누구이기에 어찌
능히 그를 위하여 성전을 건축하리요 그 앞에 분향하려 할
따름이니이다 대하 2:6

그러나 성전에 대한 다윗의 진심은 하나님의 마음을 울렸고, 하나님의 계획에 없던 성전 건축을 그의 아들을 통해 이루게 하십니다. 위대한 장면은 다윗이 하나님의 뜻을 받아들이는 모습입니다. 그는 하나님께 거절을 당했습니다. 그 이유는 전쟁을 치르면서 너무 많은 피를 손에 묻혔다는 것이었습니다. 하나님이 주신 사명을 감당하며 치른 전투들의 결과로 하나님의 성전을 지을 수 없는 사람이 되었음을 깨닫게 되는 가슴 아픈 순간일 수도 있었습니다. 그러나 하나님의 대답을 듣자마자 감사 기도를 드리는 그의 모습에서는 아쉬움과 섭섭함을 찾아볼 수 없습니다. 그리고 그런 마음을 가진 다윗에게 하나님은 성령을 통해 '성전의 설계도'를 주셨습니다.

다윗이 이르되 여호와의 손이 내게 임하여 이 모든 일의 설계를
그려 나에게 알려 주셨느니라 대상 28:19

그리고 그것에 필요한 모든 준비를 시작하고, 마쳤습니다. 다윗이 가진 모든 것을 성전을 짓기 위해 바쳤습니다. 그가 가진 금과 은을 바치는 것을 보고 지도자들은 자신들의 귀한 것들을 가지고 나왔습니다. 그들이 소유를 기쁜 마음으로 드리는 모습을 보고, 다윗은 물론 백성들도 감동했습니다(대상 29:9 참조). 물론 다윗도 그 모습에 감동했습니다. 그리고 역대상 29장에 나오는 다윗의 아름다운 마지막 모습은 기도입니다. 자신의 꿈을 이어 갈 솔로몬의 마음을 위해서 기도합니다.

자신의 갈 길을 다 마친 후 하나님께 맡기는 그의 기도는 하나님이 주신 사명의 열정을 품은 자의 좋은 모델입니다.

> 또 내 아들 솔로몬에게 정성된 마음을 주사 주의 계명과 권면과
> 율례를 지켜 이 모든 일을 행하게 하시고 내가 위하여 준비한
> 것으로 성전을 건축하게 하옵소서 하였더라 대상 29:19

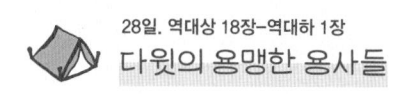

28일. 역대상 18장-역대하 1장
다윗의 용맹한 용사들

다윗에게는 용맹한 용사들이 있었습니다. 사무엘하 23장에는 37명의 전설적인 정예 용사들의 이름이 나옵니다. 거기에는 밧세바의 남편인 우리야도 포함되어 있습니다. 세 명의 원조 용사 중에 한 명인 아디노는 한 자루의 창을 가지고 800명을 상대해서 승리했습니다.

두 번째 세 명의 용사 그룹 중의 한 명인 브나야는 구덩이에 내려가서 사자를 죽인 용맹한 사람이면서도, 작은 막대기 하나로 애굽의 거인을 죽이기도 했습니다. 다윗을 꼭 닮은 그의 군대가 가는 곳마다 하나님은 승리를 주셨습니다. 그리고 승리한 땅에는 이스라엘의 군대를 주둔시키며 영향력을 확장해 갔습니다.

> 다윗이 에돔에 수비대를 두매 에돔 사람이 다 다윗의 종이 되니라
> 다윗이 어디로 가든지 여호와께서 이기게 하셨더라 대상 18:13

그런 중에도 군사적인 도발은 계속 이어졌습니다. 다윗과 좋은 관계였던 암몬의 왕 나하스가 죽자, 그의 아들 하눈은 주변의 여러 나

라에서 기마병과 전차들을 용병으로 모으고 다른 나라에서 전차를 빌려 왔습니다. 그러나 어떤 준비를 해도 다윗 군대의 공격을 막지 못했습니다. 아람 군대와 암몬 군대가 도망치고, 암몬 땅과 랍바 성을 멸망시켰습니다. 뿐만 아니라 이어지는 블레셋과의 전쟁에서도 그들은 승리합니다. 특별히 역대상 20장에 거인족의 전사들을 앞세워서 나오는 블레셋은 다윗의 군대를 감당하지 못합니다. 거인 전사가 아무리 큰 무기를 가지고 나와도 일대일 전투에서 다윗의 용사들을 이기지 못합니다. 다윗을 떠올리게 하는 용사들이 한둘이 아닙니다.

> 다윗이 블레셋 사람에게 이르되 너는 칼과 창과 단창으로 내게
> 나아오거니와 나는 만군의 여호와의 이름 곧 네가 모욕하는
> 이스라엘 군대의 하나님의 이름으로 네게 나아가노라 삼상 17:45

역대상 20장 6절에는 손가락과 발가락이 여섯 개씩 나 있는 거인의 자손이 나와서 이스라엘을 조롱했습니다. 그때 나온 사람은 다윗의 형인 시므아의 아들 요나단이었습니다. 그는 삼촌이자 왕인 다윗이 여호와의 이름으로 나아간 것처럼 담대하게 거인을 물리칩니다. 여호와의 이름을 위하여 목숨을 걸고 용맹하게 싸우는 것은 이제 다윗 집안과 후손들의 믿음의 유산이며, 자랑이 되었습니다.

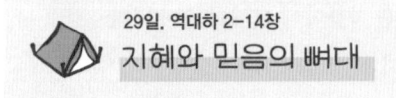

29일. 역대하 2-14장
지혜와 믿음의 뼈대

성경을 읽다 보면 위대한 믿음의 선조들이 드리던 기도를 볼 수 있습니다. 하나님이 설계도를 주셔서 완성한 성전에서 올려 드리는 예

배의 감격은 어떤 것일지, 그곳에서 모인 이들과 함께 드려야 할 기도가 궁금하다면 역대하 6장 12절부터 시작되는 솔로몬의 기도를 보시면 됩니다.

솔로몬은 성전을 봉헌하는 나라의 역사적인 순간에 하나님께 단 하나의 제목으로 기도합니다. "들어주소서!" 사람이 풀 수 없는 문제와 한민족이 용서를 구할 큰 죄의 문제에 대한 열쇠는 성전에서 드리는 기도를 하나님이 들으신다는 약속임을 솔로몬은 알았습니다.

> 주께서 전에 말씀하시기를 내 이름을 거기에 두리라 하신 곳
> 이 성전을 향하여 주의 눈이 주야로 보시오며 종이 이 곳을
> 향하여 비는 기도를 들으시옵소서 대하 6:20

이웃에게 죄를 지은 어떤 사람이 성전에서 정의로운 재판을 구하는 기도를 할 때, 백성이 죄를 지어 싸움에서 졌을 때, 비가 내리지 않거나 가뭄, 전염병, 병충해 또는 메뚜기 떼의 공격을 받을 때, 이방인이 성전까지 와서 간절히 기도할 때, 하나님께 들어주시기를 기도합니다. 마지막으로 백성들이 주께 죄를 지어 다른 나라에 포로로 끌려가 성전을 향해 기도드린다면, 들어주시고 용서해 달라고 기도합니다.

이는 지혜로운 기도입니다. 하나님께 지혜를 선물로 받은 솔로몬 왕은 온 만물의 창조주께서 이 성전을 향한 기도를 들으신다는 약속이면 충분하다는 것을 알았습니다. 그리고 그 약속이면 어려운 순간마다 백성들이 믿음을 붙들 수 있다는 것을 확신했습니다. 그의 기도는 지혜와 믿음의 뼈대로 세워져 있습니다.

그의 기도에 대한 응답으로 바벨론에 끌려간 다니엘은 사로잡혀 간 곳에서도 성전을 향해 믿음으로 기도할 수 있게 되었습니다.

다니엘이 이 조서에 왕의 도장이 찍힌 것을 알고도 자기 집에
돌아가서는 윗방에 올라가 예루살렘으로 향한 창문을 열고 전에
하던 대로 하루 세 번씩 무릎을 꿇고 기도하며 그의 하나님께
감사하였더라 단6:10

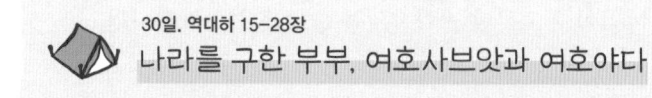

30일. 역대하 15-28장
나라를 구한 부부, 여호사브앗과 여호야다

남유다의 암흑기가 있었습니다. 절망적인 순간에 소망의 불씨
를 목숨 걸고 지켜 낸 부부가 있었습니다. 남유다의 아하시야 왕은 북
이스라엘의 아합 왕과 가깝게 지내고, 하나님이 아합을 심판하실 때 예
후로부터 함께 죽임을 당합니다. 그의 어머니였던 아달랴는 자신이 왕
권을 잡기 위해서 왕의 집안 사람들을 모두 죽였습니다. 그때 아하시
야의 아들인 요아스를 간발의 차로 구해 낸 여인이 있었습니다. 그녀는
아하시야의 누이면서도, 제사장 여호야다의 아내였던 여호사브앗이었
습니다.

왕의 딸 여호사브앗이 아하시야의 아들 요아스를 왕자들이
죽임을 당하는 중에서 몰래 빼내어 그와 그의 유모를 침실에 숨겨
아달랴를 피하게 하였으므로 아달랴가 그를 죽이지 못하였더라
여호사브앗은 여호람 왕의 딸이요 아하시야의 누이요 제사장
여호야다의 아내이더라 대하22:11

어린 아기였던 요아스가 6년 동안 성전에 숨어서 자랄 수 있었
던 것은 여호사브앗과 함께 그의 남편인 제사장 여호야다의 목숨을 건

헌신이 있었기 때문입니다. 그리고 7년 되던 해에 여호야다는 남유다의 백부장들과 마음을 합하여 7세 된 요아스를 왕으로 세우는 작전을 시작합니다. 자신이 속한 제사장들과 레위인들을 성전에 있는 다윗의 창과 방패들로 무장시키고 요아스를 지키게 했습니다. 여호야다와 언약을 맺은 백부장들은 왕위를 되찾는 과정에서 바알의 제단을 허물고, 제사장을 바로 뽑아서 하나님을 섬기는 나라의 모습을 회복했습니다. 그리고 나서 비로소 요아스 왕을 왕궁의 왕좌에 앉히고 평화를 되찾았습니다.

　　죽음을 피할 수 없는 상황의 요아스를 목숨을 걸고 지켜 낸 여호사브앗을 통해서 하나님이 세우신 나라는 이어졌습니다. 그리고 그의 남편인 여호야다가 제사장이면서도 왕위를 이어 갈 아기를 6년 동안 보호하는 사명을 감당하지 않았다면 소망의 불씨는 살아나지 못했을 것입니다. 여호야다는 130세까지 사는 동안, 7세에 왕이 되어 남유다를 통치한 요아스 왕과 함께 하나님이 기뻐하시는 일을 이루어 갔습니다. 그 공로로 제사장이지만 왕들과 함께 묻히는 영광을 얻게 됩니다.

> 여호야다가 나이가 많고 늙어서 죽으니 죽을 때에
> 백삼십 세라 무리가 다윗 성 여러 왕의 묘실 중에 장사하였으니
> 이는 그가 이스라엘과 하나님과 그의 성전에 대하여 선을
> 행하였음이더라 대하 24:15-16

엘리사와의 캠핑

열왕기하 6:8-23

"O LORD, please open his eyes that he may see."

2.Kings 6:17

오늘은 엘리사와 함께하는 캠핑입니다. 바이블 트레커들에게 성경의 엘리사는 익숙한 인물인지 궁금합니다. 이번 캠핑을 준비하면서 엘리사에게 집중해 보니 보석 같은 말씀들이 너무 많았습니다. 엘리사를 보면서 많이 느낄 수 있었던 것은 믿음의 유산들이었습니다. 그의 선배 엘리야는 선생님, 선배님의 세대가 없이 외롭게 개척해야 했던 선지자였습니다. 우리의 기억에 남는 역사적인 성경의 장면들에서 엘리야는 늘 혼자였습니다. 800명이 넘는 바알을 섬기는 제사장들, 아세라를 섬기는 제사장들과의 전쟁을 홀로 치러 냈던 삶이 엘리야였습니다. 이제 그의 제자 엘리사는 혼자가 아닙니다.

엘리야가 불마차를 타고 하늘로 올라간 날의 장면을 잠깐 나누겠습니다. 엘리야가 사마리아의 선지자들에게 인사를 나누러 갑니다.

또 벧엘에 있는 선지자들을 보러 갑니다. 하늘로 올라가기 전에 근처까지 함께 왔던 선지자들만 50명이 됩니다. 그리고 그의 능력을 이어받은 제자 엘리사는 혼자가 아니라 수많은 동역자들과 함께 전쟁 같은 하루하루를 이겨 낼 것입니다. 믿음의 유산을 풍성하게 받은 엘리사의 삶에서 주는 메시지를 보도록 하겠습니다.

첫 번째, 성실하게 하나님의 뜻을 물어보며 살아갑시다.

아람 왕이 이스라엘을 쳐들어왔습니다. 아람이라는 나라는 엘리야 때도, 엘리사 때도 이스라엘에게는 공포의 대상이었습니다. 오늘 본문에는 아람 왕이 신하들과 회의하는 장면이 나옵니다. 이곳에 진을 치겠다는 회의가 있은 후, 하나님은 그 이동하는 길을 엘리사에게 보이십니다. 이스라엘 군사들이 그곳을 특별히 지키자 아람 군대는 그들이 원하는 곳에 캠프를 칠 수가 없었습니다. 전쟁을 하는 곳도 아니고, 진을 치면서 밥을 먹고 잠을 자고 정비를 할 수도 없는 노릇이었습니다. 이런 일은 한두 번이 아니었습니다. 그리고 그들의 사기는 반복해서 꺾이기 시작했습니다.

그러자 아람 왕이 더 이상 참지 못하고 말합니다. 아람 군대의 사기가 떨어졌음을 보여 주는 구절이 11절입니다. 자신의 부하들을 의심할 수밖에 없는 상황에까지 가게 되었습니다.

> 이러므로 아람 왕의 마음이 불안하여 그 신복들을 불러 이르되
> 우리 중에 누가 이스라엘 왕과 내통하는 것을 내게 말하지
> 아니하느냐 하니 왕하 6:11

하나님은 엘리사에게 아람 군대가 어떻게 오는지에 대해 말씀해 주셨습니다. 엘리사는 말씀하시는 하나님을 보면서 그 이후로도 물어보았습니다. 분명히 엘리사는 하나님께 한 번이 아니라 계속해서 여

쭈었을 것입니다. 선지자이지만 그 모든 일에 신경 썼을 것입니다. 선지자는 마이크와 녹음기가 아닙니다. 분명히 그곳에 대한 고민과 생각을 기도로 하나님께 올려 드렸을 것입니다. 하나님의 뜻인지에 대해 기도하며 왕에게 알리고, 그것을 지키도록 했습니다. 그럴 때마다 하나님은 그들 곁에서 살아서 역사하심을 보여 주셨습니다. 중요한 것은 이것이 한두 번이 아니었다는 것입니다.

> 이스라엘 왕이 하나님의 사람이 자기에게 말하여 경계한 곳으로
> 사람을 보내 방비하기가 한두 번이 아닌지라 왕하 6:10

엘리사는 이렇게 하나님의 뜻을 묻고, 그것을 위해 기도하면서 이스라엘 왕과 성을 지켰습니다. 이들이 다른 길을 선택할 때까지 그것을 이어 갔습니다. 한두 번이 아니라 끝까지 묻고 들으며 나라를 지켰습니다.

하나님이 우리에게 말씀하심을 믿는다면 하나님께 여쭤 보시기 바랍니다. 작은 것도 물어보시고, 들으시기 바랍니다. 이번에 응답하셨다면 이전보다 더 큰 믿음으로 기도를 이어 가시기 바랍니다. 상황이 해결되었다고 전쟁이 끝나지 않습니다. 그렇다면 한두 번이 아니라 이어지는 모든 전투에서도 믿음의 기도로 이겨 나가시길 바랍니다.

두 번째는 의심하지 않고 믿음으로 물으며 기도합니다.

오늘 본문 말씀을 보면 아람 왕의 의심을 볼 수 있습니다. 일단 아람 왕이 계속 고급 정보가 유출되고 있음을 깨닫고 자신의 부하들을 의심하기 시작합니다.

이스라엘 안에도 하나님에 대한 의심을 볼 수 있습니다. 군대가 둘러싸고 공격하면 그 성 안에는 재앙이 시작됩니다. 기간이 길어지면 굶주림에 빠지게 됩니다. 이곳은 작은 성인 도담입니다. 전쟁의 준비

가 안 되어 있던 무방비의 도담이라면 결과는 불 보듯 뻔한 패배입니다. 이런 참담한 상황을 보자 엘리사의 종에게 의심이 생깁니다. 그는 두려워 떨면서 큰 군대가 말과 전차를 끌고 왔다고 엘리사에게 말합니다. 엘리사가 대답합니다.

> 대답하되 두려워하지 말라 우리와 함께 한 자가
> 그들과 함께 한 자보다 많으니라 하고 왕하 6:16

그는 믿음의 눈으로 그를 둘러싸고 있는 하나님을 보았습니다. 그의 눈에는 온 산에 불말과 불병거가 가득하여 에워싸고 있는 모습이 보였습니다. 비록 이스라엘의 군대는 염소 떼와 같지만 그에게는 하늘나라의 불말과 불병거가 가득히 보이기에 두려워하지 않고 그 혼란 속에 서 있을 수 있었습니다.

우리는 때로 버거운 상황을 만나고, 때로는 하나님이 외면하시는 듯한 상황을 만나기도 합니다. 그럴 때 나를 둘러싼 하나님을 믿으며 기도하시길 바랍니다.

세 번째, 담대하게 하나님의 뜻을 구하며 기도합시다.

엘리사를 잡으러 달려온 대군이 성을 둘러싸고 가까이 왔습니다. 전투의 시작 앞에서 이해할 수 없는 상황이 벌어집니다. 그 일은 엘리사의 기도로 시작됩니다.

> 아람 사람이 엘리사에게 내려오매 엘리사가 여호와께 기도하여
> 이르되 원하건대 저 무리의 눈을 어둡게 하옵소서 하매 엘리사의
> 말대로 그들의 눈을 어둡게 하신지라 왕하 6:18

불병거가 둘러싸고 있지만 엘리사는 끝까지 하나님께 귀 기울

였습니다. 불병거와 불말이 보이면 그것으로 싸울 것이라고 단순히 생각하고 하나님이 하실 일을 기다렸을 수도 있습니다. 그러나 엘리사는 자신이 무엇을 해야 하는지 그의 영적인 집중을 내려놓지 않았습니다. 하나님이 말씀하시는 것 같은 뜻을 주셨을 때 하나님께 기도했습니다. 그래서 하나님은 다른 방법으로 일하셨습니다.

하나님의 방법을 구하며 걸어갈 때, 끝까지 기도하려면 용기가 필요합니다. 마지막 순간까지 믿음의 끈을 손에 잡고 하나님께 집중할 수 있는 담대함을 구하십시오. 모든 것을 주님께 가지고 나아가 의심을 내려놓고 끝까지 담대하게 기도하시는 바이블 트레커들 되길 바랍니다.

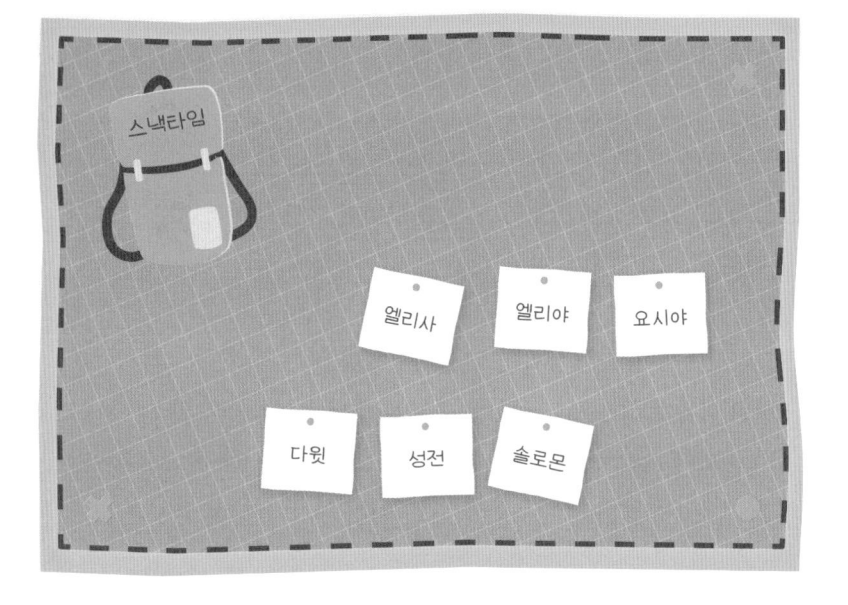

Q1 북이스라엘의 왕들 중에 예후라는 왕은 선한 왕으로 볼 수 있나요? 남유다의 왕들만 주목받는 것 같아서요.

　　북이스라엘의 왕들 중에 선한 왕을 꼽으라면 선뜻 떠오르는 왕이 없지만, 가장 가능성이 높은 사람은 예후라고 생각합니다. 우선 왕이 되기 전부터 그는 하나님의 선지자의 기름 부음을 받았습니다.

　　　너는 또 님시의 아들 예후에게 기름을 부어 이스라엘의
　　　왕이 되게 하고 또 아벨므홀라 사밧의 아들 엘리사에게
　　　기름을 부어 너를 대신하여 선지자가 되게 하라 왕상 19:16

　　엘리야가 바알을 숭배하는 이들의 공격에 무너져 있을 때, 그에게 보여 주신 소망이 예후였습니다. 하나님은 그를 왕으로 세우셔서 바알을 섬기는 우상숭배와의 싸움을 이어 가시기로 작정하셨습니다.

하나님은 엘리사가 보낸 제자를 통해 예후에게 기름 부으셨습니다. 그리고 그를 통해 아합과 이세벨에 대한 심판을 시작하셨습니다. 그는 거침이 없고 멈추지 않았습니다. 그는 말씀에 따라 이세벨과 아합의 아들들을 심판했습니다. 그리고 바알을 섬기는 자들의 대회를 열어서 북이스라엘에서 바알을 섬기는 모든 사람들을 모아 심판했습니다. 그리고 바알의 신당에 있는 모든 우상을 불사르고 신당을 헐어서 이스라엘 사람들이 부정하다고 생각하게 할 변소로 만들었습니다. 하나님이 엘리야에게 약속하신 것처럼 예후를 통해서 바알을 섬기는 우상숭배를 끊어 내셨습니다.

> 예후가 이와 같이 이스라엘 중에서 바알을 멸하였으나
>
> 왕하 10:28

하나님은 그가 훌륭하게 사명을 감당한 것을 기뻐하시고 인정하셨지만, 넘지 못한 우상숭배가 있었습니다. 그도 다른 북이스라엘 왕처럼 여로보암이 만든 금송아지를 섬겼습니다.

> 그러나 예후가 전심으로 이스라엘 하나님 여호와의 율법을
> 지켜 행하지 아니하며 여로보암이 이스라엘에게 범하게 한
> 그 죄에서 떠나지 아니하였더라 왕하 10:31

Q2 웃사가 여호와의 법궤를 실은 수레를 끌고 갈 때 날뛰는 소를 붙잡다가 죽임을 당했습니다. 이것을 어떻게 받아들여야 할까요?

다윗이 왕이 되자마자 지도자들을 모아서 한 논의는 법궤를 가져오는 일이었습니다. 제사장과 레위 사람들을 모으고 법궤를 가져와서 하나님이 기뻐하시는 대로 제사를 드리고, 하나님의 뜻으로 나라를 다스리고자 했습니다. 그때 법궤는 아비나답의 집에 있었습니다. 다윗과 모든 백성이 춤을 추고 찬양하면서 기뻐할 때 찬물을 끼얹는 사고가 발생합니다. 그것이 바로 웃사의 죽음입니다. 그는 수레를 끌던 소들이 갑자기 뛸 때, 손을 내밀어 궤를 붙잡았습니다. 하나님은 그것을 보시고 노하시며 그 자리에서 심판하셨습니다.

웃사가 죽임을 당한 이유가 무엇이었을까요? 그것은 하나님의 율법을 가볍게 여긴 이유였습니다. 웃사는 아비나답의 아들이었습니다. 블레셋 사람들에게서 아비나답의 집에 왔을 때, 거룩한 법궤는 그 집안과 그 땅의 축복이었습니다. 그곳에 있는 20년 동안 사람들은 하나님의 임재를 기억하며 하나님께 돌아오게 되었습니다. 그러나 그 20년이 율법과 법궤에 대해 웃사를 무뎌지게 만들었습니다. 민수기 4장 15절에는 법궤를 어떻게 다루는지가 나와 있습니다.

> 진영을 떠날 때에 아론과 그의 아들들이 성소와 성소의
> 모든 기구 덮는 일을 마치거든 고핫 자손들이 와서
> 멜 것이니라 그러나 성물은 만지지 말라 그들이 죽으리라
> 회막 물건 중에서 이것들은 고핫 자손이 멜 것이며 민 4:15

웃사와 아히오가 처음 언약궤를 수레에 싣고 오는 것도 하나님의 율법에는 맞지 않았습니다. 그러나 하나님은 참으십니다. 그러나 웃사가 법궤에 손을 대자 하나님의 분노는 그들을 멈춰 세웠습니다. 웃사의 죽음으로 그들은 돌아보게 됩니다. 그리고 율법을 기억하며 그들의 방법을 하나님이 원하시는 것으로 수정합니다. 처음부터 다시 시작합니다. 그리고 하나님은 이 일을 통해서 마음대로 율법을 해석하고 두려움 없이 왕의 제사를 드리던 사울 왕 시대에서 작은 것 하나도 하나님의 말씀을 따르는 다윗 왕의 시대로 바꾸어 가셨습니다.

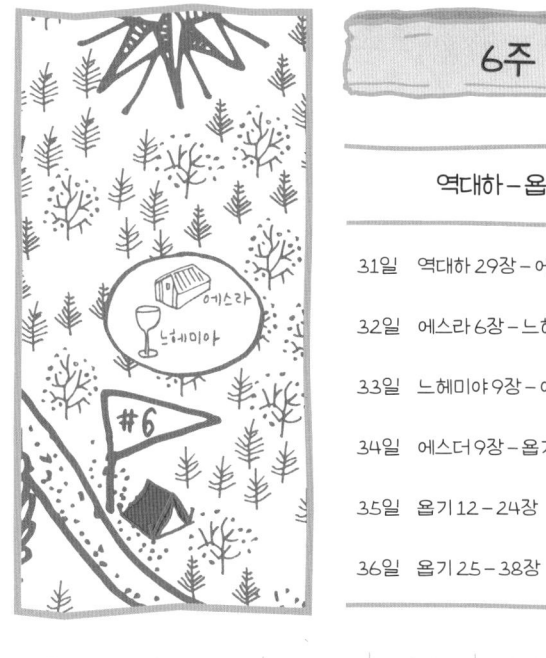

6주

역대하 – 욥기

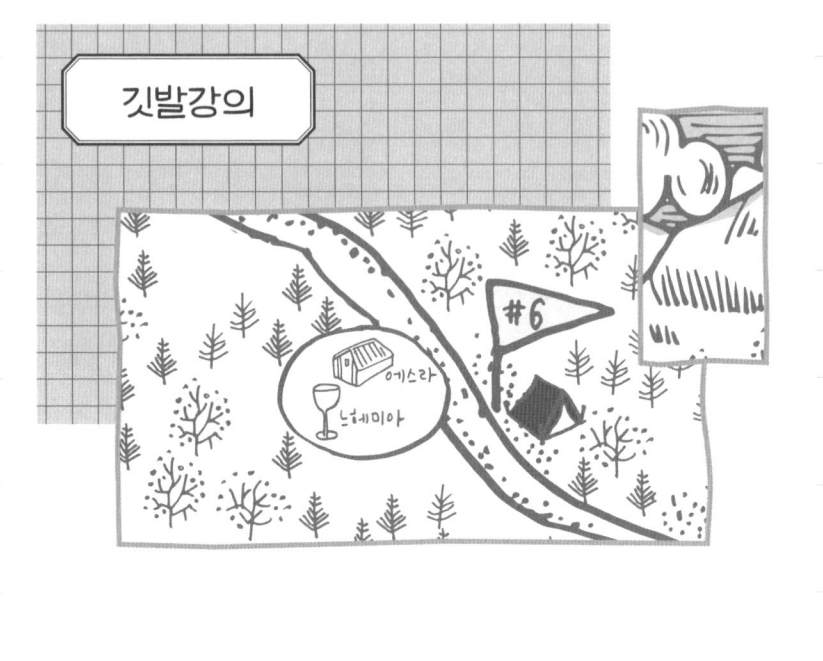

여섯 번째 깃발강의를 시작하겠습니다.

첫 번째 깃발은 '성전'입니다. 4주차 때도 성전이 나왔습니다. 그때는 솔로몬의 성전이었습니다. 오늘 나오는 깃발강의 이미지의 성전 옆에는 '에스라'라고 쓰여 있습니다. 에스라서는 이렇게 시작합니다.

> 바사 왕 고레스 원년에 여호와께서 예레미야의 입을 통하여 하신
> 말씀을 이루게 하시려고 바사 왕 고레스의 마음을 감동시키시매
> 그가 온 나라에 공포도 하고 조서도 내려 이르되 바사 왕 고레스는
> 말하노니 하늘의 하나님 여호와께서 세상 모든 나라를 내게
> 주셨고 나에게 명령하사 유다 예루살렘에 성전을 건축하라
> 하셨나니 스 1:1-2

고레스가 바사(페르시아)의 왕이 된 첫해의 일입니다. 포로로 자신의 나라에 머물던 유대인들을 예루살렘에 보내어 성전을 짓게 한 일입니다. 그렇게 바벨론, 바사에서 노예 생활을 하던 이스라엘은 드디어 예루살렘으로 돌아오게 됩니다. 예루살렘으로 돌아올 때 1세대를 스룹바벨, 2세대는 에스라, 3세대는 느헤미야라고 생각하시면 됩니다. 했던 일로 보면 1세대는 성전 재건, 2세대는 예배 재건, 3세대는 성벽 재건입니다.

저는 스룹바벨, 에스라, 느헤미야 세 사람 모두를 대단한 리더라고 생각합니다. 일단 업적의 순서만 봐도 위대함이 보입니다. 허허벌판이 된 땅에서 그들을 보호할 수 있는 성벽을 나중에 세웁니다. 그렇기 때문에 실제로 그들은 많은 공격을 받고, 여러 번 공사가 중단됩니다. 어리석어 보이지만 이들은 우직하게 순종하며 성전 건축부터 시작하고, 두 명의 선지자인 학개와 스가랴의 도움을 받아 완공까지 합니다.

> 유다 사람의 장로들이 선지자 학개와 잇도의 손자 스가랴의
> 권면을 따랐으므로 성전 건축하는 일이 형통한지라 이스라엘
> 하나님의 명령과 바사 왕 고레스와 다리오와 아닥사스다의
> 조서를 따라 성전을 건축하며 일을 끝내되 _스 6:14_

'성전? 다시 세워진 성전이라면 스룹바벨이네'라고 생각할 수 있습니다. 실제로 이스라엘 백성들이 다시 돌아와서 지은 성전을 '스룹바벨 성전'이라고 부릅니다. 그러나 이번 트레킹에서는 '다시 세워진 성전' 하면 '에스라'를 기억하게 하고 싶습니다. 성전은 건물이 아닙니다. 이스라엘 백성입니다. 그들의 정체성이고, 민족의 방향이었습니다. 하나님은 에스겔 11장 16절에 포로로 끌려간 바벨론에서 잠시 동안 성소가 되어 주겠다고 말씀합니다. 지금 시대에 교회는 보이는 건물이 아

니라 성도들이고 성도들의 공동체인 것처럼, 그때도 성전은 건물이 아니라 예배드리는 이스라엘이고 공동체였습니다.

정리하면, 성전 재건의 역사를 기록한 책은 '에스라'이고, 교회가 건물이 아니듯 성전도 건물이 아니라 예배하는 이들이어야 하는데 이를 위해 주도적으로 이끌었던 리더가 바로 '에스라'였습니다. 에스라는 서기관으로서 이스라엘이 거룩한 백성이라는 정체성을 세워 주는 '역대상, 역대하'를 썼습니다. 그리고 제사장으로서 그들이 하나님의 말씀을 사랑하고, 율법대로 살아갈 수 있는 백성이 되도록 말씀을 가르쳤습니다. 그리고 '재건'이라는 키워드로 보면, 말씀과 찬양과 기도로 세우는 '예배의 재건'이었습니다. 느헤미야는 에스라의 사역을 이렇게 묘사했습니다.

> 에스라가 모든 백성 위에 서서 그들 목전에 책을 펴니 책을
> 펼 때에 모든 백성이 일어서니라 에스라가 위대하신 하나님
> 여호와를 송축하매 모든 백성이 손을 들고 아멘 아멘 하고
> 응답하고 몸을 굽혀 얼굴을 땅에 대고 여호와께 경배하니라 느 8:5-6

에스라는 말씀을 읽고 찬양했습니다. 그리고 백성을 위해 기도했습니다. 건물이 아닌 이스라엘 백성을 하나님의 사람으로 세운 에스라를 기억하시면서 교회에서 여러분의 예배를 재건하시기 바랍니다.

두 번째 깃발은 '잔'입니다. 잔 옆에는 느헤미야가 써 있네요. '느헤미야' 하면 어떤 단어가 떠오르시나요? 술관원입니다. 그래서 잔을 그려 넣었습니다. 오늘 깃발강의에서 짚어 드리고 싶은 것은 세상 속에서 일하면서 하나님의 사명을 감당하는 느헤미야입니다. 직장을 다니면서 바이블 트레킹을 하는 분들에게는 더 공감이 되는 인물이 될 것 같습니다. 느헤미야는 예루살렘에서 멀리 떨어진 바사에서 고향의 소식을

들었습니다. 예루살렘은 성전이 완공되었고, 에스라와 많은 사람들이 갔지만 지금 처참한 상태라는 소식이었습니다. 간절히 고향을 위해 기도하던 중에 하나님이 열어 주신 길이 바사 궁전의 술관원이었습니다.

느헤미야 1장 11절을 보면 기도의 첫 응답이 술을 따라 올리는 사람이 된 것을 설명하고 있습니다. 역사가 헤로도토스는 당시의 술관원은 왕비와 더불어 왕에게 가장 영향력을 끼칠 수 있는 관리였다고 말합니다. 그렇기에 그가 술관원이 되자 목숨을 걸고 왕에게 청합니다. 예루살렘으로 가서 성을 건축하고 필요한 것들을 구했습니다. 감사하게도 왕은 느헤미야를 유다 총독으로 파견합니다. 5장 14절을 보면 12년 동안 그를 파견했다고 합니다. 성벽을 모두 재건하고 예루살렘에는 하나님이 주신 기쁨으로 채워졌습니다. 그러다가 그는 다시 바사로 떠나게 됩니다. 왜냐하면 그는 여전히 바사에 속한 몸이었기 때문입니다. 13장 6절을 보면 그가 왕의 부르심을 받아서 바사로 가게 되고, 왕에게 부탁해서 다시 돌아온 이야기가 나옵니다. 느헤미야는 에스라와 같이 하나님께 모든 것을 드릴 수 있는 부르심이 아니라 하나님을 믿지 않는 바사에 속해 있고, 전혀 다른 일도 해야 하는 상황이었습니다. 그리고 지금까지 쌓아 온 것들이 자리를 비운 사이에 다 무너진 것도 봐야 하는 삶을 살아가야 했습니다. 어쩌면 세상을 살아가는 그리스도인으로서의 모습을 보여 줍니다.

여러분, 세상에서 술관원의 잔을 들고 나서 세상에서의 부르심을 끝까지 감당하며 하나님의 사람으로 살아가야 한다면 느헤미야를 롤모델로 삼으면 어떨지 추천해 봅니다.

정리하겠습니다. 개척자로서 벌판에서 성전을 재건한 스룹바벨, 진정한 예배자로 사람을 재건한 에스라, 바사의 관리로서 성벽을 재건한 느헤미야를 기억하시면서 이번 한 주도 복음의 능선을 함께 걸어 보시겠습니다.

트레킹 저널

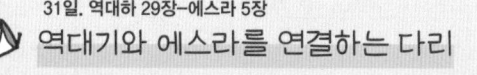

31일. 역대하 29장–에스라 5장
역대기와 에스라를 연결하는 다리

    역대기는 이스라엘 왕국의 역사를 다윗의 자손인 남유다 중심으로 쓴 역사책입니다. 그들이 가지고 있는 역사적 정통성과 북이스라엘과의 차별성을 강조하고 있습니다. 그 차별성은 남유다의 예루살렘에서는 하나님께 드리는 제사가 끊어지지 않았다는 것입니다. 그리고 이 맥락은 바벨론에 포로로 잡혀갔던 유대 사람들이 예루살렘으로 돌아와서 성전을 재건하고, 제사를 드리는 스토리가 담긴 에스라서로 이어집니다. 그 의미를 담은 역대하의 마지막 문장이 에스라서의 시작에 쓰여 있습니다.

> 바사 왕 고레스가 이같이 말하노니 하늘의 신 여호와께서 세상
> 만국을 내게 주셨고 나에게 명령하여 유다 예루살렘에 성전을

건축하라 하셨나니 너희 중에 그의 백성 된 자는 다 올라갈지어다
너희 하나님 여호와께서 함께 하시기를 원하노라 하였더라

이 구절의 내용 중에 에스라서로 이어지는 키워드는 '성전 건축'입니다. 바사 왕인 고레스가 내린 칙령으로 유대민족은 이제 예루살렘으로 돌아가게 됩니다. 그리고 그들은 성을 먼저 짓지 않고 성전을 먼저 지으면서 그들에게 주어진 미션을 곧장 시작합니다. 그들은 먼저 제단을 쌓았습니다. 그리고 아침저녁으로 번제를 드리기 시작했습니다. 그리고 그들은 고레스 왕이 제공한 백향목을 받아서 성전을 짓기 시작합니다.

하나님이 세우신 나라인 이스라엘 왕국은 예레미야의 예언대로 70년 동안 포로로 끌려가서 바벨론과 바사에서 살게 되었습니다. 그리고 이제 시간이 채워지자 하나님은 바사의 고레스 왕의 마음을 움직이셔서 다시 그들의 자리로 오게 하셨고, 성전부터 짓게 하십니다. 다시 시작된 제사는 끊어진 역사가 아니라 하나님의 뜻과 계획에 따라 이어 오신 것을 보여 줍니다. 아직 노예였을 때 주인이 보내 주는 백향목으로 짓는 성전이기에 영광스러운 솔로몬의 성전과는 비교될 수밖에 없었습니다. 그러나 다시 세워지는 예루살렘 성전은 이전의 성전을 기억하는 이들에게도, 처음으로 성전을 세우는 이들에게도 메시지가 되고 감동을 주었습니다.

제사장들과 레위 사람들과 나이 많은 족장들은 첫 성전을
보았으므로 이제 이 성전의 기초가 놓임을 보고
대성통곡하였으나 여러 사람은 기쁨으로 크게 함성을 지르니
백성이 크게 외치는 소리가 멀리 들리므로 즐거이 부르는 소리와

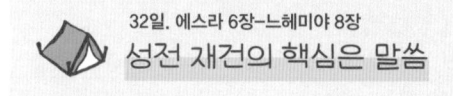

32일. 에스라 6장-느헤미야 8장
성전 재건의 핵심은 말씀

성전 재건은 총독인 스룹바벨과 제사장인 예수아를 통해 시작됩니다. 그들의 헌신으로 시작된 성전 건축은 얼마 지나지 않아 멈추게 됩니다. 바사의 다리오 왕에게 다시 허락을 요청한 것에 대한 답이 오기 전에 그들은 담대하게도 성전 재건을 다시 시작합니다. 바사의 총독도 그들을 막지 못했습니다. 공사를 멈추고 낙심한 그들을 일으키고 완성하는 과정까지 가장 큰 역할을 한 것은 바로 말씀이었습니다. 하나님의 말씀을 대언하는 예언자 학개와 스가랴가 그들에게 하나님의 이름으로 예언하기 시작했습니다. 그들의 예언이 스룹바벨과 예수아를 움직이고, 그들은 유다의 장로들의 마음을 다시 살렸습니다. 그래서 바사에서 성전을 지을 수 있는 명령을 내리지 않았는데도, 그들은 담대하게 예루살렘의 백성을 일으켜서 성전 재건을 시작하고 이어 갔습니다.

그렇게 할 수 있었던 이유는 하나님 때문에 총독 닷드네가 그들을 막지 않았다고 에스라서는 설명합니다. 심지어 닷드네는 유대인들의 편에 서서 다리오 왕에게 편지를 씁니다. 고레스 왕의 결정을 왕실 기록에서 확인하고, 다시 한번 생각해 달라는 내용이었습니다. 그 결과 다리오는 고레스의 명령이 기록된 두루마리를 발견하고, 유다 사람들에게 호의를 베풀었습니다. 그들의 공사를 허락하고 돕게 하였는데, 건축에 필요한 것을 부족함 없이 왕의 창고에서 베풀라고 명령합니다. 제사를 위한 제물들을 바칠 수 있도록 제사장에게 필요한 모든 것을 제공하라고 합니다. 그리고 다리오 왕 자신과 그의 아들들을 위한 기도를 부탁합니다. 그의 분명한 결단은 그의 명령이 '즉시' '빠짐없이' 지켜지도록 명령하는 것을 통해서 볼 수 있습니다.

다시 시작된 성전 재건이 마무리되는 그 역사적인 순간을 표현하는 구절에도 예언자 학개, 스가랴는 등장합니다. 유다 사람들이 사명을 마칠 수 있었던 가장 큰 힘은 하나님이 그들을 통해 주신 말씀이었습니다.

> 유다 사람의 장로들이 선지자 학개와 잇도의 손자 스가랴의
> 권면을 따랐으므로 성전 건축하는 일이 형통한지라 이스라엘
> 하나님의 명령과 바사 왕 고레스와 다리오와 아닥사스다의
> 조서를 따라 성전을 건축하며 일을 끝내되 스 6:14

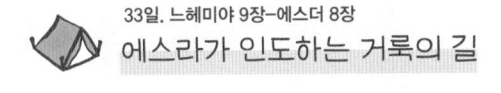

33일. 느헤미야 9장-에스더 8장
에스라가 인도하는 거룩의 길

시간이 흐른 뒤, 바사의 아닥사스다 왕은 제사장이자 율법학자인 에스라를 예루살렘으로 보냅니다. 제국의 모든 지원을 받으며 예루살렘을 세울 수 있는 기회였지만 막상 불순종하는 백성들을 보며 그는 깊은 슬픔에 빠집니다. 예루살렘에 돌아와서 성전을 재건한 이스라엘 사람들은 하나님의 백성으로 살아가지 않았습니다. 그들의 구별됨은 어디에서도 찾을 수 없었습니다. 백성들뿐만 아니라 제사장들과 레위인들까지 이방인들과 결혼했습니다. 이스라엘의 지도자와 관리들은 다른 민족의 여인들이 백성들과 결혼하는 데 앞장서기까지 했습니다.

불순종하는 그들을 멈춘 것은 에스라의 눈물이었습니다. 그들의 불순종을 보며 큰 소리로 울기 시작했을 때, 지도자들의 마음부터

움직였습니다. 지도자들은 다른 민족과 결혼한 이들을 모두 조사하고, 공동체적으로 하나님께 불순종했던 삶을 돌이키는 결단을 했습니다.

그리고 그들은 영적인 부흥을 이어 갑니다. 그 부흥은 말씀에서 시작되었습니다. 성벽 재건까지 마무리된 후에 이스라엘 백성이 에스라에게 모세의 율법책을 읽어 달라는 요청을 합니다. 그들 앞에 선 에스라는 율법책을 읽고, 모든 백성은 "아멘, 아멘!" 외쳤습니다. 그들은 율법을 지키지 않은 것은 없는지 돌아보았습니다. 그리고 잊혀진 초막절 절기의 모습을 기쁨과 감동 가운데 회복시킵니다. 그들이 사랑하는 말씀은 진지한 기도가 되었고, 그 내용은 느헤미야 9장에 담겨 있습니다.

> 주의 크신 긍휼로 그들을 아주 멸하지 아니하시며 버리지도
> 아니하셨사오니 주는 은혜로우시고 불쌍히 여기시는
> 하나님이심이니이다 느 9:31

기도가 끝난 뒤에 글로 다짐을 기록하고, 지도자들과 레위인들과 제사장들은 그들의 이름을 적었습니다. 그리고 모든 백성은 서약 앞에 맹세했습니다.

에스라의 소명은 부르심의 자리에서 애통하는 마음으로 시작되었습니다. 하나님은 다시 불순종의 길에 들어선 유다 사람들을 말씀으로, 기도로 돌이키셨습니다. 그리고 그들의 부흥은 삶의 거룩으로 이어졌습니다.

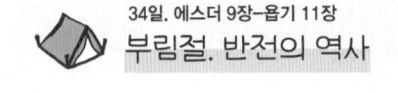

에스더서는 바사에 남은 유대인들의 역사입니다. 성전 재건을 위해 많은 유대인이 예루살렘으로 귀환했지만 여러 이유로 수산궁에 남은 유다 사람들이 있었습니다. 그리고 남은 자들 중에서도 하나님의 율법을 목숨 걸고라도 지키는 이들이 있었습니다. 모르드개라는 인물이 그중 한 명이었습니다. 모든 이들이 절하는 바사의 권력 2인자 하만은 포로이면서도 무릎도 꿇지 않았던 모르드개에 대한 분노를 감추지 않았습니다. 그리고 정한 하루에 제국에 있는 유대인들을 모두 죽이는 계획을 세웁니다. 그의 광기는 은 만 달란트를 왕에게 기부하면서 얻어 낸 승낙을 받아 현실화되었고, 왕의 이름으로 보낸 조서가 전국에 보내졌습니다. 그리고 사신들을 통해 수산 성과 전국에 조서가 선포되었습니다.

> 이에 그 조서를 역졸에게 맡겨 왕의 각 지방에 보내니 열두째
> 달 곧 아달월 십삼일 하루 동안에 모든 유다인을 젊은이 늙은이
> 어린이 여인들을 막론하고 죽이고 도륙하고 진멸하고 또 그
> 재산을 탈취하라 하였고 에 3:13

믿음의 사람들은 목숨을 지키기 위해서 타협하지 않았습니다. 모르드개의 요청을 받은 에스더는 그녀의 자리에서 백성들을 구하기 위한 일을 시작합니다. 하나님도 에스더의 활약을 시작으로 반전의 역사를 쓰십니다. 자신의 모든 것을 걸고 아하수에로 왕 앞에 나타난 에스더를 하나님은 도우십니다. 또 아하수에로 왕이 잠 못 이루는 밤에 왕의 생명을 해하려는 반역의 순간에 대한 이야기를 모르드개로 하여금 아하수에로 왕이 듣게 하십니다. 상식적으로 이해되지 않는 일들이

계속 이어집니다. 왕이 모르드개에게 어떤 상을 줄지 고민하던 그때에 마침 하만이 그의 곁에 있었고, 욕망에 눈이 먼 하만은 자신에게 그 상을 주는 줄 알고 왕과 같은 영광을 누리게 해달라고 말합니다. 그리고 그대로 모르드개가 받게 하셨습니다. 하나님은 하만을 그의 계략으로 수치를 주시고, 에스더를 통해 심판하십니다. 그리고 바사의 유대인들을 높이십니다.

> 이 달 이 날에 유다인들이 대적에게서 벗어나서 평안함을 얻어
> 슬픔이 변하여 기쁨이 되고 애통이 변하여 길한 날이 되었으니
> 이 두 날을 지켜 잔치를 베풀고 즐기며 서로 예물을 주며 가난한
> 자를 구제하라 하매 에 9:22

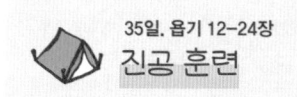

35일. 욥기 12-24장
진공 훈련

'진공'의 사전적 의미는 '물질이 전혀 존재하지 않는 공간'입니다. 당대의 의인이었던 욥은 몰아치는 고난과 하나님의 침묵 속에 갇혔습니다. 마치 공기가 사라진 진공상태처럼 어디에나 계신 하나님이 사라진 공간에 고립되어서 욥은 홀로 갇힌 것 같은 느낌을 받습니다.

> 그런데 내가 앞으로 가도 그가 아니 계시고 뒤로 가도 보이지
> 아니하며 그가 왼쪽에서 일하시나 내가 만날 수 없고 그가
> 오른쪽으로 돌이키시나 뵈올 수 없구나 욥 23:8-9

이전에 경험하지 못한 하나님의 부재의 현실은 인생에서 늘 함

께하셨던 하나님에 대한 그의 지식과 부딪혔습니다. 그럼에도 불구하고 욥은 믿음을 선택합니다. 그의 길을 아시는 존재인 하나님을 믿고, 끝까지 붙들었습니다. 그리고 한발 더 나아가서 기대합니다. 하나님이 지금 하고 계신 일을 지지하고, 그것에 대한 자신의 미래를 하나님께 맡깁니다.

그러나 내가 가는 길을 그가 아시나니 그가 나를 단련하신 후에는
내가 순금 같이 되어 나오리라 욥 23:10

성경에서 '불'의 대표적인 의미는 하나님이 죄를 거룩하게 하는 제단의 불과 더 단단하고 강하게 하는 연단의 불로 사용됩니다. 욥은 하늘에서 떨어지는 불 같은 고난을 주셨지만 자신을 향한 하나님의 분명한 목적이 있음을 믿었습니다. 이전에 만나지 못했던 고난의 순간은 그의 믿음을 연단하는 불이 되어 그의 믿음을 순수하게 하고, 그를 더 단단하게 만들었습니다.

욥의 믿음은 초대교회의 메시지와도 연결됩니다. 베드로는 초대교회의 성도들에게 믿음의 연단을 두려워하지 말라고 가르쳤습니다. 눈앞에 어려움이 있을 때 당장은 힘들겠지만 기뻐하라는 메시지를 전합니다. 왜냐하면 그 연단의 순간으로 이전보다 더 예수님 앞에서 존귀한 믿음의 사람이 될 것이기 때문입니다.

너희 믿음의 확실함은 불로 연단하여도 없어질 금보다 더 귀하여
예수 그리스도께서 나타나실 때에 칭찬과 영광과 존귀를 얻게 할
것이니라 벧전 1:7

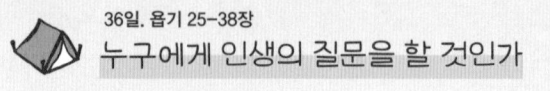
욥기를 읽으면서 지혜에 대한 특별한 은혜를 기대하지는 않을 것 같습니다. 그러나 욥기는 역사적으로 잠언, 전도서와 함께 '지혜서'로 불려 왔습니다. 하나님께 지혜를 선물 받은 솔로몬이 쓴 책들과 함께 욥의 고난을 담은 욥기가 그 안에 들어가는 이유는 무엇일까요? 데릭 키드너는 저서《어떻게 지혜서를 읽을 것인가》에서 이렇게 소개하고 있습니다. 지혜서의 책들은 성경을 통해 배우는 하나님의 길을 우리의 삶으로 연결한다고 말합니다. 그중에 욥기는 세상이 어떻게 다스려지고 있는지를 말한다고 설명합니다. 오늘 바이블 트레킹의 구간에는 키드너가 욥기에 대해 주목한 관점으로 묵상할 수 있는 내용들이 있습니다. 세상은 누구에게 다스려지고, 어떻게 다스려지는지에 대한 지혜를 줍니다. 욥은 28장에서 세상의 지혜와 총명을 어디에서 찾을 수 있을지에 대한 질문을 반복적으로 합니다.

그러나 지혜는 어디서 얻으며 명철이 있는 곳은 어디인고 욥 28:12

욥은 돌산을 깨고 지하에 길을 내어서 금을 얻고, 바위에 틈을 내서 보석을 찾으며, 댐을 만들어 물을 막는 사람의 지혜를 인정합니다. 그렇지만 사람이 깨달을 수 있는 가치로는 찾을 수가 없기에 사람의 세상에서는 찾을 수 없다고 말합니다. 20절에 다시 한번 같은 질문을 하지만 어느 누구도, 어떤 존재도 알 수 없다고 말합니다. 답은 오직 하나님께만 얻을 수 있다고 말합니다.

하나님이 그 길을 아시며 있는 곳을 아시나니 욥 28:23

쉬운성경으로 보면 욥은 하나님만이 지혜로 가는 길을 아시며, 총명이 어디 있는지를 아신다고 설명합니다. 하나님은 지혜를 세우시고, 그것을 계속 발전시키며 굳건하게 만드시는 분입니다. 그리고 그렇게 세우신 것을 드러내시고 선포하십니다.

그 때에 그가 보시고 선포하시며 굳게 세우시며 탐구하셨고 욥 28:27

지혜를 세우시고 만들어 가시는 하나님만이 겸손히 앞에 나아가 묻는 이에게 답하실 분인 것을 욥기는 깨닫게 합니다.

또 사람에게 말씀하셨도다 보라 주를 경외함이 지혜요 악을 떠남이 명철이니라 욥 28:28

욥과의 캠핑

MY EARS HAD HEARD OF YOU

NEW FAITH

BUT NOW MY EYES HAVE SEEN YOU

욥기 42:1-6

오늘은 욥과 함께하는 캠핑입니다. 앞으로 4주간 욥, 다윗, 솔로몬과의 네 번의 캠핑이 있습니다. 이 캠핑들을 통해 하나님의 뜻은 무엇인가, 이스라엘에 주시는 메시지는 무엇이었나, 현대를 살아가는 우리에게 주시는 메시지는 무엇인가를 생각해 보고, 걸어온 길을 되짚어 보려고 합니다.

이 기간에 함께 읽을 말씀은 바로 노래로 불렸던 욥기, 시편, 잠언, 전도서, 아가서입니다. 시가서로 불리는 이 책들은 동시에 하나님의 지혜를 담아 놓은 지혜서로 불리기도 한답니다. 문을 여는 욥기를 시작으로 아름다운 노래로 지혜를 맛보도록 하겠습니다.

첫 번째, 성도에게도 고난을 주실 수 있음을 아는 것이 지혜입니다.

'믿는 사람에게도 어려운 시간이 올 수 있음을 아는 것을 지혜라고 할 수 있을까', '그렇게 대단한 지혜라고 의미를 부여할 만한 주제인가'라고 생각할 수 있습니다. 그러나 의인이 고난받을 수 있음을 이해하는 것은 생각보다 당연한 일이 아닙니다.

성경의 구약 선지자의 마지막 예언과 복음서가 시작되기까지 400년간의 시간이 있었습니다. 그때의 시간을 신구약의 중간시대라고 부릅니다. 그때 성경을 연구하는 주석가들이 가장 활발하게 연구한 주제가 바로 '욥기'였습니다. '왜 하나님의 선택받은 백성이 제국의 식민이 되어야 하는가', '의인에게 왜 이런 수모를 주시는가'에 대해 그들이 얼마나 연구하였는지 고대 주석들의 발견을 통해 볼 수 있습니다. 그러나 실제로 율법을 깊이 연구하고 잘 지켰던 바리새인들은 겸손한 모습으로 오실 것이라는 예언을 알고 있으면서도, 메시아가 가난한 목수로 오시고 십자가의 고난을 질 수 있다는 사실을 받아들이지 못했습니다.

욥은 당대의 의인이었습니다. 에스겔 14장 14절에도 하나님은 노아, 다니엘과 함께 욥을 위대한 사람으로 인정하고 계십니다. 그런 의인이 고난을 받은 것입니다. 고난도 그런 고난이 없습니다. 모든 소유를 가져가셨습니다. 사랑하는 자녀들을 모두 데려가셨습니다. 그의 몸을 쉬지 않고 고통스럽게 하셨습니다. 이 모든 고난이 쉼을 주지 않고 몰아쳐서 그에게 닥쳐왔습니다. 그는 직감했습니다. 이것은 하나님이 작정하고 주시는 고난이다. 그래서 이렇게 표현합니다.

> 전능자의 화살이 내게 박히매 나의 영이 그 독을 마셨나니
> 하나님의 두려움이 나를 엄습하여 치는구나 욥 6:4

하나님이 자신에게 죄가 없음을 알면서도 생명을 끊기 위한 독 묻은 화살을 쏜 것을 알고 고백하고 있습니다. 알면서도 받아들이기 어

려운 것이 바로 의인의 고난입니다. 당대의 의인도 막상 고난이 왔을 때 진정으로 깨닫지 못했던 것이 바로 의인도 고난을 받을 수 있다는 사실입니다. 이것을 아는 것은 복입니다. 깨닫지 못하면 영적으로 한 걸음 떼는 것이 너무 힘겹습니다. 이것을 경험하기 전보다 더 하나님을 알고, 의인에게도 고난이 올 수 있다는 지혜를 깨닫는 세대가 되길 바랍니다.

두 번째로, 성도의 고통 속에 함께하심을 아는 것이 지혜입니다.

욥이 고통 속에서 살아가고 있을 때 그의 친구 세 명이 찾아왔습니다. 이들이 보니 욥의 고통은 너무 컸습니다. 위로할 수 있는 상황이 아닙니다. 그래서 욥기 2장 13절을 보면, 그들이 7일 밤낮을 욥의 옆에서 아무 말도 하지 않고 앉아 있었다고 합니다. 그 이유는 그의 고통이 너무나 커 보였기 때문입니다. 7일이 지나고 그들은 이야기하기 시작합니다. 욥은 자신에게 쉼도, 안식도 없이 고통이 찾아오는 것을 탄식합니다. 그리고 이렇게 기도합니다.

> 내가 하나님께 아뢰오리니 나를 정죄하지 마시옵고 무슨
> 까닭으로 나와 더불어 변론하시는지 내게 알게 하옵소서 욥 10:2

고난의 이유를 알 수 없고 그렇기에 "내가 할 수 있는 것이 없습니다" 고백하는 욥을 볼 수 있습니다. 우리가 이와 같은 상황 속에 있을 때 어떻게 하는 것이 지혜일까요? 아무것도 할 수 없을 때는 어떤 믿음이어야 할까요?

욥이 보여 주는 근사한 믿음이 고난 속에 그의 고백으로 흘러나옵니다.

> 그런데 내가 앞으로 가도 그가 아니 계시고 뒤로 가도 보이지

아니하며 그가 왼쪽에서 일하시나 내가 만날 수 없고 그가
오른쪽으로 돌이키시나 뵈올 수 없구나 욥 23:8-9

어느 때보다 하나님이 필요한 순간, 침묵하실 때가 있습니다. 분명히 이때는 나를 위해서 하셔야 하는데 보이지도 않을 때가 있습니다. 그럴 때에 가질 수 있는 믿음을 그가 보여 줍니다. 보이지 않는 하나님을 믿는 믿음입니다. 그것이 옳습니다.

유학할 때, 이재철 목사님의 《비전의 사람》이라는 책에서 《빙점》을 쓴 미우라 아야꼬의 시를 접한 적이 있습니다. 위중한 병을 경험한 그녀가 이렇게 고백했습니다.

병들지 않고서는 드리지 못할 기도가 따로 있습니다
병들지 않고서는 믿을 수 없는 기적이 따로 있습니다
병들지 않고서는 들을 수 없는 말씀이 따로 있습니다
병들지 않고서는 가까이 갈 수 없는 성소가 따로 있습니다
병들지 않고서는 우러러볼 수 없는 얼굴이 따로 있습니다
오, 병들지 않고서는 나는 인간이 될 수조차도 없습니다

혹시 고난 가운데 계십니까? 이전에 알지 못했던 기도를 드리게 될 것입니다. 좌로 봐도 아니 계시고 돌이켜 봐도 안 계신다고 느껴질 때, 끝까지 믿음으로 하나님의 뜻을 구하고 미래와 희망의 길을 준비하시는 바이블 트레커들 되길 바랍니다.

마지막입니다. 성도의 고통에는 끝이 있음을 아는 것이 지혜입니다.

욥기의 고통으로 마무리되지 않습니다. 모든 것을 잃는 계절, 고통의 계절이 지나고 모든 것을 회복시켜 주시는 때가 왔습니다. 재산도

건강도 가정도 이전보다 많이 주심으로 욥기는 마무리됩니다.

그러나 오늘 고난의 여정의 핵심은 다시 넘치도록 받은 은혜가 아니라 고통의 끝자락에서의 욥의 고백입니다.

> 내가 주께 대하여 귀로 듣기만 하였사오나 이제는 눈으로 주를 뵈옵나이다 욥 42:5

하나님이 욥을 의인으로 자랑스러워하시는 것을 보면 그에게 믿음의 성장이 더 필요해 보이지 않을 정도입니다. 그러나 욥은 고난이 자신의 새로운 믿음의 세계를 보게 했다고 고백합니다. "하나님, 회개합니다. 주님 앞에 용서를 구합니다. 저는 이전에 주를 귀로 들었는데 고난을 통한 하나님의 은혜로 저는 이제 주를 눈으로 직접 뵈옵니다."

고난의 끝에서 그의 곁을 떠나지 않고 계셨던 주님을 만나게 될 것입니다. 고통에는 끝이 있습니다. 그 끝은 귀로 듣던 삶에서 눈으로 보는 삶의 시작입니다.

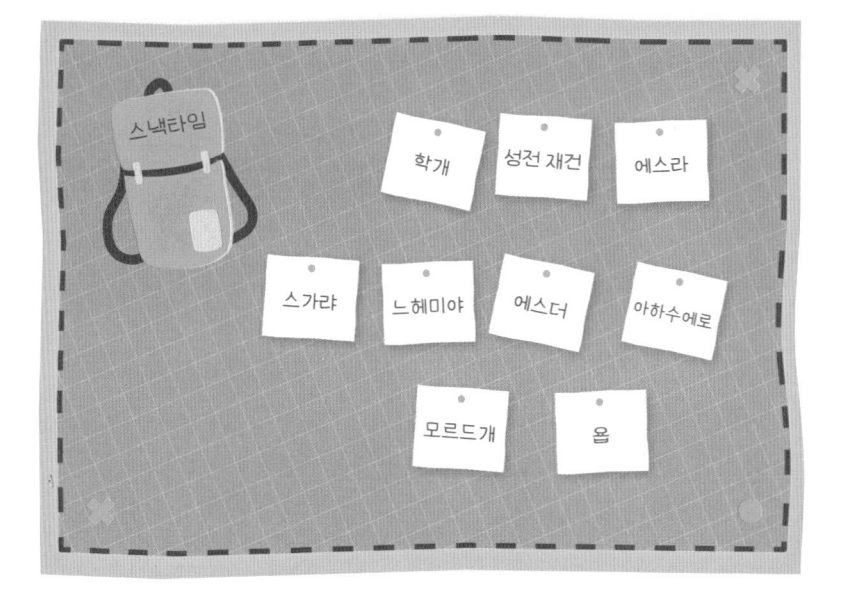

Q1 느헤미야가 바사에서 예루살렘 성벽이 무너지고, 성문들이 불에 탔다는 소식을 듣습니다. 포로생활을 하다가 예루살렘으로 돌아간 사람들은 당시 어떤 상황이었나요?

느헤미야는 아닥사스다 왕 20년부터의 역사를 쓰기 시작합니다. 예루살렘의 상황을 이렇게 설명합니다.

> 그들이 내게 이르되 사로잡힘을 면하고 남아 있는 자들이 그
> 지방 거기에서 큰 환난을 당하고 능욕을 받으며 예루살렘
> 성은 허물어지고 성문들은 불탔다 하는지라 느1:3

느헤미야는 72년 전에 스룹바벨과 함께 예루살렘으로 돌아간 백성들 그리고 14년 전에 에스라와 함께 귀환한 사람들의 소식을 들었습니다. 그의 친형제인 것으로 알려진 하나니는 그들의 삶은 부흥과는 거리가 멀었다고 설명하고 있습니다.

또한 성전 건축은 이루어졌지만 그곳에서 예배드릴 수도 없고, 편안히 쉴 수도 없는 상황이었습니다. 스룹바벨 총독과 여호수아가 짓기 시작한 성전은 학개와 스가랴의 도움으로 완공되었습니다. 그리고 에스라와 함께 예루살렘으로 간 1,800여 명들의 힘을 보태어 부흥을 이루고 있을 것으로 생각했습니다. 그러나 현실은 매우 달랐습니다. 에스라가 유대인들과 함께 예루살렘으로 가서 본 온전한 건물은 성전 하나였습니다. 예루살렘의 뚫려진 문들로 원수들은 들어와서 그들을 약탈했습니다. 그렇기 때문에 그들은 성전에 모이는 것도 두려워했습니다. 그리고 그들은 성벽을 지을 수도 없었습니다. 왜냐면 예루살렘의 주위에 있는 힘 있는 원수들이 성벽 짓는 일을 계속 방해했기 때문입니다.

나중에 느헤미야가 예루살렘의 총독으로 왔는데도 그들은 방해하고 모함했습니다. 호론 사람 산발랏, 암몬 사람 도비야, 아라비아 사람 게셈은 처음에는 유대 사람들을 죽여서 공포감을 조성하려고 했습니다. 그러나 하나님이 그들의 계획을 막으셨습니다. 나중에는 스마야라는 사람을 매수해서 총독인 느헤미야를 죄를 짓게 해 약점을 잡으려고까지 했습니다. 그러나 느헤미야와 이스라엘 백성은 거룩하게 하나님의 방법으로 문을 수리하고 성벽을 쌓았고, 힘을 합해 무너진 곳을 세우고 틈새를 막았습니다. 그리고 성벽을 쌓는 일도, 성벽을 보호하고 일꾼들을 지키는 일도 충실하게 행했습니다. 그렇게 52일 만에 성벽 짓는 공사를 이뤄 냈습니다. 그러고 나서 그들은 성 안에 온전한 집을 짓기 시작했습니다. 드디어 그들은 성 안의 마을을 만들었고, 에스라를 중심으로 말씀 앞에 모였습니다. 그리고 그들은 감격 가운데 그곳에서 부흥을 맛보았습니다.

> 이스라엘 자손이 자기들의 성읍에 거주하였더니 일곱째
> 달에 이르러 모든 백성이 일제히 수문 앞 광장에 모여 학사
> 에스라에게 여호와께서 이스라엘에게 명령하신 모세의
> 율법책을 가져오기를 청하매 느8:1

Q2 에스더서에 나오는 바사 제국에서 유대인들은 어떤 대우를 받고 살았는지 궁금합니다.

좋은 질문입니다. 아하수에로 왕이 다스리던 시기는 고레스 왕의 허락으로 4만 2,000여 명의 유대인들이 예루살렘으로 떠났습니다. 그렇지만 더 많은 수백만 명의 유대인들은 바사 제국 안에서 흩어져 살아가고 있었습니다. 그들은 노예와 같은 포로 생활 정도는 아니었지만 바사인들과 확연한 차별이 있는 삶을 살아갔습니다. 그리고 하나님만을 섬기는 유일신 사상과 선민사상을 나타내는 그들의 전통은 바사 제국 내에서 그들을 오만한 소수민족으로 보이게 했습니다. 하만이 아하수에로 왕을 설득하는 말을 들어 보면 그들이 어떤 대우를 받고 살아왔는지를 볼 수 있습니다.

> 하만이 아하수에로 왕에게 아뢰되 한 민족이 왕의 나라
> 각 지방 백성 중에 흩어져 거하는데 그 법률이 만민의 것과

달라서 왕의 법률을 지키지 아니하오니 용납하는 것이
왕에게 무익하니이다 에 3:8

그래서 주석들을 보면 당시 와하디 왕후도 바사 제국 안에 있는 유대인들을 경멸하고 멸시했다고 말합니다. 그리고 같은 이유로 모르드개는 왕궁으로 들어가는 에스더에게 유대인의 배경과 집안에 대한 이야기를 비밀로 지키라고 말했습니다. 이런 배경 속에 에스더가 아하수에로 왕에게 유대인임을 고백했을 때, 놀라지 않고 받아들인 것은 기적임과 동시에 에스더를 향한 순수한 사랑을 볼 수 있는 대목입니다.

7주

욥기 – 시편

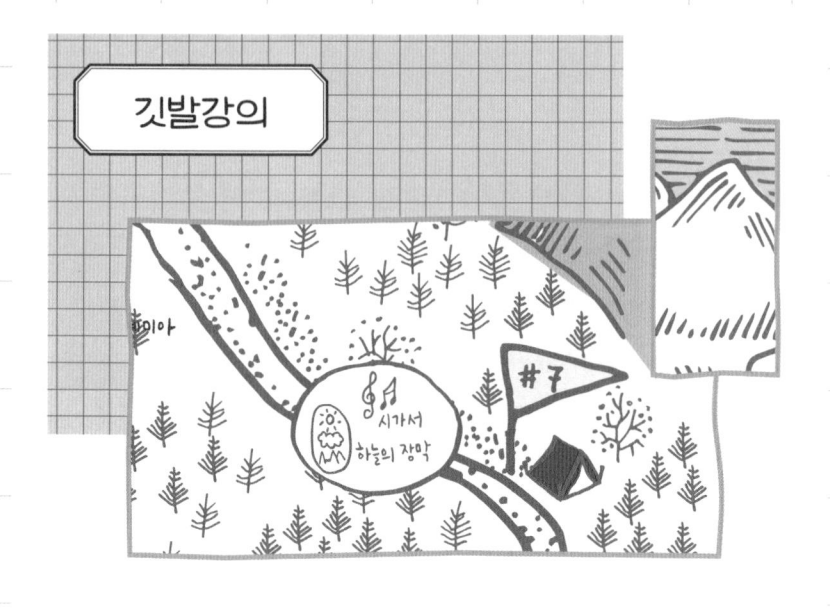

일곱 번째 깃발강의를 시작하겠습니다.

첫 번째 깃발은 '시가서'입니다. 성경에 시가서는 욥기, 시편, 잠언, 전도서, 아가서 이렇게 다섯 권으로, 앞으로 우리가 3주간 살펴볼 말씀들입니다. 바이블 트레킹을 할 때 성도들을 가까이에서 보면 시가서 읽을 때를 가장 좋아합니다. 왜일까요? 일단 말씀이 짧아요. 저는 어릴 때 어머니가 하루 3장씩 성경을 읽어야 밥을 주신다고 하셔서 매일 시편을 읽었습니다. 성경에서 가장 짧았기 때문이에요. 119편을 읽는 날만 빼고요. 문장 안의 단어 구성으로만 봐도 간결한 말씀들이 많습니다. 역사서 같은 경우는 정보 전달 때문에 긴 설명이 필요할 때가 있습니다. 그러나 시가서는 앞뒤의 문장과 단어의 형태나 수를 주로 맞추어서 간결한 문장일 때가 많습니다. 히브리서의 특징인 대구법이 많이 나오는 것도 간결한 문장으로 쓰여지는 이유가 될 수 있겠네요.

> 여호와여 주의 장막에 머무를 자 누구오며 주의 성산에 사는 자
> 누구오니이까 시 15:1

한 문장 안의 의미로도, 단어의 구성으로도 대구법으로 쓰여지고 있습니다. 그래서 문장이 간결하고 이해하기도 쉽습니다.

짧고 간결한 것에 대한 시가서의 특성 다음으로는 감성적인 표현들을 꼽을 수 있습니다. 일단 시가서는 노래입니다. 감정에 대한 표현과 음을 붙인 노래를 목적으로 한 글이기 때문에 단어의 의미로도, 문장의 구성으로도 감동을 주는 말씀들입니다.

> 주의 궁정에서의 한 날이 다른 곳에서의 천 날보다 나은즉 악인의
> 장막에 사는 것보다 내 하나님의 성전 문지기로 있는 것이
> 좋사오니 시 84:10

시편 84편은 하나님을 향한 사랑의 노래입니다. 의미로 본다면 다른 어떤 것보다도 하나님이 계신 곳에 가기를 원하는 마음이 표현되어 있습니다. 하루를 살더라도 하나님과 함께 있겠다고 말하고 있습니다. 불편하고 수고하는 일을 하게 된다 하더라도 성전 문지기로 일하는 삶을 선택하겠다는 헌신된 사랑에 대해 말하고 있습니다.

형식적으로도 '한 날'과 '천 날', '악인의 장막'과 '성전 문지기'가 짝이 되어 나오는 것을 읽고 나서, 그 여운이 성경의 다른 책들보다 오래 남았습니다. 그래서 성도들과 함께 읽을 때 다른 책들보다 공부하는 느낌이 아니라 감상하듯 읽으시는 모습을 보게 됩니다.

저는 이렇게 특별한 의미와 감동을 줄 수 있는 시가서가 지혜서

이기도 한 것이 하나님의 선물이라고 생각합니다. 다섯 권의 책들이 모두 지혜를 담고 있기도 하지만, 특별히 욥기, 잠언, 전도서는 성경 안에서 지혜서로 꼽힙니다. 하나님이 사랑하는 백성에게 주신 지혜의 말씀이 노래로 만들어졌다는 것은 감동적이면서도, 창조주로서의 면모를 보여 주신다고 생각합니다. 하나님의 지혜가 노래로 불려졌기 때문에 모든 백성에게 어렵지 않게 말씀이 들려졌습니다. 어린아이들이 시편으로 된 노래를 들으면서 잠이 들 수 있었습니다. 어른들은 일하면서 흥얼거릴 수 있는 노래가 되었습니다. 어르신들은 바벨론으로 끌려와서 고향인 예루살렘을 생각하면서 부를 수 있는 노래가 되었습니다. 지혜서인 욥기를 노래로 부르면서 하나님의 사랑을 받는 사람도 고난을 받을 수 있음을 깨닫게 됩니다. 잠언을 노래로 부르면서 하나님의 말씀대로 살 수 있도록 늘 하나님의 진리를 채우며 살아갑니다. 전도서를 노래로 부르면서 세상에서 눈과 마음을 빼앗는 모든 것이 헛됨을 깨닫고, 오직 하나님께 충성할 수 있도록 돕습니다. 앞으로 3주 정도 시가서로 바이블 트레킹을 하게 됩니다. 이 기간 동안 하나님의 진리가 담긴 깊은 말씀을 시가서로서 즐거움을 누리는 동시에 지혜로 채우는 시간이 되길 바랍니다.

　　두 번째 깃발은 '하늘의 장막'입니다. 저는 수많은 은유와 상징 중에 '하늘의 장막'을 예로 소개해 드리려고 합니다.

　　하늘이 하나님의 영광을 선포하고 궁창이 그의 손으로 하신 일을
　　나타내는도다 날은 날에게 말하고 밤은 밤에게 지식을 전하니
　　언어도 없고 말씀도 없으며 들리는 소리도 없으나 그의 소리가
　　온 땅에 통하고 그의 말씀이 세상 끝까지 이르도다 하나님이 해를
　　위하여 하늘에 장막을 베푸셨도다 해는 그의 신방에서 나오는
　　신랑과 같고 그의 길을 달리기 기뻐하는 장사 같아서 하늘 이

끝에서 나와서 하늘 저 끝까지 운행함이여 그의 열기에서 피할 자가 없도다 시 19:1-6

시편 19편 4절에 '하늘의 장막'이 나옵니다. 하나님은 해를 위해서 하늘에 장막을 베푸시는 창조주이시며 운행하시는 분으로 노래하고 있습니다. 제가 시편의 이 구절에 대해 깊이 묵상하게 된 계기가 있습니다. 앞서 이야기한 바 미국에는 신약과 예수님을 믿는 유대인들의 교단이 있습니다. 복음주의 테두리 안에 있는 '메시아닉 주'(Messianic Jews)들이 예수님을 통해 구원받는다는 복음을 받아들이는 이들입니다. 예수님을 믿지만 모든 유대인의 전통은 지키기 때문에 토요일에 예배를 드립니다. 그런데 제가 가장 인상적으로 기억하는 장면은 다른 것이었습니다.

설교 전에 랍비들과 장로들이 앞으로 나와서 흰색 천의 네 모서리를 머리 위로 높이 들고 섭니다. 그리고 예배당에 있는 아이들과 아기들은 어머니의 품에 안기어 그 천 아래로 모여 섭니다. 그리고 랍비 중에 한 명은 오늘 읽은 시편의 말씀을 읽어 줍니다. "하늘을 창조하신 하나님은 해를 위해서 하늘의 장막을 치신다." 그리고 그 하나님이 나의 하나님이고, 우리 아이들의 하나님이라고 고백합니다. 온 교회가 이 아이들에 대한 영적인 책임을 함께하며, 이 아이들을 위해 하늘의 장막을 치신 것처럼 이들을 위한 그늘을 만드실 것을 믿는다고 기도해 줍니다.

시편의 한 구절로 창조주를 찬양하고, 우리가 하나님의 사랑을 받는 존재임을 고백합니다. 그리고 사랑하는 자녀들을 위한 간구의 기도를 이어 갑니다. 마음에 와닿는 시편의 한 구절은 묵상하는 이들을 찬양과 고백과 간구의 기도로 인도하기에 부족하지 않습니다.

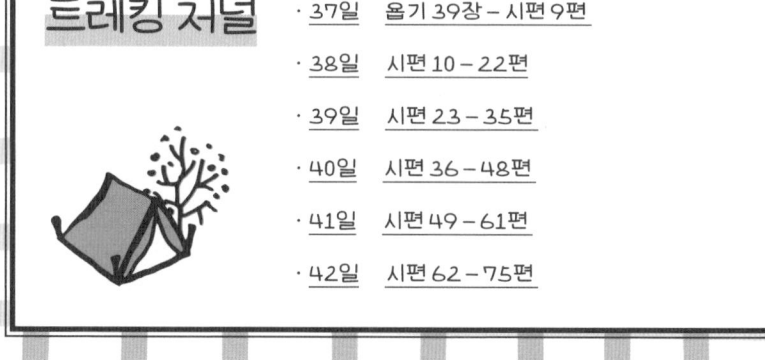

트레킹 저널	· 37일	욥기 39장 – 시편 9편
	· 38일	시편 10 – 22편
	· 39일	시편 23 – 35편
	· 40일	시편 36 – 48편
	· 41일	시편 49 – 61편
	· 42일	시편 62 – 75편

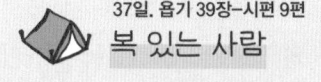

37일. 욥기 39장–시편 9편

복 있는 사람

시편 1편의 주제는 '복 있는 사람'입니다. 그는 믿음이 없는 이들의 말에 흔들리지 않는 사람입니다. 어떤 견고한 논리와 마음을 움직이는 설득보다도 하나님이 더 우선되는 사람입니다. 그는 교만한 사람들과의 교제를 즐기지 않는 사람입니다. 하나님의 말씀을 사랑하기에 어떤 지혜보다 하나님이 알려 주시는 말씀을 기대하는 사람입니다. 그렇기 때문에 그 사람은 하루 종일 말씀을 깊이 생각하는 사람입니다.

수많은 노래들을 모아 시편이라는 한 권의 책을 만들 때, 하나님은 왜 1편의 내용을 시작으로 정하셨을까요? 그것은 시편의 저자들이 가진 마음의 가장 기본이 되는 시작점이면서 본질이기 때문이 아닐까 생각해 보았습니다. 창세기 1장 1절에 한 문장으로 성경과 기독교의 본실을 담으셨던 하나님이 찬양의 본질, 그리고 예배자가 잊지 말아야 할 중심을 시편 1편에 담아 놓으셨다는 생각이 듭니다.

그런 의미로 보면 다윗은 복 있는 사람입니다. 그는 아버지의 편애와 형제들의 무시 속에서도 하나님을 깊이 사랑하고, 밤낮으로 찬양하며 묵상하는 사람이었습니다. 때로는 넘어지고 고난의 바람이 몰아쳤지만, 그는 흔들리지 않았습니다. 원수가 그를 둘러쌀 때에도 그의 길을 책임지실 여호와 하나님을 끝까지 신뢰하고 붙들었습니다.

또 다른 사람을 찾자면 시편 1편의 바로 앞 장까지 나오던 욥이 바로 복 있는 사람입니다. 그는 하나님을 경외하는 것이 지혜임을 알았습니다. 세 친구가 그의 의지를 흔들었을 때도 그는 믿음의 길을 걸어갔습니다. 그는 하나님 앞에서 형통한 사람이었고, 시냇가에 심은 나무와 같은 사람이었습니다.

> 내 뿌리는 물로 뻗어나가고 이슬이 내 가지에서 밤을 지내고
> 갈 것이며 내 영광은 내게 새로워지고 내 손에서 내 화살이
> 끊이지 않았노라 욥 29:19-20

복 있는 사람은 상황에 흔들리지 않고, 여호와 하나님을 사랑하고 그를 떠나지 않으며 가장 큰 기쁨으로 여기는 자들입니다. 하나님이 그들을 기뻐하시기에 그들은 그 복을 빼앗기지 않을 것입니다.

> 내가 주께 대하여 귀로 듣기만 하였사오나 이제는 눈으로 주를
> 뵈옵나이다 욥 42:5

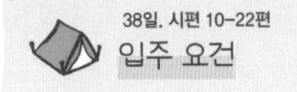
15편 1절은 다윗 자신이 깨닫고 싶은 질문이었을 것입니다.

> 여호와여 주의 장막에 머무를 자 누구오며 주의 성산에 사는 자
> 누구오니이까 시 15:1

다윗의 삶과 노래에서 하나님이 거하시는 곳, 그를 예배할 수 있
는 곳은 중요한 테마였습니다. 그는 왕이 되자마자 블레셋에서 언약궤
를 되찾아 왔습니다. 그리고 하나님의 장막이 천막으로 만들어져 있고
자신이 궁전에 살고 있음을 깨달았을 때, 그는 바로 하나님의 성전을
짓기로 결심했습니다. 그런 특별한 열정이 있는 다윗은 그곳에 살 수
있는 사람의 자격을 시편 15편에 담아 놓았습니다.

먼저 하나님이 머무시는 곳에 살 수 있는 사람은 진실된 사람입
니다. 하나님은 말씀과 행동이 일치합니다. 거룩하시기 때문에 거짓을
행동하실 수 없습니다. 진리를 만드시는 분이기에 그의 마음과 행동은
진실될 수밖에 없습니다. 결론적으로 그의 집에 머무는 사람은 하나님
의 진실된 성품을 가진 사람이어야 합니다.

또한 이웃을 존중하는 사람이어야 합니다. 다른 사람을 모함하
는 사람은 하나님이 타인을 그에게 이웃으로 보내셨음을 인정하는 사
람이 아닙니다. 자신의 마음이나 이익을 위해 한 명의 인격을 무시하고,
상처 주는 사람은 이웃을 소중히 여기는 사람이 아닙니다. 존중한다면
그가 수치를 당할 때 덮어 주고, 보호해 주는 사람이어야 합니다.

그리고 하나님을 사랑하는 이들과 한 식구가 될 수 있는 사람입
니다. 하나님을 우습게 여기고 경멸하는 사람에게까지 사랑할 필요는

없다고 합니다. 그렇지만 하나님을 자신의 주인으로 여기고 경외하는 사람들을 존경한다면 하나님은 겸손한 그를 곁에 두실 것입니다. 구약과 신약은 동일하게 하나님을 사랑하는 이들에게 선의를 베풀면 자신에게 하는 것과 같다고 말씀합니다.

마지막으로 하나님을 사랑하는 사람은 하나님을 두려워하는 사람입니다. 자신의 성공을 위해 죄 없는 사람을 이용하고, 상처를 주는 사람은 정의의 하나님을 겁내지 않는 사람입니다. 심판자 하나님이 곁에 계심을 믿는다면 그에게는 두려움이 있었을 것입니다. 반대로 그것을 이해하는 사람은 하나님 곁에 머물 자격이 주어집니다. 보이지 않는 하나님을 삶의 우선순위로 둔 사람을 하나님은 신뢰하십니다.

> 이자를 받으려고 돈을 꾸어 주지 아니하며 뇌물을 받고 무죄한
> 자를 해하지 아니하는 자이니 이런 일을 행하는 자는 영원히
> 흔들리지 아니하리이다 시 15:5

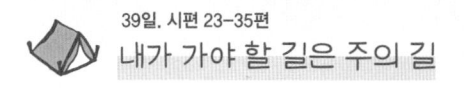

39일. 시편 23-35편
내가 가야 할 길은 주의 길

오늘 읽은 시편의 묵상 키워드를 '길'로 잡아 보았습니다. 다윗이 노래한 길은 어떤 길일까요? 다윗의 시편 중에 가장 유명한 23편은 목자이신 여호와께서 인도하시는 길을 노래하고 있습니다. 사망의 음침한 골짜기를 다닐지라도 두려워하지 않을 수 있는 이유는 목자이신 하나님이 인도하시는 길이기 때문입니다. 다윗은 목자이신 여호와께 길을 물으며 걸어갑니다.

여호와여 주의 도를 내게 보이시고 주의 길을 내게 가르치소서
주의 진리로 나를 지도하시고 교훈하소서 주는 내 구원의
하나님이시니 내가 종일 주를 기다리나이다 시 25:4-5

그렇게 길을 구하는 다윗에게 주님은 길을 가르쳐 주셨습니다. 그
는 주님의 영광이 머물러 있는 곳을 찾았습니다. 그리고 안전한 자리를
찾았습니다. 그곳은 바로 하나님을 찬양하는 곳입니다. 주님이 계신 곳
을 알게 된 것은 그가 하나님을 찾아갈 수 있는 하나의 길이 추가된 것을
의미합니다(시편 26:8, 12 참조). 그는 계속해서 물어봅니다. 그는 원수들이
어디에 숨어 있을지 모르기에 어떤 길로 가야 할지 두려워했습니다. 원
수들이 포위한 마을에서 구원받을 길, 슬픔을 기쁨으로 바꾸시는 길을
비롯해 인생에서 찾게 되는 길을 다윗은 질문하고 구했습니다. 하나님은
그때마다 신실하게 답해 주셨고, 심지어 행복으로 가는 길도 알려 주셨
습니다. 그 길은 죄인들이 피할 수 없는 '정죄'를 받지 않는 길입니다.

허물의 사함을 받고 자신의 죄가 가려진 자는 복이 있도다
마음에 간사함이 없고 여호와께 정죄를 당하지 아니하는 자는
복이 있도다 시 32:1-2

유학생 시절 들었던 김동호 목사님의 설교에서, 자신에게 주신
가장 큰 은혜를 꼽으라면 주저하지 않고 '속죄의 은혜'로 정하겠다는
이야기가 기억납니다. 사람들에게 감추고 싶은 부끄러운 죄, 바꾸려고
평생을 씨름해도 지워지지 않는 허물을 용서받는다면, 이보다 큰 은혜
가 어디 있을까요? 사람들이 정죄를 해도 그 무게를 감당하기 어려운
데 하나님이 죄를 물으신다면 그 족쇄가 채워진 채 사는 삶은 갇히지
않아도 감옥일 것입니다. 하나님이 예수 그리스도의 십자가의 보혈로

용서하시는 속죄의 자유와 기쁨을 아는 사람은 무엇과도 그 행복을 바꾸지 않을 것입니다. 그것은 어떤 심판자에게 어떤 대가를 지불해도 용서받을 수 없는 자유이기 때문입니다.

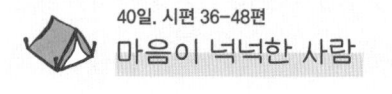

40일. 시편 36-48편
마음이 넉넉한 사람

시편 37편은 마음이 넉넉한 사람의 모습이 그려져 있습니다. 첫 번째, 그는 하나님의 신실하심을 매일 맛보는 사람입니다. 세상에서는 어리석어 보이는 그 길을 걸어갈 때 힘이 빠지지 않도록 주님의 신실하심을 맛있는 음식을 먹듯 가까이하고, 매일 먹으라고 말합니다. 그분의 신실하심을 한 끼 밥처럼 삶에서 경험하는 사람은 작은 일에 일희일비하지 않는 넉넉한 사람이 될 수 있습니다.

> 여호와를 의뢰하고 선을 행하라 땅에 머무는 동안 그의 성실을
> 먹을 거리로 삼을지어다 시 37:3

두 번째, 마음이 넉넉한 사람은 여호와를 생각하며 즐거워하는 사람입니다. 팀 켈러는 저서 《거짓 신들의 세상》에서 세상을 '우상을 만들어 내는 공장'에 비유합니다. 아무나 소유할 수 없는 물건, 자신을 존귀한 사람으로 느끼게 해주는 집, 어떤 것도 가질 수 있게 해주는 능력처럼 보이는 돈, 나 자신을 보여 줄 수 있는 성공 등 세상이 만들어 낸 수많은 우상들을 만나게 됩니다. 그러나 하나님을 즐거워함이 무엇보다 큰 행복인 사람은 선택해야 하는 상황이 생길 때 아쉬워하지 않고 믿음을 선택할 수 있습니다. 그에게 있는 초연함을 하나님은 기뻐하시

고 그의 소원을 들어주십니다.

> 또 여호와를 기뻐하라 그가 네 마음의 소원을 네게 이루어
> 주시리로다 시 37:4

마지막으로, 마음이 넉넉한 사람은 이 땅에서도 사라지지 않는 평화를 누리는 사람입니다. 민수기 12장 3절에서 온유한 사람으로 설명되는 모세는 사실 자신의 생각과 열정이 우선인 사람이었습니다. 그러나 하나님이 인도하시는 길을 걸으면서 자신의 생각보다 하나님의 생각을 사랑하고, 그의 뜻을 따르는 삶을 자신의 길로 삼는 것에 익숙한 사람이 되었습니다. 의미가 연결되는 예수님의 말씀이 팔복 말씀에 담겨 있습니다.

> 온유한 자는 복이 있나니 그들이 땅을 기업으로 받을 것임이요 마 5:5

이 땅에서 자신의 소유를 만들기 위해 애쓰는 사람들과 다르게 하나님은 초연한 사람에게 이 땅을 유업으로 주신다고 하셨습니다. 시편 37장 11절도 같은 맥락의 말씀을 전합니다.

> 그러나 온유한 자들은 땅을 차지하며 풍성한 화평으로
> 즐거워하리로다 시 37:11

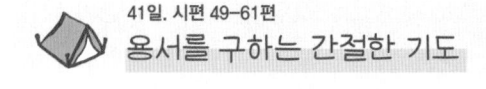

용서를 구하는 간절한 기도

성경 인물 중에 누군가의 회개기도가 궁금한지 묻는다면 저는 다윗의 기도를 꼽을 것 같습니다. 영광스러운 나라를 재건하고 얼마 지나지 않아 무언가에 홀린 듯 남편이 있는 여인을 취하고, 그 남편을 살인한 하나님의 사람이 드리는 기도는 어떤 기도일까. 그가 그 여인에게서 낳은 아기를 위해 금식하면서 7일 동안 어떤 기도를 드렸을까. 시편 51편에는 나단이 그에게 와서 죄를 드러낸 후 다윗의 마음을 표현한 기도문이 있습니다.

> 하나님이여 주의 인자를 따라 내게 은혜를 베푸시며 주의 많은
> 긍휼을 따라 내 죄악을 지워 주소서 시51:1

자비를 구하는 다윗은 먼저 자신의 죄를 고백합니다. 회피하거나 축소하지 않습니다. 다윗은 간음하고 살인한 이후에 하나님이 드러내시기 전에도 죄가 늘 그의 마음을 누르고, 눈앞에 있었음을 고백합니다. 그는 용서를 구하며 하나님이 자신의 전부임을 확인시켜 드립니다. 자신을 하나님 앞에서 쫓아내지 마시고, 그의 영이 떠나지 않게 해달라고 간구합니다. 다윗은 하나님이 죄를 용서하시고, 깨끗한 마음으로 다시 회복시키실 수 있음을 믿었습니다. 자신의 죄는 어떤 죄보다도 큰 죄였지만 사랑의 하나님이 자비를 베푸신다면 용서하실 수 있다는 희망을 놓지 않았습니다. 그렇기에 그는 돌아가지 않고 가장 큰 죄를 가지고 하나님 앞에 나아갑니다.

다윗은 그 죄를 가지고 제사를 드리러 가지 않았습니다. 하나님이 제물의 피를 필요로 하시는 것이 아님을 그는 알았습니다. 만약 번

제가 길이었다면 곧장 그곳으로 달려갔을 것입니다. 그런 순간이 왔을 때 하나님이 바라시는 것은 깨어진 마음인 것을 그는 정확하게 알고 있었습니다. 그래서 그가 저지른 참혹한 죄와 함께 뉘우치는 마음으로 기도의 자리로 나아갔습니다. 그리고 떠나지 않고 기도합니다.

> 하나님께서 구하시는 제사는 상한 심령이라 하나님이여 상하고
> 통회하는 마음을 주께서 멸시하지 아니하시리이다 시51:17

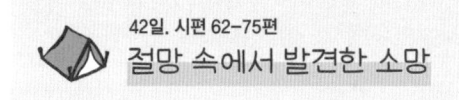

42일. 시편 62-75편
절망 속에서 발견한 소망

오늘 트레킹에서 발견한 보물은 '소망'입니다. 절망 속에서 우리를 건지실 수 있는 유일한 하나님이 소망입니다.

> 죄악이 나를 이겼사오니 우리의 허물을 주께서 사하시리이다 시65:3

죄보다 강한 원수는 없습니다. 어떤 대적도 영원한 죽음으로 끌고 가지 않습니다. 그 죄가 파도처럼 덮었을 때 하나님이 구원해 주셨습니다. 죄악이 이기는 것으로 이미 승패가 가려진 절망에서 하나님은 대가를 치르시고 그 죄에서 나를 구원하셨습니다. 그렇기 때문에 우리는 소망이 없는 어떤 곳에서도 구원하실 수 있는 하나님을 바라볼 수 있게 되었습니다.

> 우리 구원의 하나님이시여 땅의 모든 끝과
> 먼 바다에 있는 자가 의지할 주께서 의를 따라 엄위하신 일로

우리에게 응답하시리이다 ^{시 65:5}

땅의 모든 끝에 있는 사람도 이제 기도할 수 있습니다. 먼 바다 끝에 있는 사람도 하나님을 의지할 수 있습니다. 모든 죄에서 구원하실 주님은 기도를 들으시고 사랑을 멈추지 않을 것이 분명합니다(시 66:20 참조). 그리고 우리의 짐을 지시는 하나님이 우리의 소망이십니다.

날마다 우리 짐을 지시는 주 곧 우리의 구원이신 하나님을
찬송할지로다 (셀라) 시 68:19

신약에서 무거운 짐 진 사람들을 부르시는 예수님의 모습은 우리에게는 익숙합니다. 마태복음 11장 28절에서 예수님은 무거운 짐을 진 사람들, 지친 사람들을 부르십니다. 그런데 시편에도 우리가 지고 있는 무거운 짐을 아시고 부르시는 말씀들이 나옵니다. 시편 55편 22절은 우리의 짐을 여호와께 맡기라고 합니다. 그분이 우리를 돌보실 것이니 그분께 짐을 가지고 나오라고 말씀합니다. 시편 66편 11절을 보면 더 강한 믿음을 위해 우리에게 더 무거운 짐을 지우실 때도 있다고 말씀합니다. 그러나 우리는 소망이 있습니다. 등 위에 짐을 지우신 하나님을 신뢰하고, 그 의미도 알고 있기 때문에 의지하면서 훈련의 길을 갈 수 있습니다. 더 힘이 되는 것은 하나님이 대신 지어 주실 테니 소망이 되시는 그분을 포기하지 말라는 것입니다. 우리의 무거운 짐을 허물로 보지 않으시고, 구원자가 되어 주시는 하나님이 소망입니다.

날마다 우리 짐을 지시는 주 곧 우리의 구원이신 하나님을
찬송할지로다 (셀라) 시 68:19

다윗과의 캠핑

오늘 캠핑은 시편 말씀입니다. 통독하시면서 시편을 아시는 분들은 많이 기다리셨으리라 생각합니다. 시편은 다른 성경에 비해 굉장히 짧아서겠죠. 그렇기 때문에 이전 시간보다 빨리 읽게 되었을 겁니다. 그러면서도 읽고 나서 받는 은혜는 굉장히 큰 말씀입니다. 노래하는 시인들이 사랑하는 보석 같은 단어와 문장들로 쓰여졌기 때문입니다. 그리고 도움도 받게 됩니다. 시편의 다양한 노래들은 나도 모르게 회개하게 하고, 감사하게 하고, 찬양하게 합니다. 그런 과정을 통해 새로운 지혜와 시각을 얻을 수 있습니다. 그리고 하나님을 바라보게 합니다. 나의 바램이 아닌 하나님의 뜻을 발견하게 되고, 내 자신을 비우고 신앙의 선배가 인도하는 지혜의 길로 걸어가 보게 됩니다. 하나님의 뜻을 알게 되면서 어느 순간 상처의 치유를 경험합니다. 그래서 팀 켈러는 《묵상》이라는 책에서 시편을 "마음을 치료하는 구급상자이자 실질적인 생활 지침을 제공하는 최상의 안내서"라고 설명합니다.

오늘은 그 시편을 함께하는 날입니다. 그리고 그 시편의 대표적인 저자 다윗과의 첫 번째 캠핑입니다. 그의 가장 유명한 시인 시편 23편을 읽으면서 본격적인 캠핑을 시작하겠습니다.

첫 번째, 나의 목자는 언제 어디서나 능력과 지혜가 되어 주십니다.

목회를 하면서 동일한 본문을 두 번 이상 설교하는 경우는 거의 없는 것 같습니다. 그런데 저에게 있어서 유일하게 여러 번 말씀을 전해도 새로운 메시지가 나오고, 다양한 상황 속에서 하나님이 살아 계심을 경험하게 하는 말씀이 시편 23편입니다. 1절의 메시지는 간결하면서도 선명합니다.

> 여호와는 나의 목자시니 내게 부족함이 없으리로다 시 23:1

하루는 한 병실로 전도하러 찾아간 적이 있었습니다. 성도님의 지인의 아버지셨는데 부탁하신 분을 포함해서 그 가족은 아무도 예수님을 믿지 않았습니다. 제가 그 병실을 갔을 때 젊은 목사가 들어오자 제게 크게 관심을 보이시지 않았습니다. 그런데 오직 죽음을 목전에 두신 그 어르신은 제게 집중하셨습니다. 그분에게 복음을 전하자 귀 기울여 들으셨습니다. 남편과 아버지의 진지함에 식구들도 제 이야기를 듣기 시작했습니다. 며칠 후에 그분을 뵐 때는 죄를 적어 보라고 말씀드렸습니다. 다시 찾아뵈었을 때, 광고 전단지 뒷면에 자신이 회개하는 죄들을 모두 적어 놓은 것을 보여 주셨습니다. 그리고 그 죄 중에는 예수님이 나를 몇 번 부르셨는데 못 들은 척하고 지나왔다며, 진지하게 쓴 기도문도 읽으셨습니다. 저는 어르신께 이제 목자이신 예수님을 만나셨으니 그분이 인도하시는 곳으로 염려하지 말고 함께 가자는 이야기를 나누었습니다. 병상에서 세례를 받는 아버지의 모습을 보고 그곳에 있는 모든 식구의 마음이 열렸습니다. 지금 그 어르신은 천국에 목자이신 주님과 함께 계시고, 그 모든 식구는 믿음의 길을 걷고 있습니다.

이 말씀이 포괄하지 못하는 삶의 영역은 없습니다. 내일을 알지 못하는 상황에서도, 죽음 앞에서 그 이후의 길을 어느 누구도 조언해 줄 수 없는 상황에서도 이 말씀은 능력의 지혜가 됩니다. "여호와는 나의 목자시니 내게 부족함이 없습니다."

두 번째, 나의 목자는 죽음의 골짜기에서도 힘과 능력이 되어 주십니다.

4절 말씀을 보겠습니다.

> 내가 사망의 음침한 골짜기로 다닐지라도 해를 두려워하지 않을
> 것은 주께서 나와 함께 하심이라 주의 지팡이와 막대기가 나를
> 안위하시나이다 시 23:4

죽음의 골짜기를 걸어갈 때 겁나지 않을 수 있는 이유가 무엇일까요? 어떤 사람과 함께 걸어가면 그 길에서도 두렵지 않을까요? 목소리가 큰 사람이 아닙니다. 이 땅에 경험이 많은 사람도 아닙니다. 그 길을 걸어가 본 사람입니다. 죽음의 골짜기를 지날 수 있는 길을 걸어가 본 사람은 그 길을 겁내지 않을 수 있습니다. 힘든 길의 끝을 알고 가는 사람, 길이 있는 것을 아는 사람과 함께 갈 때 믿고 갈 수 있는 길이 됩니다.

그 길을 걸어가는 양의 마음을 잘 이해할 수 있는 목자는 어떤 목자일까요? 양의 마음을 이해하는 목자입니다. 양이 어떤 생각을 하는지, 이 상황에서 느끼는 고통의 강도가 어떤지 알 수 있는 목자는 어떤 사람일까요? 그 양이 직접 되어 본 목자이겠죠. 예수님은 인간의 모

습으로 이 땅에 오셔서 인간의 연약함을 직접 경험하신 목자입니다. 감정의 굴곡도, 육체의 고통도 경험하신 참 인간이시며 참 하나님이신 예수 그리스도만이 양 된 우리를 이해하실 수 있는 목자입니다.

저는 도심에서 직장인들과 사업가들에게 복음을 전하고자 하는 마음에 개척하기 전 1년 동안 직장생활을 한 적이 있습니다. 1년을 경험한 소감은 누군가를 이해하기에는 인간의 경험이 지극히 제한적이라는 현실이었습니다. 이것을 경험했다고 말하기에는 세상에 너무나 많은 영역의 직업이 있습니다. 아픈 분들을 만나서 저도 그 고통을 알고 있다고 말하기에는 제가 경험한 고통은 너무 미약합니다. 그런 절망 속에서 나에게 그 전보다 빛나는 소망은 예수 그리스도입니다. 그분은 우리가 걸어갈 사망의 음침한 골짜기를 누구보다 잘 알고 계십니다. 그리고 그때의 우리의 마음 또한 어떨지 너무나 잘 알고 계십니다. 그분을 붙드시길 바랍니다. 그분은 죽음의 골짜기를 지나는 길을 알고 계십니다. 영광스러운 생명으로 가는 길을 알고 계십니다. 예수님을 인격적으로 만나고 싶은 소망이 있다면 지금 이 시간 마음 문을 열고 그분을 목자로 받아들이시는 시간 되길 바랍니다.

마지막으로 나의 목자는 여호와의 집에서 영원히 힘과 능력이 됩니다.

> 내 평생에 선하심과 인자하심이 반드시 나를 따르리니 내가
> 여호와의 집에 영원히 살리로다 시 23:6

다윗의 이 고백은 경험에서 나오는 믿음의 선포입니다. 인도하심을 경험하고, 원수 앞에서도 마음 편히 주님이 준비하신 식탁을 맛본 사람이 확신에 차서 외치는 소리입니다. 이 삶을 영원까지 빼앗기지 않겠다는 다짐이고, 인생의 마지막 날에도 예수님은 내게 선한 목자이시

길 바라는 간구입니다. 예수님은 그런 간구를 하는 이들에게 자신의 다짐을 들려주십니다.

> 아버지께서 나를 아시고 내가 아버지를 아는 것 같으니 나는 양을
> 위하여 목숨을 버리노라 요 10:15

양을 위하여 목숨을 내어놓으시는 예수님께도 확신이 있습니다. 자신에게 능력과 권세가 있음을 알고 계십니다. 여러분의 목자는 양을 위해서 무엇을 해야 하는지 알고 계십니다. 그분이 여러분과 함께 계시니 오늘 그리고 어느 순간에든지 그분을 붙드시길 바랍니다.

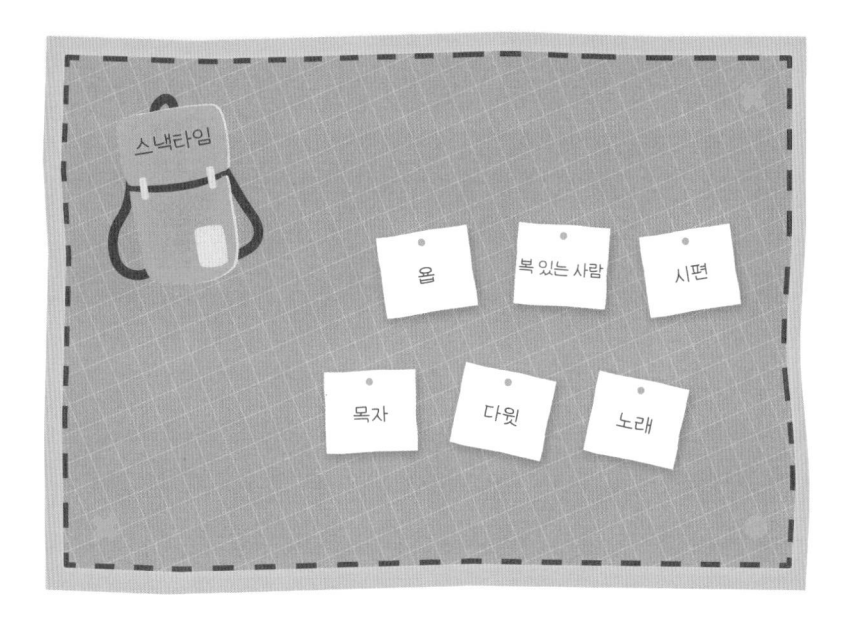

Q1 욥기의 마지막을 보면 고난 받기 전의 두 배로 복을 주셨습니다. 그런데 자녀들은 고난 전과 똑같이 아들 일곱 명과 딸 세 명을 주셨습니다. 어떤 이유가 있나요?

욥의 고난이 끝나고 나서 하나님은 욥의 모든 것을 회복시켜 주셨습니다. 그리고 이전의 소유보다 두 배로 축복하셨습니다.

> 욥이 그의 친구들을 위하여 기도할 때 여호와께서 욥의
> 곤경을 돌이키시고 여호와께서 욥에게 이전 모든 소유보다
> 갑절이나 주신지라 욥 42:10

이후에 주신 복을 보면 욥기 1장 3절에 나온 가축의 수보다 두 배가 늘어난 수를 의도적으로 적어 놓았습니다. 그런데 자녀의 수는 고난 전과 같이 아들 일곱 명, 딸 세 명을 주셨다고 말합니다. 이 구절은 신학적인 생각을 할 수 있게 만듭니다. 왜냐하면 이 구절에 대한 설명이 욥기 안에서 이어지지 않고 다른 곳에도 언급되지 않기 때문입니다. 저의 개인적인 생각으로는 자녀의 축복과 재물의 축복을 양으로 비교할 수 없다고 봅니다. 그러나 모든 것을 두 배로 주셨다는 설명이 함께 있는 것은 분명히 연결되는 맥락이 있다고 생각합니다. 그리고 여러 신학적인 주장들 중에 1장 19절에 죽었던 자녀들이 하늘에 있기 때문에 욥기에게 그대로 주신 것은 두 배와 같다는 주장은 욥의 고난을 무거운 마음으로 받아들이던 제게 개인적으로 묵상의 도움이 되었습니다.

Q2 시편 16편은 신약에서 많이 인용되고 있습니다. 이유는 무엇인가요?

시편 16편을 읽다 보면 유독 눈에 띄는 구절이 있습니다.

이는 주께서 내 영혼을 스올에 버리지 아니하시며 주의
거룩한 자를 멸망시키지 않으실 것임이니이다 시 16:10

이 구절이 가리키는 대상이 예수님이기 때문에 그렇습니다. 또한 하나님은 다윗에게 그의 자손을 통해 메시아를 보내 주시고, 그가 어떻게 죄에서 구원하실지에 대한 설명을 해주신 것을 증명해 주는 구절입니다. 사실 이 구절은 신앙생활의 어려움을 겪을 때 격려가 되는 말씀입니다. 하나님이 우리를 버리시지 않고 구원하시며, 생명의 길로 인도하신다는 은혜를 줍니다. 동시에 이 구절은 다윗이 예수님을 주목하는 선명한 예언이기도 합니다. 다윗의 자손으로 오실 메시아는 죽음을 당하지만 절대로 썩지 않을 거룩한 자임을 선포합니다.

베드로는 초대교회 성도들과 성령을 받고, 예루살렘의 백성들 앞에서 처음 설교할 때 이 구절을 인용했습니다. 그는 다윗과 그의 시편을 기억하는 유대인들 앞에서 시편 16편 10절에 나오는 인물은 다윗이 아니라 예수님이었다고 선포합니다.

> 미리 본 고로 그리스도의 부활을 말하되 그가 음부에
> 버림이 되지 않고 그의 육신이 썩음을 당하지
> 아니하시리라 하더니 ^{행 2:31}

다윗은 그들이 보는 무덤에 묻혀서 썩었지만, 예수님이 십자가에 달려 죽으시고 지금 무덤에 계시지 않은 것이 그 증거라고 선포하고 있습니다. 이 말씀의 주인공은 예수님이고, 그것을 다윗에게 알려 주신 것이라고 해석해 줍니다.

사도 바울은 사도행전 13장에서 시편 16편을 인용하고 있습니다. 바나바와의 선교여행 중에 비시디아의 안디옥에 도착하여 회당장들과 유대인들이 있는 자리에서 복음을 전합니다. 이제 막 율법과 예언을 읽은 그들에게 구약의 역사와 함께 다윗의 시편에 나오는 예수님에 대한 예언을 인용합니다.

> 또 다른 시편에 일렀으되 주의 거룩한 자로 썩음을 당하지

않게 하시리라 하셨느니라 다윗은 당시에 하나님의 뜻을
따라 섬기다가 잠들어 그 조상들과 함께 묻혀 썩음을
당하였으되 하나님께서 살리신 이는 썩음을 당하지
아니하였나니 ^{행 13:35-37}

사도 바울은 유대인의 조상들에게 약속의 주인공이신 예수님을
이 구절로 설명합니다. 그리고 예수님을 통해서 죄를 용서받음을 증거했
습니다.

8주

시편 – 잠언

깃발강의

여덟 번째 깃발강의를 시작하겠습니다.

첫 번째 깃발은 '화살통'입니다. 시편을 묵상하면서 재미있는 비유로 기억에 남은 '화살과 화살통'에 대해 함께 나누어야겠다고 생각했습니다. 오늘은 시편에 나오는 수많은 은유와 상징 중 하나의 예로 '화살통'을 살펴보려 합니다.

> 젊은 자의 자식은 장사의 수중의 화살 같으니
> 이것이 그의 화살통에 가득한 자는 복되도다 그들이 성문에서
> 그들의 원수와 담판할 때에 수치를 당하지 아니하리로다 시 127:4-5

부모가 젊어서 낳은 아들은 그들이 만들어 낸 것이 아니라 하나

님이 그 가정에 주신 선물입니다. 선물을 주신 하나님께 감사하고 부모로서 맡겨진 사명을 감당할 때, 그 자녀는 어느새 무사의 손에 들려진 화살다운 모습으로 성장합니다. 그리고 성장한 자녀들은 원수들 앞에서 그 사명을 위해 수고한 부모들을 보호하는 든든한 역할을 하게 됩니다.

여러분이 꼭 해야 하는 의무에는 어떤 것이 있나요?《IVP 성경주석》에는 이 구절을 우리가 삶에서 해야 하는 모든 것을 선물로 주신 하나님을 의지하며 기쁨으로 즐기고, 의무로서 최선을 다해야 한다는 의미로 설명합니다. 어느새 그것은 성장하고 열매를 맺어서 화살통의 가득한 화살처럼 여러분의 기쁨과 보람이 된다는 것이죠.

여러분에게 주신 하나님의 선물들을 적용해 보면 좋습니다. 화살통에 든 화살들을 다른 것으로 또 한 번 바꿔 볼까요? 사랑하는 친구들, 복음을 전하고 하나님을 함께 알아 가는 믿음의 자녀들, 이렇게도 묵상할 수 있습니다.

성도들과 바이블 트레킹을 하면서, 바쁜 일상에서 시편을 여유 없이 읽어 버려야 할 때의 아쉬움을 들은 적이 있습니다. 충분히 이해합니다. 시편을 읽으면서 마음에 남는 단어, 아쉬운 구절이 있다면 표시해 놓으셨다가 여유가 있을 때 커피 한 잔과 함께 묵상하는 것을 추천합니다. 여러분의 묵상이 화살통에 어떤 것으로 채워져 있는지, 그 화살이 그 모습을 갖고 있는지 돌아보는 시간이 될 것입니다.

두 번째 깃발은 '할렐루야'입니다. 할렐루야에 대한 설교를 여덟 번째 캠핑에서 많이 나누었습니다. 모든 시편은 한 단어로 표현 가능합니다. '할렐루야'입니다. "여호와를 찬양하라!"라는 의미인 '할렐루야'는 시편의 의미, 의도이자 목적입니다. 오늘 깃발강의에서는 할렐루야 시편 중에서도 '대할렐'이라고 불리는 시편 136편을 살펴보겠습니다.

여호와께 감사하라 그는 선하시며 그 인자하심이 영원함이로다

> 신들 중에 뛰어난 하나님께 감사하라 그 인자하심이
> 영원함이로다 시 136:1-2

　　저는 이런 경험을 미국에 있을 때 성공회 교회의 주일예배에서 맛보았습니다. 주일예배에 들어갈 때 받는 주보에는 매주 한국교회의 교독문처럼 성경 말씀들을 두 개 내지 세 개의 역할을 나누어 읽을 수 있도록 편집한 내용이 들어 있었습니다. 그 순서가 되면 읽기 전에 목사님이 먼저 교인들이 앉은 구역을 중심으로 역할을 나누고 설명해 줍니다. 그리고 한국교회에서 교독문을 읽듯이 전체 성도들이 번갈아 가면서 주거니 받거니 읽습니다. 다 같이 읽는 부분도 있습니다. 나중에 들은 이야기로는, 종려주일에 모든 성도들에게 종려나무 가지를 하나씩 받아서 흔들면서 읽는다고 합니다. 이렇게 읽으면 선포하는 말씀은 훌륭한 합창이 되고, 연극적인 요소가 가득한 작품이 됩니다.

　　또 하나 생각해 볼 것은 성경 안에서 반복되는 메시지가 강조의 의미를 지닌다는 것입니다. 대할렐 136편에서는 1절부터 26절까지 모든 절의 마무리는 "그는 선하시며 그 인자하심이 영원함이로다"라는 문장으로 이뤄집니다. 이것이 바로 "할렐루야"의 의미입니다. 이것을 반복적으로 우리 영혼과 내 삶에 선포하는 것, 한 개인뿐만 아니라 한 교회가 공동체로서 선포하는 것은 강한 능력의 선포입니다. 주님의 선하심이 이전에도 능력이시고, 지금도 앞으로도 영원할 것이라고 하는 것은 대할렐의 능력입니다.

　　15절을 보면 하나님이 바로와 그의 군대를 홍해에 엎드러뜨리셨다는 것을 선포하며 감사함을 외칩니다.

> 홍해를 가르신 이에게 감사하라 그 인자하심이 영원함이로다
> 시 136:13

이 노래를 우리가 찬양할 때, 그 하나님이 나의 삶에서 역사하시는 것을 믿음으로 선포합니다. 그리고 "할렐루야, 그는 선하시며 그 인자하심이 영원함이로다"라고 감사와 인정으로 선포합니다. 이것을 여러분의 기도에 적용해 보시기 바랍니다. 여러분의 기도를 앞에 넣으시고, 그다음에 감사와 인정으로 "그의 선하심과 인자하심이 영원함이로다" 선포해 보시길 바랍니다. 할렐루야는 찬양하는 그 사람의 믿음을 세우고, 함께 찬양하는 이들을 세웁니다. "할렐루야!"

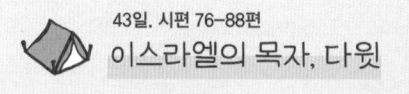

43일. 시편 76-88편

이스라엘의 목자, 다윗

다윗의 시대에 이스라엘 왕국은 하나님의 나라로서의 모습으로 자리를 잡아 갔습니다. 시편 78편은 다윗의 준비된 요소 중에 양을 치던 목자의 경험을 주목합니다.

> 젖 양을 지키는 중에서 그를 이끌어 내사 그의 백성인 야곱,
> 그의 소유인 이스라엘을 기르게 하셨더니 이에 그가 그들을
> 자기 마음의 완전함으로 기르고 그의 손의 능숙함으로 그들을
> 지도하였도다 시 78:71-72

시편의 저자는 78편을 쓰면서 다윗 왕부터가 아닌 이스라엘 백성의 이야기부터 시작합니다. 그 시작은 이스라엘이라는 나라의 이름

을 받은 야곱부터입니다.

하나님은 이스라엘 민족에게 믿음을 지킬 수 있는 증거들과 함께 살아가는 법을 가르쳐 주셨습니다. 그러나 백성들은 하나님만을 섬기지 않았습니다. 그분의 법을 지키며 살지 않았습니다. 그들에게 보여주신 기적도 잊었습니다. 잊은 그들에게 다시 기적을 보여 주셨지만 그들의 불순종과 교만한 행동들은 끊이지 않았습니다. 하나님께 분노하고 대들었습니다. 자신의 눈에 보이는 대로 믿음 없는 말을 내뱉었습니다.

그뿐 아니라 하나님을 대적하여 말하기를 하나님이 광야에서 식탁을 베푸실 수 있으랴 시 78:19

그들의 불순종은 더 깊어지고, 하나님을 배반하였다고 말합니다. 하나님은 그들을 버리시고, 이스라엘 백성의 숨은 죽어 갔습니다. 그러나 하나님은 다시 마음을 돌이키셨습니다. 그리고 유다지파를 선택하시고 다윗을 세우셨습니다.

시편 기자는 다윗을 양과 함께 있는 '우리'에서 불러내시고 이스라엘의 목자로 세우셨다고 말합니다. 목자였던 다윗의 탁월함은 그의 마음과 능력이었습니다. 하나님을 찬양하는 노래를 가장 많이 지은 예배자 다윗의 마음은 왕으로서 원수들에게 둘러싸여 있을 때도 흔들리지 않았습니다. 그는 모든 상황과 백성을 섬세한 눈으로 바라보고, 하나님이 인도하시는 길로 앞장서 가는 훌륭한 이스라엘의 목자가 되었습니다.

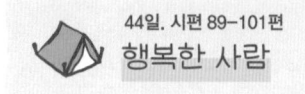

오늘 트레킹을 하면서 자주 만나게 되는 사람이 있습니다. 그는 복 있는 사람입니다. 행복한 삶을 살아가는 사람들입니다. 먼저 시편 89편 15절에 나오는 사람은 하나님을 즐겁게 찬양합니다.

> 즐겁게 소리칠 줄 아는 백성은 복이 있나니 여호와여 그들이 주의
> 얼굴 빛 안에서 다니리로다 시 89:15

어떤 상황 속에서도 나의 곁에서 동행하시는 분의 얼굴빛이 복 있는 사람을 비추어 줍니다. 그 빛을 따라 걷는 이들에게 하나님은 영광이고, 능력이고, 힘이 되어 주십니다. 그렇기에 그 사람이 걷는 길은 행복한 길입니다. 기쁨과 만족이 그의 노래로 이어지고 큰 소리로 즐겁게 부릅니다.

시편 91편에도 복 있는 사람이 등장합니다. 그는 언제든 달려가서 피하고 쉴 곳이 있는 사람입니다. 그곳은 어느 누구도 갑자기 들이닥칠 수 없습니다. 어떤 요새보다도 굳건하게 그를 지키고 보호할 곳이 있는 이는 행복한 사람입니다.

> 지존자의 은밀한 곳에 거주하며 전능자의 그늘 아래에 사는 자여,
> 나는 여호와를 향하여 말하기를 그는 나의 피난처요 나의 요새요
> 내가 의뢰하는 하나님이라 하리니 시 91:1-2

시편 94편에는 하나님께 연단받은 사람은 복이 있다고 말씀합니다.

여호와여 주로부터 징벌을 받으며 주의 법으로 교훈하심을 받는
자가 복이 있나니 시 94:12

행복이라는 것은 고난과 수고가 없는 길이 아닙니다. 하나님이
원하시는 모습으로 성숙해지기 위해서 하나님은 때로는 말씀하시고,
때로는 고난 속의 메시지로 훈련하십니다. 말씀하시고 가르치십니다.
이런 사람의 눈물과 땀은 하나님이 주시는 복입니다.

마지막으로 하나님의 양 떼들인 백성들은 복 있는 사람들입니
다. 감사하며 찬양하는 그의 이유는 우리가 하나님이 돌보시는 양 떼들
이기 때문입니다. 사랑하는 마음으로 양들을 돌보는 주인의 손은 전능
하신 하나님의 손입니다. 그렇기에 이들은 복이 많은 백성들입니다.

여호와가 우리 하나님이신 줄 너희는 알지어다 그는 우리를
지으신 이요 우리는 그의 것이니 그의 백성이요 그의 기르시는
양이로다 시 100:3

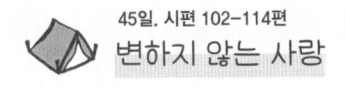

45일. 시편 102-114편
변하지 않는 사랑

시편을 보면서 하나님을 찬양하다가 눈이 멈춘 곳은 107편입니
다. 1절의 시작에서 키워드가 되는 인자하심이 등장합니다.

여호와께 감사하라 그는 선하시며 그 인자하심이 영원함이로다
시 107:1

한 편의 짧은 노래에 한 구절이 네 번이나 반복되어 나옵니다. 그리고 네 번 모두 각기 다른 주제로 하나님의 사랑을 찬양합니다.

첫 번째로 정착하지 못하고 광야를 헤매고 있을 때 그들을 불러 모으신 사랑의 하나님을 찬양합니다. 고통 가운데서 약해져 가는 백성들이 부르짖을 때 그들이 살 수 있는 곳으로 인도하셨습니다. 그리고 이렇게 찬양합니다.

여호와의 인자하심과 인생에게 행하신 기적으로 말미암아 그를 찬송할지로다 시 107:8

두 번째로 어두움과 사망에 묶여 있을 때 자유를 주신 사랑의 하나님을 찬양합니다. 죄의 형벌의 쇠사슬에 묶여 소망 없는 삶을 살아가는 이들을 구원하셨습니다. 고통 중에 부르짖는 이들을 구원하신 하나님의 사랑을 찬양합니다.

세 번째로 죄로 인해 몸도 마음도 무너져 가는 자신을 보며 부르짖을 때, 치유하시고 구원하신 하나님을 찬양합니다. 교만한 마음과 죄를 지어 겪게 된 고통이었지만 하나님은 그의 부르짖음을 듣고 치유하시고 살려 주셨습니다.

네 번째로 큰 바다에서 장사하는 상인이 높은 파도로 배가 바닷속 깊이 잠기었을 때, 고통 중의 부르짖음을 들으신 하나님의 사랑을 찬양합니다. 인간의 힘으로 극복할 수 없는 폭풍우를 잠재우시고, 그들이 가고자 한 항구로 안전하게 이끌어 주신 하나님으로 인해 기뻐하고 노래합니다.

107편은 길이 보이지 않는 절망 속에 찾아오셔서 구원하신 하나님의 인자하심을 변함없는 사랑으로 표현하고 찬양합니다.

지혜 있는 자들은 이러한 일들을 지켜 보고 여호와의 인자하심을
깨달으리로다 시 107:43

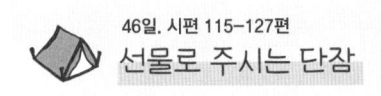

46일. 시편 115–127편
선물로 주시는 단잠

127편은 120편부터 136편까지 나오는 '순례자의 시'라고 불리
는 짧은 노래들 중의 하나입니다. 이 노래들에는 수고스러운 인생이 담
겨 있습니다. 동시에 인생의 모든 고통의 답은 하나님께 있다는 단순하
면서도 선명한 메시지가 있습니다.

여호와께서 집을 세우지 아니하시면 세우는 자의 수고가 헛되며
여호와께서 성을 지키지 아니하시면 파수꾼의 깨어 있음이
헛되도다 시 127:1

집을 짓고 성을 쌓고 파수꾼을 세운다는 것은 보호에 대한 의미
입니다. 한 가정과 공동체를 낮이나 밤이나 지킬 수 있는 이미지를 그
리게 됩니다. 그런데 이런 모든 수고가 헛됨을 이야기하고 있습니다.
그러나 수고로 지었지만 무용지물이 될 수 있는 이곳에 하나님이 함께
하실 때에만 온전한 보호를 받을 수 있다고 노래합니다.

너희가 일찍이 일어나고 늦게 누우며 수고의 떡을 먹음이
헛되도다 그러므로 여호와께서 그의 사랑하시는 자에게 잠을
주시는도다 시 127:2

한 사람의 삶을 보호함에 대한 설명은 2절에 나옵니다. 부지런하고 성실하게 일하면 먹고살 수 있습니다. 그러나 온전한 보호는 몸과 함께 영혼을 포함해야 합니다. 밤에 편히 잘 자기 위해서는 몸이 건강하고 쉴 수 있는 공간이 있으며 마음이 편해야 합니다. 하나님께 모든 것을 맡길 때 안심할 수 있습니다. 모든 불확실성으로부터 보호받을 수 있는 것은 전능하신 하나님이 그를 보호하신다는 결심이 있을 때 가능합니다. 솔로몬은 그가 잠든 후에도 몸과 마음뿐 아니라 해오던 모든 일들과 원수로부터 그를 지켜 주시고, 평안 가운데 새로운 힘을 주시며 회복시키시는 하나님을 노래하고 있습니다.

> 젊은 자의 자식은 장사의 수중의 화살 같으니 이것이 그의
> 화살통에 가득한 자는 복되도다 그들이 성문에서 그들의 원수와
> 담판할 때에 수치를 당하지 아니하리로다 시 127:4-5

마지막으로 가정을 온전하게 보호하시는 분도 하나님이라고 노래합니다. 세상의 모든 이들은 누군가의 자녀입니다. 자녀는 부모의 작품이 아닙니다. 하나님이 주신 선물입니다. 자녀들은 부모의 열정의 이유가 되어 주고, 몸과 마음이 약해질 때 의지가 되어 줍니다. 하나님이 주신 선물로 가정은 이어지고 지켜집니다.

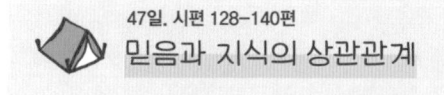

47일. 시편 128-140편
믿음과 지식의 상관관계

믿음의 성장은 하나님을 아는 지식의 확장이고, 이해함의 성숙이며, 하나님을 추구하는 삶입니다. 다윗이 이것을 깨닫는 과정을 담은

시편이 139편입니다. 1절부터 18절까지 그는 하나님을 알아 감에 대한 감격과 자신이 앞으로도 알아 갈 수 있는 넓은 영역을 보면서 느껴지는 감정을 이렇게 표현했습니다.

> 이 지식이 내게 너무 기이하니 높아서 내가 능히 미치지
> 못하나이다 시 139:6

먼저 그는 하나님이 다윗 자신을 아시는 것에 대한 지식이 늘어 갔습니다. 그가 언제 앉고 일어설지를 아시고, 자신이 생각하던 하나님의 임재가 머무는 곳과 멀리 떨어져 있을 때도 실수 없이 다 알고 계심을 깨닫습니다. 하나님의 눈은 볼 수 없는 곳이 없으며, 하늘 위로 올라가고 가장 깊은 곳으로 내려가도, 하나님은 그곳에 계심을 알게 됩니다. 그렇기에 다윗의 믿음은 더 힘을 받습니다. 그는 하나님의 오른손이 그의 삶의 모든 곳에서 역사하실 것을 굳게 믿습니다. 지식의 확장은 다윗의 믿음의 확장으로 이어집니다.

두 번째, 하나님의 성품을 이해하는 깊이가 달라졌습니다. 그는 이제 눈에 보이는 세상, 자신이 이해할 수 있는 시간대 영역 너머를 생각하게 됩니다. 그리고 그것은 지금까지 주어진 지식으로 이해한 하나님을 통해 바라보게 됩니다. 또한 그 이해를 믿게 됩니다.

> 내 형질이 이루어지기 전에 주의 눈이 보셨으며
> 나를 위하여 정한 날이 하루도 되기 전에
> 주의 책에 다 기록이 되었나이다 시 139:16

다윗은 하나님이 자신의 세세한 모든 부분을 만드시고 창조하셨다고 노래합니다. 인간의 몸을 갖기 전부터 하나님은 다윗의 모습을

그리시면서 그의 삶 또한 계획하시고 디자인하셨음을 이해합니다. 그리고 그것은 그의 첫날이 시작되기 전에 하나님의 책에 기록되었다고 말합니다.

마지막으로 그는 이제 그 하나님을 추구하는 삶을 살겠다고 다짐합니다. 깨달은 바를 위해 살고 주신 것을 놓치지 않고 간직하면서, 잠에서 깨는 순간에도 하나님과 동행하며 살겠다고 선포합니다. 믿음은 하나님을 향한 지식을 쌓아 가고, 하나님을 알아 감은 믿음을 추구하게 합니다.

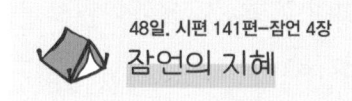

48일. 시편 141편-잠언 4장
잠언의 지혜

잠언의 첫 문장은 저자의 이름과 주제를 짧지만 선명하게 보여 줍니다.

다윗의 아들 이스라엘 왕 솔로몬의 잠언이라 잠1:1

솔로몬을 소개하는데 이스라엘의 역사와 아브라함부터 시작되는 족보는 필요 없습니다. '다윗의 아들로서 왕이 된' 솔로몬은 모든 것을 포함하는 설명입니다. 그리고 '잠언'이라 함은 지혜의 격언입니다. 성경의 모든 말씀이 세상과 다른 지혜를 풍성하게 담고 있지만, 잠언이 구별되는 점은 책의 제목부터 세상을 사는 방법, 하나님을 모르는 사람도 인생에 큰 도움이 될 만한 격언으로 붙혀졌다는 것입니다. 실제로 솔로몬이 지혜를 통해 이스라엘뿐만 아니라 온 땅에 하나님의 영광을 전하고 영향력을 끼친 사실은 이스라엘 역사를 통해 알 수 있습니다. 그렇기에 말씀과 삶의 훌륭한 다리 역할을 해주는 책으로서 그리스도인뿐만 아니라 지혜가 필요한 모든 이들에게 소개할 수 있는 책이 잠언입니다.

그렇다면 솔로몬에게 지혜란 무엇이었을까요? 잠언 1장 7절이 설명합니다.

> 여호와를 경외하는 것이 지식의 근본이거늘 미련한 자는 지혜와 훈계를 멸시하느니라 잠 1:7

하나님을 경외함은 세상의 다른 신들이나 학문, 지식처럼 대상을 연구하고 이해하는 것과 다름을 보여 줍니다. 하나님은 세상의 모든 것을 만드신 창조주이시며 지금도 다스리는 통치자이심을 인식하고, 그러한 존재로 존중함을 말합니다. 따라서 모든 지혜는 그 하나님을 아는 지식이 있는지가 중요합니다. 없다면 언제 그 지식에 대한 신뢰가 뿌리째 흔들릴지 모르기 때문입니다. 지식의 근본이 무엇인지 이해한 사람은 언제나 하나님을 경외함에서 일을 시작합니다. 그리고 '모든 것을 믿음'이라는 뼈대를 가지고 세워 나갑니다.

다윗과의 캠핑

드디어 바이블 트레킹의 절반을 지나고 있습니다. 1,189장의 성경산맥의 대장정 가운데 수요일이 되면 정중앙 지점을 지나게 됩니다. 수고 많으셨습니다. 하루에 약 13장을 읽는 스케줄은 누구에게나 쉬운 일이 아닙니다. 두 달 가까이 이어 가시는 바이블 트레커들이 정말 자랑스럽습니다. 끝까지 완주하시길 응원합니다.

오늘은 다윗과 함께하는 또 한 번의 캠핑입니다.

할렐루야 그의 성소에서 하나님을 찬양하며 그의 권능의
궁창에서 그를 찬양할지어다 시 150:1

호흡이 있는 자마다 여호와를 찬양할지어다 할렐루야 시 150:6

150편의 노래는 할렐루야로 시작해서 할렐루야로 끝납니다. 더 나아가서 히브리어로 보면 1절부터 5절까지의 문장은 할렐루야로 시작합니다. 146편부터 150편까지 전체 시편의 마지막 다섯 편은 모두 할렐루야로 시작하는 노래입니다. 그래서 이 다섯 편은 "할렐루야" 시편으로 불립니다. 히브리어로 "여호와를 찬양하라"라는 뜻의 할렐루야를 이 시간에 함께 외쳐 보면서 예배에서도, 삶에서도 새 힘을 얻기를 바랍니다.

첫 번째, 여러분의 성전에서 할렐루야를 외치십시오.

할렐루야 그의 성소에서 하나님을 찬양하며 그의 권능의
궁창에서 그를 찬양할지어다 시 150:1

주의 성전에서 할렐루야를 외치십시오. 할렐루야는 목소리의 크기에 상관없이 외치는 것입니다. 속으로든, 큰 소리로든 형태에 상관없이 외치는 것입니다. 그리고 이 느낌을 그대로 삶으로 가서 외치십시오.

하늘은 기뻐하고 땅은 즐거워하며 모든 나라 중에서는 이르기를
여호와께서 통치하신다 할지로다 대상 16:31

하늘이 그가 있는 곳에서 기뻐하며 땅이 그가 있는 곳에서 즐거워하듯, 그들이 모든 나라들 가운데서 "여호와는 왕이시다"라고 큰 소리로 외치듯 여러분이 예배를 드려야 할 그곳에서 할렐루야를 외치십시오. 여러분의 공동체인 교회가 드리는 그 예배의 자리에서 지금 하시듯 그렇게 외치십시오.

두 번째, 조금만 더 크게 할렐루야를 외치십시오.

다윗의 나라의 백성들은 그가 떠나고 나서 수많은 고난을 당하

고, 원수들의 공격을 받습니다. 때로는 역사에 대국으로 남은 제국에게 둘러싸이고, 그들의 나라에 포로로 끌려갑니다. 그러나 그럴 때마다 불안과 절망 속에서 믿음을 지키고, 복음의 능선을 걷게 한 비결은 "할 렐루야"였습니다. 그들이 외칠 때마다 믿음은 빛나고 어둠을 밀어냈습니다.

> 다시는 낮에 해가 네 빛이 되지 아니하며 달도 네게 빛을 비추지
> 않을 것이요 오직 여호와가 네게 영원한 빛이 되며 네 하나님이
> 네 영광이 되리니 사 60:19

절망과 혼란 속에서 하나님은 다시 빛이 되어 주시겠다고 말씀합니다. 그리고 우리의 영광이 되어 주시겠다고 약속합니다. 그렇게 되려면 우리가 하나님 앞에 있어야 합니다. 예배자로 서 있어야 합니다. 그 모습으로 있을 때, 그동안 우리를 끌고 다니던 모든 우상을 끊어 낼 수 있습니다. 그리고 주님을 의지하면서 그 어려움을 이겨 나갈 수 있습니다.

트레커들과 함께 듣고 싶은 찬양이 있습니다. 아직 번역이 안 된 노래여서 영어로 말씀드리겠습니다. 〈Raise A Hallelujah!〉 "할렐루야를 일으켜라!"

이 찬양에는 스토리가 있습니다. 잭슨이라는 어린 소년의 신장에 바이러스가 들어왔습니다. 그리고 이 노래를 만든 조나단은 잭슨의 부모의 친구였습니다. 그는 잭슨에 대한 기도 부탁을 받았습니다. 얼마 지나지 않아서 크리스마스 며칠 전에 잭슨의 상태가 심각해졌다는 메시지를 받습니다. 그러자 잭슨을 위해 기도하던 그에게도 두려움이 몰려오기 시작합니다. 불안감이 믿음을 흔들었습니다. 그리고 소망이 사라진 중보기도자의 마음을 다시 일으키면서 쓴 찬양이 바로 이 노래입

니다. 그는 이 찬양을 교인들과 함께 부르며 기도했습니다.

I raise a hallelujah, in the presence of my enemies
내 앞에 서 있는 나의 원수들 앞에서 할렐루야를 일으켜라

I raise a hallelujah, louder than the unbelief
내 안에 있는 불신보다 더 크게 할렐루야를 일으켜라

I raise a hallelujah, my weapon is a melody
나의 무기는 멜로디, 이 노래이다

I raise a hallelujah, heaven comes to fight for me
할렐루야를 일으켜라 하나님과 하늘의 천군천사가 너를 위해 싸울 것이다

Sing a little louder
조금 더 크게 외쳐 보자

우리가 바이블 트레킹을 하면서 서로에게 주는 격려가 바로 이 것입니다. 우리 조금 더 크게 외쳐 보자. 크게 외치고 있는가. 더 크게 외쳐 보자. 우리의 두려움과 불신과 절망이 사라지고, 하나님의 영광이 우리의 영혼을 채우도록!

그의 능하신 행동을 찬양하며 그의 지극히 위대하심을 따라
찬양할지어다 시 150:2

주께서 여러분의 삶 가운데 하신 일들을 기억하면서 조금 더 크 게, 지금 드리는 할렐루야를 조금 더 크게 외쳐 보십시오. 하나님이 여 러분의 두려움과 불신과 절망을 거두어 내실 것입니다. 믿음과 소망과 사랑으로 채우실 것입니다. 할렐루야!
세 번째는 가장 좋은 것으로 할렐루야를 외치십시오.

나팔 소리로 찬양하며 비파와 수금으로 찬양할지어다 소고 치며
춤추어 찬양하며 현악과 통소로 찬양할지어다 큰 소리 나는
제금으로 찬양하며 높은 소리 나는 제금으로 찬양할지어다

시 150:3-5

율법을 보면 하나님께는 늘 최고의 것으로 드렸습니다. 가장 첫 열매를 드렸습니다. 그것은 내게 가장 기쁨을 준 것을 하나님께 드리며, 나의 전부가 주님의 것임을 고백하며 드리는 것입니다. 십일조도 마찬가지입니다. 나의 10분의 1이 하나님의 것이라는 게 아니라 "이것을 드림은 전부가 하나님의 것이라는 저의 뜻입니다"라는 고백입니다. 하나님께 드릴 수 있는 가장 좋은 것이 무엇인가 생각해 보세요. 하나님께 드리고 싶은데 어떻게 드릴 수 있을까. 글씨로, 목소리로, 악기로, 섬김으로, 깊은 기도로, 큰 목소리의 찬양으로. 여러분이 드릴 수 있는 예배를 드리시기 바랍니다.

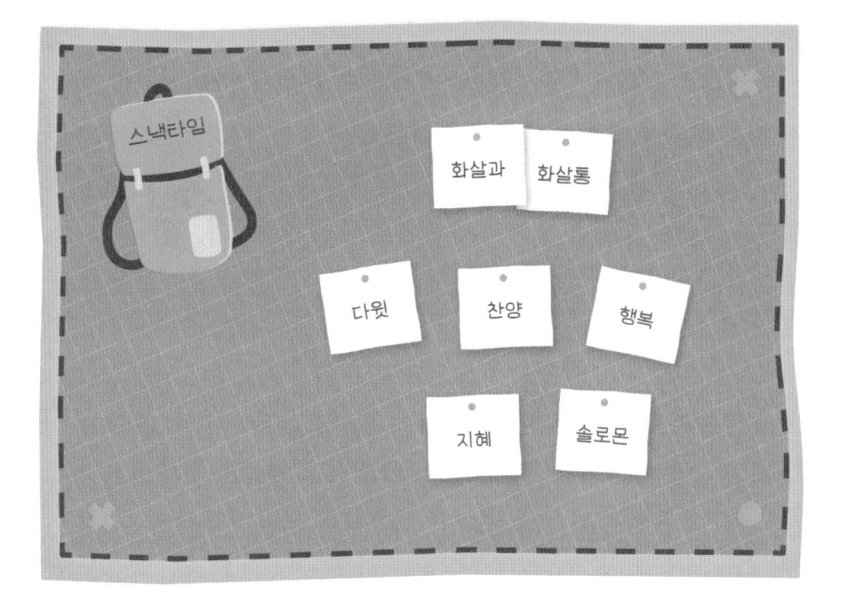

Q1 시편에 자주 보이는 '셀라'는 어떤 의미인가요?

셀라는 구약에만 나오는 단어입니다. 성경 안에서 '셀라'는 시편에 71회, 하박국에 3회 등장합니다. 처음에 다윗과 하박국이 쓸 때 셀라가 있었다고 보지 않고 나중에 삽입된 것으로 추정하고 있습니다. 그것이 반영되어 한글 성경에 괄호와 함께 쓰여진 걸로 보고 있습니다. 정확한 의미는 알려지지 않지만 음악적인 기호라는 점에는 모두가 동의하고 있습니다. 노래 중에 이 기호가 나오면 음을 높게 올리거나, 소리를 더 크게 내어서 강조합니다. 예배 중에서는 손을 높이 올리는 것에 사인이 되기도 하고, 눈을 높이 드는 것에 대한 사인으로 사용하기도 했습니다. 때로는 예배 속에서 '아멘'과 '할렐루야'의 역할을 하기도 합니다. 하나님이 주시는 은혜를 예배 속에서 함께 외침으로 표현해야 하는 부분에 넣어서 더 큰 은혜를 누리도록 돕는 역할을 합니다.

> 내가 나의 목소리로 여호와께 부르짖으니 그의 성산에서
> 응답하시는도다 (셀라) 시 3:4

의미로 보면 노래 중의 중요한 부분에 셀라가 함께 나오는 것을 볼 수 있습니다. 하나님이 구원하시는 것을 강조하는 시편의 문장 뒤에 삽입되어 있습니다. 그리고 시편의 노래를 마무리하면서 합창으로 하면 좋은 위치에 셀라가 들어가 있습니다. 하박국에서도 구원의 메시지의 핵심 되는 문장들의 끝에 표시되어 있습니다.

> 주께서 주의 백성을 구원하시려고, 기름 부음 받은 자를
> 구원하시려고 나오사 악인의 집의 머리를 치시며 그
> 기초를 바닥까지 드러내셨나이다 (셀라) 합 3:13

그러나 죄에 대한 심판을 강조하는 부분에서도 사용됩니다. 시편 52편 5절을 보면 죄로 인해서 하나님의 심판이 임할 때 자비를 찾기 어려울 것을 강하게 표현하고 셀라로 마무리합니다.

> 그런즉 하나님이 영원히 너를 멸하심이여 너를 붙잡아
> 네 장막에서 뽑아 내며 살아 있는 땅에서 네 뿌리를
> 빼시리로다 (셀라) 시 52: 5

시편 119편은 150편의 시편 중에서 다른 장과는 비교 불가한 형태를 가지고 있습니다. 일단 다른 시편에 비해 정말 깁니다. 짧은 노래로 읽다가 176절의 긴 노래를 만나게 되면 누구도 119편에 어떤 특별한 의미가 있는지 궁금해질 수밖에 없습니다. 그 호기심은 먼저 시의 형식에서부터 채울 수 있습니다.

형식적으로 보면 문화적으로 낯선 형식을 가지고 있습니다. 히브리어 알파벳을 첫 글자로 노래를 썼습니다. 첫 번째 알파벳 글자를 시작으로 8절의 노래를 이어 갑니다. 그렇게 마지막 22번째 알파벳까지 이어가며 노래합니다. 이렇게 쓰는 글의 형식은 히브리어 문학에서 종종 볼 수 있습니다. 슬픈 노래로 쓰여진 예레미야애가에서도 이런 형식을 찾을 수 있습니다.

하나님이 특별한 선물로 주신 말씀이라는 것을 깨달음과 동시에 그 감사를 정성스럽게 언어로 표현하여 올려 드리는 119편의 말씀은 시편의 걸작품입니다. 의미로 보면 하나님의 말씀을 찬양합니다. 그들에게 하나님은 약속, 법, 명령 등을 말씀하시는 하나님이고 그것을 감사하고, 기뻐합니다. 그리고 그 말씀을 더 사랑하겠다는 다짐과 그 말씀하신 것을 이루어 달라는 간구의 내용이 담겨 있습니다. 그렇기에 거의 모든 구절에서 말씀과 연관되어 있는 단어들을 찾을 수 있습니다(율법, 증거, 도, 법도, 율례, 계명, 말씀, 진리 등).

내 눈을 열어서 주의 율법에서 놀라운 것을 보게 하소서

시 119:18

9주

잠언 - 이사야

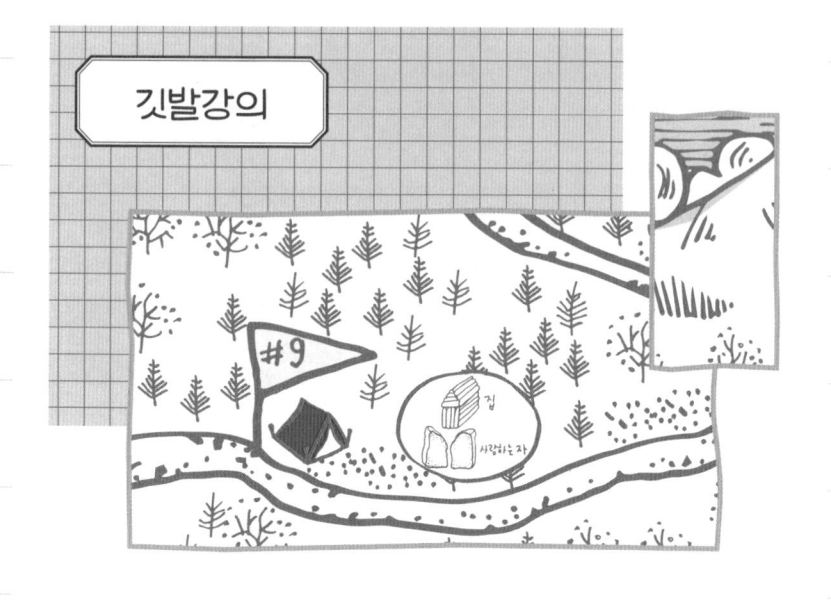

아홉 번째 깃발강의를 시작하겠습니다.

첫 번째 깃발은 '집'입니다. 솔로몬을 생각하면 집이 아니라 성전이 생각납니다. 그런데 잠언, 전도서, 아가서를 함께 읽으면서 왜 '집'을 깃발로 꽂는지에 대해 궁금해하실 것 같습니다. 잠언, 전도서, 아가서는 시와 노래입니다. 시와 노래는 슬픈 영혼을 위로합니다. 수고한 자들을 격려하며 다시 나아갈 수 있는 힘을 주고, 영혼과 마음을 다시 세워 줍니다. 그 영혼을 세우는 것에 대한 이미지를 그리는 데 도움이 되는 단어가 바로 '집'입니다. 그리고 그 이해를 돕는 말씀이 잠언에 나옵니다.

> 집은 지혜로 말미암아 건축되고 명철로 말미암아 견고하게 되며

또 방들은 지식으로 말미암아 각종 귀하고 아름다운 보배로
채우게 되느니라 잠 24:3-4

영혼의 집을 세우는 데 어떤 무거운 집이 세워져도 견딜 수 있는 기초는 바로 '지혜'(Wisdom)입니다. 그리고 어떤 태풍이 몰아쳐도 굳건하게 서 있으려면 그 지혜를 이해함으로 생기는 '슬기'(Understanding)가 필요합니다. 마지막으로 그 집 안에 존귀한 것으로 아름답게 꾸미고 채우는 '지식'(Knowledge)이 필요합니다.

저는 이번 바이블 트레킹을 하면서 지혜, 슬기, 지식이 잠언, 전도서, 아가서로 비유될 것 같다는 생각을 했습니다. 잠언은 영혼의 기반이 되어 줄 '지혜'입니다. 잠언 1장 7절은 지혜의 근본은 하나님을 경외함이라는 말씀으로 문을 엽니다. 그리고 31장 30절은 매력도 아름다움도 헛되지만 오직 하나님을 경외함이 영원히 남아 칭송받을 것이라고 말씀합니다. 흔들리지 않을 믿음이 내 영혼의 기반이 되어 줍니다.

전도서는 '슬기'의 모델을 보여 줍니다. 노년의 지혜자인 솔로몬이 하늘의 지혜와 인생의 경험을 녹여 낸 전도서는 하나님의 말씀에 대한 깊은 이해를 보여 줍니다. 인생은 헛되고 헛되고 모든 것이 헛되다는 경험을 가르쳐 줍니다. 그리고 전도서의 끝인 12장 13절은 이 모든 삶의 경험과 말씀을 다 알고 있는 사람의 결론을 내어 줍니다.

일의 결국을 다 들었으니 하나님을 경외하고 그의 명령들을
지킬지어다 이것이 모든 사람의 본분이니라 전 12:13

마지막으로 아가서는 나의 영혼에 가득 채워야 할 '지식'입니다. 어떤 것을 가장 아끼는 것으로 삼아 채우시겠습니까? 아가서는 세상이 알 수 없는 하나님과의 사랑으로 채우는 연인의 노래를 소개하고 있습

니다. 가장 아름다운 것으로 채우시길 바랍니다.

《내 마음 그리스도의 집》이라는 책은 마음의 집을 세우고 방을 가꿀 때 성령님의 인도하심을 받고 의지하라는 충고를 해줍니다. 우리 마음의 집을 가꾸는 것은 성령님의 인도하심을 받아 사모할 때 주시는 열매이고 선물입니다. 바이블 트레킹을 이어 가는 트레커들의 영혼의 집을 말씀으로, 성령으로 가꾸어 보시길 바랍니다.

두 번째 깃발은 '사랑하는 자'입니다. 아가서는 연인들의 노래로, 사랑에 대한 고백을 주거니 받거니 하면서 이어집니다. 남자의 노래와 여자의 노래, 그리고 한목소리로 뜨거운 사랑을 노래하고 있습니다.

연인이 주고받는 노래 중 가장 여운이 남는 구절을 먼저 나누겠습니다.

> 바위 틈 낭떠러지 은밀한 곳에 있는 나의 비둘기야 내가 네
> 얼굴을 보게 하라 네 소리를 듣게 하라 네 소리는 부드럽고 네
> 얼굴은 아름답구나 아 2:14

하나님이 자신의 사랑을 전하고 싶어 찾아오실 때 바위 틈 그 은밀한 곳까지 찾아오신다는 말씀입니다. 하나님은 우리를 위해 노래를 부르시고, 우리를 향한 마음을 뜨겁게 전하고 계심을 볼 수 있는 대목입니다.

두 번째 나눌 것은 여인의 노래입니다. 14절에 나오는 하나님의 사랑을 본 이후 그녀는 이렇게 노래합니다.

> 우리를 위하여 여우 곧 포도원을 허는 작은 여우를 잡으라 우리의
> 포도원에 꽃이 피었음이라 아 2:15

이 노래를 보면 포도원이 있고, 울타리를 뚫고 들어온 여우와 여우 새끼들이 있습니다. 작은 여우들의 습성은 일단 모든 땅을 파기 시작한다는 것입니다. 그러면 잘 자라던 포도원의 나무들과 그 뿌리들이 상하게 되고, 열매를 맺기 어렵게 됩니다. 그렇기에 포도원을 지키고 탐스러운 열매를 맺기 위해서는 그것을 알고 막아야 합니다. 하나님이 우리 영혼과 삶에 심어 주신 사랑이 잘 자라고 열매를 맺으려면 보살펴야 합니다. 잘 키워야 합니다. 그러기 위해서 하나님이 주신 사랑을 흔들고 있는 여우 떼를 살펴 무엇인지 돌아보아야 합니다. 주일마다 예배에서, 하나님의 말씀 앞에 있을 때, 홀로 기도할 때 나의 마음을 흔드는 작은 여우들을 찾아서 주님께 맡기는 것이 필요합니다. 하나님의 사랑을 다른 어떤 것에도 빼앗기지 않고, 소중히 생각하고 가꾸어 가시길 바랍니다.

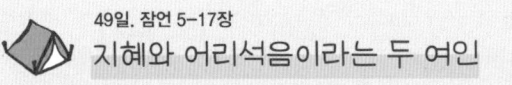

49일. 잠언 5–17장
지혜와 어리석음이라는 두 여인

잠언 9장에는 '지혜'와 '어리석음'이라는 두 여인이 등장합니다.

지혜가 그의 집을 짓고 일곱 기둥을 다듬고 ^{잠 9:1}

'지혜'라는 이름의 여인은 일곱 기둥으로 집을 지었습니다. 그리고 맛있는 음식을 위해 고기를 준비하고, 포도주가 있는 풍성한 식탁을 준비합니다. 그녀는 여종을 성의 높은 곳으로 올려 보내서 사람들을 초대하게 했습니다.

어리석은 자는 이리로 돌이키라 또 지혜 없는 자에게 이르기를
잠 9:4

지혜는 어리석은 자가 내다보이는 성의 높은 곳에서 충분히 들을 수 있는 목소리로 부르고 있습니다. 그리고 지혜를 찾아온 이들이 만족할 만한 것들을 풍성히 준비하고 기다립니다. 그리고 찾아온 어리석은 이들이 지혜로운 삶을 시작할 수 있도록 여호와를 경외함을 가르치고, 인생에 도움이 되는 명철을 주기 위해 거룩하신 하나님을 알아가는 것에 대해 알려 줍니다.

'어리석음'이라는 이름의 여인도 자신의 집 앞의 대문이나 마을의 높은 곳에서 어리석은 사람을 부릅니다. 그녀는 무엇이 지혜인지, 무엇이 어리석음인지도 알지 못합니다. 그렇지만 자기 집 앞을 지나가는 행인을 멈춰 세웁니다. 그리고 이렇게 이야기합니다.

도둑질한 물이 달고 몰래 먹는 떡이 맛이 있다 하는도다 잠 9:17

지혜를 모르는 여인이었지만 어리석은 사람들이 무엇을 좋아하는지 정확하게 파악했습니다. 그녀의 초대에 응답한 사람들은 가장 중요한 지혜가 그녀에게 없음을 파악하지 못합니다. 다만 그녀가 세상의 지혜인양 하는 말에 동의하고, 큰 죄를 지을 수 있는 어리석은 사람의 길을 더 깊이 걸어가게 됩니다. 자신의 생각에 옳은 대로 따라 사는 길을 걸으며 남몰래 먹는 것이 더 맛있다는 세상의 길을 따라 살아가게 됩니다.

우리가 살아가는 세상에서 아무것도 바라지 않고 파티를 준비하는 것은 상식적인 행동이 아닙니다. 진리를 알지 못하는 사람들에게 지혜를 가르쳐 준다고 초대하면 분명히 비웃을 것입니다. 분명히 바라는 것이 있다고 의심하거나 사기를 치려는 의도로 생각할 것입니다. 잠언도 그것을 알고 이렇게 말합니다.

거만한 자를 징계하는 자는 도리어 능욕을 받고 악인을 책망하는

자는 도리어 흠이 잡히느니라 잠9:7

반대로 잠언 9장 17절에 여인이 어리석은 이들을 유혹할 때 하는 말들은 우리나라 속담에 있는 문장이 아닌가 생각이 들 정도로 상식적으로 들립니다. 당시 사람들에게도 그랬던 것 같습니다. 그 이야기를 듣는 사람들은 그 유혹에 빠져서 절망의 깊은 곳으로 빠져들게 된다고 말합니다.

오직 그 어리석은 자는 죽은 자들이 거기 있는 것과 그의 객들이

스올 깊은 곳에 있는 것을 알지 못하느니라 잠9:18

50일. 잠언 18-30장
사랑은 지혜로운 삶의 방향

데릭 키드너는《어떻게 지혜서를 읽을 것인가》에서 잠언의 10장부터를 자갈투성이 해변으로 묘사하였습니다. 글이 짧으면서도 연결고리가 없는 독립적인 격언들을 마구잡이로 뿌려 놓았다고 설명합니다. 보석처럼 반짝이는 중심 키워드 중 하나를 꼽자면 단연 '사랑'입니다. 사랑은 감정의 상태이기도 하면서, 실제적인 행동을 나타내는 단어이기도 합니다.

선한 눈을 가진 자는 복을 받으리니 이는 양식을 가난한 자에게

줌이니라 잠22:9

가난한 사람의 필요를 볼 줄 아는 인자한 눈을 가진 사람은 복이 있다고 말합니다. 자기가 먹으려고 준비한 음식을 나누는 일은 쉽지 않습니다. 가난한 자와 슬픔을 나누는 것입니다. 그를 소중한 생명으로 여기기에 나의 소유를 나누어도 아깝지 않습니다. 이 사랑을 하나님이 기뻐하십니다. 그리고 잠언을 읽은 사람은 하나님이 이를 기억하시고 복 주심을 알기 때문에 그런 삶을 추구하게 됩니다.

> 가난한 자를 불쌍히 여기는 것은 여호와께 꾸어 드리는 것이니
> 그의 선행을 그에게 갚아 주시리라 잠 19:17

관계를 떠나서 도움이 필요한 이들에게 자비를 베푸는 사랑은 절대 손해 보는 일이 아닙니다. 하나님을 높여 드리는 동시에 그가 기뻐하시는 일입니다. 그리고 솔로몬은 하나님께 빌려 드리는 일이기에 넉넉하게 갚아 주신다고 말합니다. 잠시 나의 소유권을 포기하게 되지만 하나님은 더 많은 것을 주시는 분이기에 그것은 지혜입니다. 그러나 도움이 필요한 사람에 대한 사랑이 없어서 지나친다면 그는 심판을 만날 것입니다.

> 가난한 자를 구제하는 자는 궁핍하지 아니하려니와 못 본 체하는
> 자에게는 저주가 크리라 잠 28:27

사랑에 대한 일은 옵션이 아닙니다. 모두가 필수로 해야 합니다. 하나님은 우리가 해야 할 일을 알려 주시고, 그 말씀대로 살아감이 지혜라고 하십니다. 그리고 그 지혜대로 베풀면서 살 때, 베푼 물질뿐만 아니라 세상에서 영광을 받게 된다고 약속하셨습니다.

인자와 진리가 네게서 떠나지 말게 하고 그것을 네 목에 매며
네 마음판에 새기라 그리하면 네가 하나님과 사람 앞에서 은총과
귀중히 여김을 받으리라 잠 3:3-4

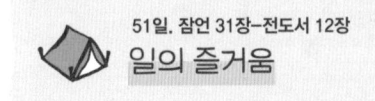

51일. 잠언 31장-전도서 12장
일의 즐거움

전도서의 가장 유명한 문장이라 하면 "모든 것이 헛되다"를 꼽을 수 있습니다. 그러다 보니 전도서가 비관적이고 회의적인 문장으로 쓰여진 것 같지만 저자인 전도자는 곳곳에 솔로몬의 지혜를 떠올리게 하는 구절들을 담아 놓았습니다. 먼저 3장 11절은 인생의 의미에 대해 생각하게 합니다.

하나님이 모든 것을 지으시되 때를 따라 아름답게 하셨고
또 사람들에게는 영원을 사모하는 마음을 주셨느니라
그러나 하나님이 하시는 일의 시종을 사람으로 측량할 수 없게
하셨도다 전 3:11

사람이 살아가는 세상은 창조주 하나님이 지으셨습니다. 사람을 포함한 모든 창조물은 하나님이 정하신 시간에 따라 주어진 소명대로 아름답게 살아갑니다. 특별히 사람만은 이 세상 죽음 너머 영원한 세상을 사모하는 마음을 주셔서 하나님을 바라보며 살게 하셨습니다. 사람이 하나님의 때를 알 수는 없지만 하나님의 정한 시점이 있음을 알려 주셨습니다. 하나님의 때와 미래를 알 수 없기 때문에 허무한 삶을 깨닫게 됩니다. 그러나 하나님이 모든 것에 때가 있고, 시작과 끝이 있

음을 알려 주셨습니다. 그리고 영원히 다스리실 천국을 꿈꾸게 하셨기 때문에 소망을 가지고 살아갈 수 있게 하셨습니다.

전도서 12장 1절은 그런 하나님이 인도하시는 세상에서 살아갈 수 있는 행복을 알려 줍니다.

> 너는 청년의 때에 너의 창조주를 기억하라 곧 곤고한 날이 이르기
> 전에, 나는 아무 낙이 없다고 할 해들이 가깝기 전에 전 12:1

인생의 의미를 하나님 없이 사람의 눈으로 깨닫기 전에 창조주를 찾으라고 말합니다. 뜻과 계획을 가지고 인도하시는 하나님을 인격적으로 만날 때, 그가 주시는 행복을 찾을 수 있습니다. 전도자는 그가 찾은 행복 중의 하나를 소개합니다. 그것은 '일'입니다.

> 사람이 하나님께서 그에게 주신 바 그 일평생에 먹고 마시며
> 해 아래에서 하는 모든 수고 중에서 낙을 보는 것이 선하고
> 아름다움을 내가 보았나니 그것이 그의 몫이로다 또한 어떤
> 사람에게든지 하나님이 재물과 부요를 그에게 주사 능히 누리게
> 하시며 제 몫을 받아 수고함으로 즐거워하게 하신 것은
> 하나님의 선물이라 전 5:18-19

전도자의 눈에는 하나님이 사람에게 주신 분명한 행복은 '수고'였습니다. 전도자는 모든 창조물을 위해 일하시는 하나님을 닮아서, 사람이 삶의 자리에서 감당하는 모든 일과 보람은 하나님의 선물임을 깨닫게 해줍니다.

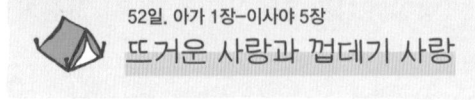
오늘 트레킹을 했던 구간에는 하나님을 향한 두 가지의 사랑을 보여 줍니다. 첫 번째는 아가서에 나오는 연인들의 사랑입니다. 두 번째는 이사야서 1장에 나오는 성전의 껍데기 사랑입니다.

아가서에 나오는 연인들의 대화에는 사랑을 이끌어 가는 미묘한 많은 감정들이 있습니다. 사랑하는 연인들의 대화와 감정에 포함된 복잡하고도 미묘한 사랑의 감정은 하나님과 하나님의 백성들의 사랑이 어디까지 풍성할 수 있는지를 이해하는 데 큰 도움을 줍니다.

> 바위 틈 낭떠러지 은밀한 곳에 있는 나의 비둘기야 내가
> 네 얼굴을 보게 하라 네 소리를 듣게 하라 네 소리는 부드럽고
> 네 얼굴은 아름답구나 ^{아 2:14}

하나님께 백성들을 향한 사랑은 사랑하는 연인의 얼굴과도 같습니다. 멀고 수고스럽더라도 듣고 보고 싶은 대상입니다. 3장 2절을 보면 백성들도 마찬가지로 하나님을 보고 싶은 마음에 성 안의 거리와 광장으로 찾기 위해 뛰어나갑니다. 그리고 사랑하는 연인에게 자신에게로 빨리 달려오라고 노래합니다.

> 내 사랑하는 자야 너는 빨리 달리라 향기로운 산 위에 있는
> 노루와도 같고 어린 사슴과도 같아라 ^{아 8:14}

아가서의 마지막 구절과 바로 이어지는 이사야서 1장에는 성전으로 하나님을 만나기 위해 오는 이스라엘 백성의 모습을 그리고 있습

니다. 그런데 하나님은 그들에게 분노를 쏟아내십니다.

> 하늘이여 들으라 땅이여 귀를 기울이라
> 여호와께서 말씀하시기를 내가 자식을 양육하였거늘
> 그들이 나를 거역하였도다 ^{사 1:2}

그들은 성전에서 수많은 제물들을 하나님께 바쳤습니다. 그러나
그들의 마음에는 진심도 믿음도 없었습니다. 하나님을 사랑하는 사람
으로서는 결코 저지를 수 없는 죄를 손에 가득 묻히고 하나님 앞에 와
서 제물을 드렸습니다. 하나님은 제사에서 기뻐 받으셨던 모든 것은 이
제 의미 없는 껍데기라고 말씀합니다. 그들의 진심 없는 예배는 하나님
앞에서 아무런 의미가 없었습니다.

> 헛된 제물을 다시 가져오지 말라 분향은 내가 가증히 여기는 바요
> 월삭과 안식일과 대회로 모이는 것도 그러하니 성회와 아울러
> 악을 행하는 것을 내가 견디지 못하겠노라 ^{사 1:13}

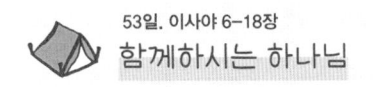

53일. 이사야 6-18장
함께하시는 하나님

이사야를 통해서 이스라엘 백성을 구원하실 메시아에 대한 메
시지가 선포됩니다. 그는 그들 곁에 계실 것입니다.

> 그러므로 주께서 친히 징조를 너희에게 주실 것이라 보라
> 처녀가 잉태하여 아들을 낳을 것이요 그의 이름을 임마누엘이라

하리라 _{사 7:14}

임마누엘은 그들과 함께하시는 하나님입니다. 멀리 계시지 않고 그들에게 찾아오셔서 함께하시는 임마누엘이라고 말씀합니다. 이제 이스라엘 백성은 예언을 뼈대로 구원자로 오실 그분을 묵상하고 사모하면서 살게 될 것입니다.

> 이는 한 아기가 우리에게 났고 한 아들을 우리에게 주신 바
> 되었는데 그의 어깨에는 정사를 메었고 그의 이름은 기묘자라,
> 모사라, 전능하신 하나님이라, 영존하시는 아버지라, 평강의
> 왕이라 할 것임이라 _{사 9:6}

구원자는 한 아기로 태어나실 것입니다. 한없이 나약한 모습으로 오시지만 그의 사명과 영광은 선포되었습니다. 그의 나라와 통치는 영원할 것입니다.

> 그 정사와 평강의 더함이 무궁하며 또 다윗의 왕좌와 그의 나라에
> 군림하여 그 나라를 굳게 세우고 지금 이후로 영원히 정의와
> 공의로 그것을 보존하실 것이라 만군의 여호와의 열심이 이를
> 이루시리라 _{사 9:7}

그들에게 오실 구원자는 정의와 공의를 바로 세우시고, 그것을 영원토록 이루실 것입니다. 그 이유는 그의 의지가 굳건하기 때문입니다. 백성을 사랑하는 뜨거운 마음으로 회복하시고 그의 나라다운 모습을 이어 가실 것입니다. 또한 그의 나라에 평화가 임할 것입니다.

내 거룩한 산 모든 곳에서 해 됨도 없고 상함도 없을 것이니
이는 물이 바다를 덮음 같이 여호와를 아는 지식이 세상에 충만할
것임이니라 사 11:9

여호와를 아는 지식이 세상에 충만해질 것입니다. 메시아를 기다리는 것은 이스라엘 백성만이 아닙니다. 모든 피조물들이 고대하고 있습니다. 메시아가 오시면 온 땅이 그를 알아보며 찬양하고, 메시아가 주는 평화가 온 땅에 충만할 것입니다.

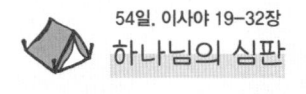

54일. 이사야 19–32장
하나님의 심판

이사야는 하나님의 심판을 예언합니다. 하나님의 심판은 공의와 평화를 위해 이루어집니다.

이사야서 24장부터 시작되는 심판의 이유는 '죄'입니다. 언약을 깨뜨리고 죄를 지은 사람들로 인해 더럽혀진 땅을 하나님은 뒤엎으십니다. 그들이 포기하지 않던 행복을 뒤흔드시고, 그들을 보호하던 모든 성을 무너뜨리십니다. 그들에게 기쁨을 주던 것들을 빼앗으시는 것에 그치지 않고, 그 존재를 없애 버리실 것입니다.

새 포도즙이 슬퍼하고 포도나무가 쇠잔하며 마음이 즐겁던 자가
다 탄식하며 사 24:7

그들이 전혀 의심하지 않던 모든 기반이 무너지고, 삶을 이루고 있는 세상이 바뀔 것입니다.

주께서 성읍을 돌무더기로 만드시며 견고한 성읍을 황폐하게
하시며 외인의 궁성을 성읍이 되지 못하게 하사 영원히 건설되지
못하게 하셨으므로 사 25:2

하나님은 홍수를 일으키는 하늘의 문이 열리고, 땅이 갈라지는
이유가 '죄'라고 말씀합니다. 땅에서만이 아니라 하늘의 군대를 심판
할 것이라고 말씀합니다. 죄의 심판을 피할 수 있는 존재가 없으리라고
말씀합니다. 그 심판으로 갇히고, 벌을 받게 될 것입니다.

땅이 취한 자 같이 비틀비틀하며 원두막 같이 흔들리며 그 위의
죄악이 중하므로 떨어져서 다시는 일어나지 못하리라 사 24:20

이사야는 그 심판 중에 소망을 보여 줍니다. 심판을 통한 회복은
시간을 두고 일어나지 않습니다. 그 심판을 통해서 죄 가운데 있던 사
람도, 죄에 눌려 있던 사람도 살아납니다. 강한 나라는 모든 것이 파괴
됨을 보면서 주를 따를 것입니다. 잔인함을 일삼던 사람들은 이제 하나
님을 두려워하며 멈추게 될 것입니다. 무자비한 그들의 다스림에 눌린
자들을 구해 주실 것입니다.
심판 이후에 찾아온 평화는 그동안 '죄'로 인해 고통받은 사람들
을 찾아갑니다.

사망을 영원히 멸하실 것이라 주 여호와께서 모든 얼굴에서
눈물을 씻기시며 자기 백성의 수치를 온 천하에서 제하시리라
여호와께서 이같이 말씀하셨느니라 사 25:8

하나님을 믿고, 고통 속에서도 포기하지 않고 따르던 이들을 찾

아가십니다. 그들의 눈물을 닦아 주십니다. 견고한 성을 무너뜨리시고, 하늘의 군대를 물리치신 하나님은 믿음을 지킨 이들의 이전의 모든 삶을 돌아보시고 그들의 명예를 높이십니다. 그들의 죄 때문에 받았던 수치를 덮으십니다. 그리고 그들이 앞으로 지금까지 걸어온 믿음의 길을 갈 수 있도록 구원의 성벽을 쌓으십니다.

> 주께서 심지가 견고한 자를 평강하고 평강하도록 지키시리니
> 이는 그가 주를 신뢰함이니이다 사26:3

솔로몬과의 캠핑

헛되고 헛되며
헛되나 모든 것이
헛되도다

"EVERYTHING IS MEANINGLESS"

전도서 1:2

오늘은 솔로몬의 대궐에서 함께하는 캠핑입니다. 솔로몬은 집을 지었습니다. 분명히 사람의 '미'에 대한 기준 너머로 지은 집일 것입니다. 하나님이 그에게 주신 지혜에는 분명히 이 세상에서 볼 수 없는 안목이 있었을 것이기 때문입니다. 하나님은 다윗에게 설계도를 주셨습니다. 그리고 모든 지식에 정통한 건축가인 솔로몬이 지었으니 그 영광은 찬란했을 것입니다.

> 나의 사업을 크게 하였노라 내가 나를 위하여 집들을 짓고
> 포도원을 일구며 전 2:4

그가 정성 들여 세운 업적은 눈에 보이는 것만이 아니었습니다.

하나님께 선물로 받은 지혜를 세우고, 발전시켰습니다. 전도서 1장 13절에서 그는 하늘 아래서 일어나는 모든 일들을 지혜로써 공부하고, 깊이 생각했다고 말합니다. 7장 25절에서는 거듭 마음에 작정하고 지혜와 세상의 이치를 깨닫고자 공부하고, 탐구하고, 연구하였다고 말합니다. 그래서 그가 이룬 것을 고백하는 구절이 바로 2장 9절입니다.

> 내가 이같이 창성하여 나보다 먼저 예루살렘에 있던 모든
> 자들보다 더 창성하니 내 지혜도 내게 여전하도다 전 2:9

그러나 전도서에서 가장 유명한 노래는 생각할수록 공허감이 드는 문장입니다.

> 전도자가 이르되 헛되고 헛되며 헛되고 헛되니 모든 것이
> 헛되도다 전 1:2

오늘은 솔로몬의 대궐에서 노년의 솔로몬과 이야기를 나누며, 헛된 인생에서 헛되지 않을 수 있는 보람에 대해 생각해 보려 합니다. 오늘의 주제 문장입니다. "모든 수고가 헛됩니다. 그러나 보람이 있으면 헛되지 않습니다."

솔로몬은 왕이 되어서 많은 것을 이루었습니다. 그는 열심히 살았습니다. 무엇이든 열심히 했던 사람인 것 같습니다. 예배도 열심히 드렸습니다. 그래서 하나님께 '하늘의 지혜'를 상으로 받았습니다. 다윗의 성에 아름다운 솔로몬 성전을 지어 아버지의 유언도 잘 이뤄 냈습니다. 동서양의 아름다운 모든 것을 보고 누리던 스바 여왕도 감탄했던 성전을 지었습니다. 다 이뤘습니다. 솔로몬은 어느 누구보다 위대하고, 늘 지혜로운 왕이었다고 자신이 이야기할 수 있을 정도로 다 이뤘습니

다. 그런데 '다음'이 없었습니다. 모든 것을 이룬 다음에 이어질 것에 대한 기대가 없었습니다. 이것이 다윗과의 차이입니다.

다윗의 삶을 돌아보면 항상 다음이 있었습니다. 왕이 되기 전에도, 왕이 된 후에도 다음이 있었습니다. 승리 후에는 또 다른 승리가 있었습니다. 골리앗을 이기고, 그의 부대들과 함께 용맹한 승리를 이어갔습니다. 예배도 마찬가지입니다. 다윗의 성에 궤를 가져오자 그곳에 성전을 지어 더 뜨거운 예배를 드리고자 했습니다.

솔로몬은 끝이 있습니다. 성전을 지었습니다. 다 지었습니다. 예배를 드렸습니다. 다 드렸습니다. 열왕기상 3장 4절에는 솔로몬이 "일천 번제"를 드렸다고 나오고, 하나님이 지혜를 선물로 주셨습니다. 그래서 이것을 천 번의 예배를 드린 것으로 알고 계신 분들도 있어요. 그런데 이것은 천 마리의 제물을 드리는 제사입니다. 너무 훌륭하죠. 그런데 그 이후에 하나님을 놀라게 해드릴 무언가가 솔로몬에게서 나오지 않습니다. 다윗은 오늘도 드리는 현재진행형이고, 솔로몬은 위대한 과거인 것입니다.

이유가 무엇일까요? 바로 보람입니다. 솔로몬은 모든 것을 다 이룬 후에 주위를 돌아보고 찾기 시작합니다. 내가 이렇게 수고했는데 이에 대한 보상을 어떻게 해줄까. 한번 찾아보자. 전도서 2장 1절에 시험적으로 찾아봤다고 합니다. 지금까지 일하느라 못 웃었는데 한번 마음껏 웃어 봐야지 하며 웃음을 찾아봤어요. 지혜를 찾으며 술도 잔뜩 마셔 보았습니다. 성전을 다 지으면 한번 해보고 싶던 큰 사업도 해봤습니다. 나를 위해 동산을 만들어 봤습니다. 정원도 나무도 심어 봤어요. 금은보화, 다른 나라의 왕들이 가지고 있는 보물들, 아름다운 여인들, 아름다운 노래를 부를 가수들을 다 모았어요. 다 해봤어요. 이것은 그의 수고에 자신에게 주는 선물이었어요.

무엇이든지 내 눈이 원하는 것을 내가 금하지 아니하며
무엇이든지 내 마음이 즐거워하는 것을 내가 막지 아니하였으니
이는 나의 모든 수고를 내 마음이 기뻐하였음이라 이것이 나의
모든 수고로 말미암아 얻은 몫이로다 전 2:10

그가 했던 모든 것들은 그가 자신의 수고에 대해 주고 싶은 보상이었어요. 그런데 그 보상을 주고 나서 그에게 돌아온 것은 허무한 마음뿐이었던 거예요. 자신에게 보상으로 주었던 모든 즐거움과 기쁨과 쾌락이 자신이 한 일에 대한 보람이 될 수가 없었던 것이죠. 그래서 이렇게 말합니다.

그 후에 내가 생각해 본즉 내 손으로 한 모든 일과 내가 수고한
모든 것이 다 헛되어 바람을 잡는 것이며 해 아래에서 무익한
것이로다 전 2:11

그러나 솔로몬은 그런 자신의 삶을 돌아보면서, 곰곰이 생각해 봅니다. 담담하게 이런 한 문장을 써 봅니다.

사람이 하나님께서 그에게 주신 바 그 일평생에 먹고 마시며
해 아래에서 하는 모든 수고 중에서 낙을 보는 것이 선하고
아름다움을 내가 보았나니 그것이 그의 몫이로다 전 5:18

나의 일상에서 보람을 찾고 느끼는 것이 행복이다. 다 이루고 나서 찾는 특별한 보상에서 보람을 찾는 삶은 허무할 것이다. 내가 해 아래서 한 수고에 보람을 누리고, 오늘 하루의 식탁에서 누리는 기쁨에서 보람을 찾는 것이 지혜라고 말합니다.

여러분의 하루에서 보람을 찾으십시오. 예수님의 사람으로 살아가는 일터의 그 자리에서 오늘 수고의 보람을 바라고 구하십시오. 우리의 부르심은 지금 있는 그 자리입니다. 그 자리에서 그 일을 할 수 있는 것이 영광이고 보람입니다. 우리가 오늘 감당해야 하는 일이 하나님이 내게 주신 소명이라면, 그것이 내게 보람이고 보상입니다. 내가 여기에서 이것을 이루느라 포기한 모든 것을 다른 곳에서 찾는 것은 지혜가 아닙니다.

일상에서 보람을 찾는 것은 누구나 경험하는 것이 아닙니다. 하나님의 소명을 나의 하루에서 발견한 사람만이 할 수 있는 일입니다. 오늘 하루를 충실하게 살아 낸 사람이 맛볼 수 있는 것입니다. 쉽지 않지만 기도하면서 꼭 이루시길 바랍니다. 수고에 대한 보람을 어디에서도 못 찾은 이는 모든 것이 허무하지만, 그것을 일상의 하루에서 찾은 이에게는 인생의 하루도 허무하지 않습니다. 하나님이 이렇게 말씀합니다.

> 또한 어떤 사람에게든지 하나님이 재물과 부요를 그에게 주사
> 능히 누리게 하시며 제 몫을 받아 수고함으로 즐거워하게 하신
> 것은 하나님의 선물이라 전 5:19

보람을 통해 허무한 모든 것에서 하나님의 선물을 찾으시기 바랍니다.

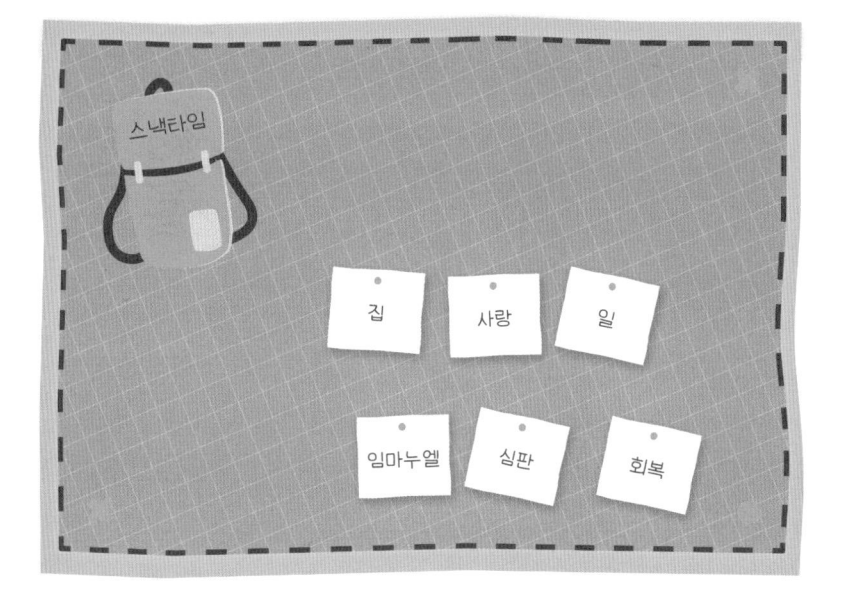

Q1 잠언 8장에 나오는 지혜는 사람처럼 의인화되어 표현됩니다. 22절부터는 지혜가 가리키는 대상이 예수님인가라는 생각이 들기도 합니다. 어떻게 봐야 할까요?

잠언 8장 중에서도 22절부터 31절까지의 말씀에 대한 견해가 두 가지로 나뉩니다. 지혜의 특징을 의인화해서 문학적인 표현이라고 보는 관점과 진리이신 예수님을 지혜로 표현한 관점이라는 견해입니다.

첫 번째로 지혜를 의인화해서 보는 견해는 추상적인 지혜를 형상화한 여인이라는 관점입니다. 잠언 1장부터 9장까지의 지혜를 여인으로 의인화한 것은 당시 사람들에게 익숙하고, 흥미로울 수 있는 상상을 돕기 위한 것입니다. 당시 사람들에게 익숙했던 페니키아 문화의 한 여신을 잠언에서 우상과 탐욕으로 의인화한 구절로 2장 16절을 꼽습니다.

> 지혜가 또 너를 음녀에게서, 말로 호리는 이방 계집에게서
> 구원하리니 잠 2:16

이스라엘 백성을 죄로 인도하는 어리석음을 이방 여인으로 표현하고 있습니다. 이 여인이 인도하는 어리석은 길은 자극적이지만 순간의 만족과 기쁨을 주고 사라집니다. 그녀는 유혹에 빠져서 따라온 사람을 책임지지 않습니다. 반대로 8장 22절에 나오는 지혜는 모든 것보다 먼저 있던 여인입니다.

> 여호와께서 그 조화의 시작 곧 태초에 일하시기 전에
> 나를 가지셨으며 잠 8:22

8장에 나오는 여인은 모든 지혜보다 먼저 있었기 때문에 모든 것을 아우르는 의미가 있습니다. 그리고 태초에 여호와께서 창조에 관여했기 때문에 모든 것에 대한 지혜를 그 여인에게서 찾을 수 있다는 설명을 할 수 있습니다. 그리고 그는 창조할 때 창조주의 곁에서 함께 관여하였기 때문에 이 땅에서 사람들이 지혜를 사랑한다면 자신도 기뻐할 것이라고 말합니다.

두 번째 견해는 여기 나오는 지혜가 예수님이라는 관점입니다.

이들은 잠언 8장 22절에서 태초에 어떤 것도 창조하기 전에 있던 존재가 지혜이고, 그 지혜는 예수님을 나타낸다고 말합니다. 그리고 시작은 가장 근본이 되는 것을 말하기 때문에 지혜라는 개념을 보기에는

너무 과한 설명이라는 것입니다. 진리이신 예수님이 하나님과 함께하신 지혜이며, 그가 모든 시간 전부터 존재하는 이로 표현되는 것이 적절하다고 말합니다.

> 만세 전부터, 태초부터, 땅이 생기기 전부터 내가 세움을
> 받았나니 잠 8:23

모든 시간 전부터 존재한 것을 세 번이나 다른 표현으로 반복한 것은 예수님에 대한 설명이며, 그때 창조주이신 여호와께 세움을 받았다는 것은 예수 그리스도를 만물의 통치자로 임명했다는 것을 의미한다고 말합니다.

개인적으로 저는 지혜를 예수님으로 표현하는 견해를 지지하는 다른 구절이나 인용 구절이 없어서 확신할 수 없다고 생각합니다. 두 가지 견해가 있음을 아시고 말씀을 묵상하실 때 성령께서 인도하시는 대로 은혜를 누리시기를 바랍니다.

Q2 잠언에는 동물들에게도 지혜가 있다고 표현하는 구절들이 있습니다. 어떤 의미로 받아들여야 할까요?

지혜의 개념은 너무 다양합니다. 잠언에서도 지혜, 명철, 지식, 분별 등의 많은 단어와 개념들로 지혜가 표현되고 있습니다. 그중에서 동물들과 함께 나오는 구절들을 통해 묵상하고 적용할 수 있는 부분은 동물들이 본능적으로 알고 충실하게 이어 가고 있는 '살아가는 법'입니다. 지

혜는 우리가 이해하고 깨달음과 동시에 우리의 삶에서 적용할 수 있는 것이어야 합니다. 그리고 적용이 반복되고 개발된다면 기술이 됩니다. 동물들은 지성도, 말과 글을 해석하는 능력도 없지만 그들에게는 생존기술이 있습니다. 그들은 먹고 먹히는 정글 같은 자연에서 생존하고 번식하는 지혜가 있기 때문에 잠언은 그들의 지혜를 소개하고 있습니다. 그리고 작은 생물이라도 그들에게서 지혜와 통찰을 얻을 수 있기를 권하고 있습니다.

> 땅에 작고도 가장 지혜로운 것 넷이 있나니 곧 힘이
> 없는 종류로되 먹을 것을 여름에 준비하는 개미와 약한
> 종류로되 집을 바위 사이에 짓는 사반과 임금이 없으되
> 다 떼를 지어 나아가는 메뚜기와 손에 잡힐 만하여도
> 왕궁에 있는 도마뱀이니라 잘 걸으며 위풍 있게 다니는 것
> 서넛이 있나니 잠 30:24-29

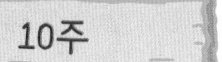

10주

이사야 – 예레미야

깃발강의

열 번째 깃발강의를 시작하겠습니다.

오늘 첫 번째 깃발은 'The Day'입니다. 이사야를 읽다 보면 중요한 포인트! 말하고자 하는 주요 본론을 꺼낼 때 시작하는 단어가 '그날'(The Day)이라는 단어입니다. 신약 특별히 바울서신에서 '그러므로'와 같은 느낌입니다. 은혜가 되는 많은 말씀들이 쏟아지다가 '그러므로'가 말씀 안에 나오면 이 앞 내용의 핵심이나 결론이 등장하기 때문입니다.

그럼 '그날'에 이어서 주로 어떤 내용이 나올까요? 첫 번째 심판이고, 두 번째 회복입니다. 심판이 있으면 조금 기다리면 곧 회복이 나옵니다. 꼭 등장합니다. 그 이유는 하나님의 심판의 목적은 회복이기 때문이죠.

그럼 그날 회복의 대상은 누구일까요? 먼저 하나님의 백성, 하나님이 세우신 나라인 이스라엘의 '그날'입니다. 그의 백성이 죄를 지어서 하나님이 심판하시는 그날입니다. 그러나 하나님의 백성만 있는 것이 아닙니다. 이스라엘의 오랜 적국이었던 아람, 북이스라엘을 멸망시킨 앗시리아, 남유다를 멸망시킨 바벨론뿐만 아니라 암몬, 에돔, 다마스커스까지 많은 나라에 대한 심판의 메시지가 있습니다. 그리고 그들을 위한 회복의 메시지가 등장합니다.

> 여호와께서 애굽을 치실지라도 치시고는
> 고치실 것이므로 그들이 여호와께로 돌아올 것이라 여호와께서
> 그들의 간구함을 들으시고 그들을 고쳐 주시리라 사 19:22

이 한 구절에 애굽을 향한 심판과 회복의 메시지가 있습니다. 그리고 심판과 회복에 담긴 하나님의 뜻이 나옵니다.

> 그 날에 이스라엘이 애굽 및 앗수르와 더불어 셋이 세계 중에 복이
> 되리니 사 19:24

그날이 오면, 심판과 회복을 통해 이스라엘뿐만 아니라 앗시리아, 애굽, 온 세계로 이어지는 복이 될 것이라는 속마음을 보여 주십니다. 그렇다면 이렇게 나라에 대한 그날만 나올까요? 이사야에서는 나라가 아닌 나라의 왕, 그 문제의 발단이 되는 개인에게도 선포됩니다. 22장을 보면 왕궁을 관리하던 셉나에 대해 하나님이 선포하십니다.

> 그 날에 내가 힐기야의 아들 내 종 엘리아김을 불러 사 22:20

그리고 그날이 오면 셉나의 모든 것을 빼앗아 엘리아김에게 주겠다고 구체적인 설명을 주십니다. 그러면 어떻게 해야 할까요? 그날의 메시지를 어떻게 묵상해야 할까요? 나의 잘못의 심각성을 알고 돌아와야 합니다. 당연한 반응이죠? 그런데 믿음이 없거나 하나님을 두려워하지 않는 사람들은 그렇게 행동하지 않습니다. 저도 눈이 가리워지면 마찬가지일 거예요. 예루살렘이 그러했습니다. 심판의 메시지를 받은 그들은 돌이키지 않고 반대로 그날이 오기까지 먹고 즐겼습니다.

> 너희가 기뻐하며 즐거워하여 소를 죽이고 양을 잡아 고기를 먹고
> 포도주를 마시면서 내일 죽으리니 먹고 마시자 하는도다 사 22:13

'그날'로 묵상할 수 있는 포인트가 너무 많죠? 이사야에는 이외에도 많은 키워드가 있지만, 이번에는 이 한 단어 '그날'을 짚어 드렸습니다.

두 번째, 새 언약입니다. 예레미야에 대한 메시지는 이번 주 '예레미야와의 캠핑'에서 많이 나누게 됩니다. '새 언약'은 예레미야를 이야기할 때 많이 다루는 키워드여서 우선 짚고 넘어가려고 합니다.

> 여호와의 말씀이니라 보라 날이 이르리니 내가 이스라엘 집과
> 유다 집에 새 언약을 맺으리라 렘 31:31

저는 개인적으로 예레미야가 가장 안타까운 선지자입니다. 오랜 시간 예언했고, 수많은 고난을 받았는데도 그들이 돌아오지 않습니다. 그리고 하나님의 심판의 강도도 줄어들 기미가 보이지 않음을 느낍니다. 그리고 실제 눈앞에서 존귀한 왕이 눈이 뽑혀 쇠사슬에 끌려가고, 다윗의 성은 모두 무너지고, 솔로몬의 성전이 불타는 광경을 봅니다.

그런 심판의 길목에서 하나님은 새 언약을 주십니다. 인간 역사의 가장 어두운 시기에 가장 역사적인 예수님이 오셔서 회복하실 일을 '새 언약'이라는 이름으로 주셨습니다.

예레미야애가 3장의 말씀에 무너져 가는 예루살렘 성에서 하나님이 소망이고, 아침마다 주의 사랑과 자비를 찬양할 수 있는 이유는 그에게 새 언약이 있기 때문입니다. 바벨론으로 끌려가고 성전이 무너져도 하나님의 사랑과 자비는 한결같고 끝이 없음을 그는 알고 있습니다. 하나님의 약속은 변하지 않기 때문입니다.

아담의 언약, 아브라함의 언약, 노아의 언약, 시내 산 언약, 다윗의 언약 등 많은 언약이 있지만, 이번 주 예레미야를 읽으실 때는 '새 언약'을 기억하시기 바랍니다.

오늘 두 가지 깃발입니다. 그날 그리고 새 언약! 내일 일을 어느 때보다 알 수 없고, 고난의 두려움이 있지만 하나님만 의지하면서 담대했던 선지자들을 보며 우리도 담대히 나아가면 좋겠습니다. 그럼 이번 한 주도 파이팅입니다.

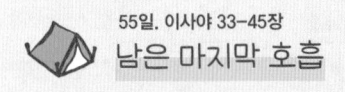

55일. 이사야 33–45장
남은 마지막 호흡

하나님은 믿음의 길을 걸어가는 이들을 고난으로 연단시키십니다. 남유다의 왕이 된 히스기야는 의로운 왕이었습니다. 하나님에 대한 사랑과 열정은 그가 왕이 되자마자 회복을 위해 애쓴 노력들을 보면 알 수 있습니다. 선조들이 남겨 놓은 모든 우상을 정리하고, 오직 하나님께 집중했습니다. 당시의 강대국이었던 앗수르에게 평화를 위해 의지하던 모든 것을 끊고 나라를 정비하였습니다. 그러나 그에게 시련이 찾아왔습니다. 앗수르는 남유다를 쳐들어왔습니다. 남유다 백성들을 그들의 나라로 끌고 갔습니다. 남유다를 쳐들어와서 성전과 성 안의 보물들을 모두 가져갔습니다. 그러나 그들은 또다시 남유다를 침공했습니다. 믿음의 길로 이끌고 가는 히스기야를 공격하는 앗수르는 수치와 모욕을 주기로 작정한 듯이 그들을 몰아붙입니다.

랍사게가 이르되 내 주께서 이 일을 네 주와 네게만 말하라고
나를 보내신 것이냐 너희와 함께 자기의 대변을 먹으며 자기의
소변을 마실 성 위에 앉은 사람들에게도 하라고 보내신 것이
아니냐 하더라 사 36:12

그것을 듣는 이들의 마음은 참담했습니다. 그러나 그들은 마음을 지켰습니다. 백성들도 그들이 앞으로 당할 수치를 직접 들었고, 정말로 그렇게 할 사람들인 것을 알았지만 그들의 왕인 히스기야를 끝까지 신뢰했습니다.

그러나 백성이 잠잠하고 한 마디도 그에게 대답하지 아니하니
이는 왕이 명령하여 대답하지 말라 하였음이라 왕하 18:36

히스기야는 더 이상 버틸 힘이 남아 있지 않음을 알았습니다. 믿음의 길을 걸어가는 그는 자신과 그의 나라에 찾아온 깊은 슬픔과 무력함 가운데 버티고 있었습니다. 그는 이사야에게 자신의 상태를 출산하는 산모가 마지막 때가 되었는데 힘이 없어서 절망 가운데 빠져 있는 것과 같다고 설명합니다. 자신이 해야 할 일도 알고, 온 힘을 다해 버티고 있지만 더 이상은 버틸 수 없으니 하나님께 기도해 달라고 요청합니다.
이것은 믿음 없음이 아닙니다. 히스기야는 포기하지 않았습니다. 그리고 하나님은 그의 기도를 들으셨습니다. 그날 밤에 여호와의 천사가 앗수르의 진영을 찾아가 18만 5,000명의 군사들을 모두 죽였습니다. 하나님은 마지막 호흡으로 버티는 백성들을 지켜 주셨습니다.

그는 목자 같이 양 떼를 먹이시며 어린 양을 그 팔로 모아 품에
안으시며 젖먹이는 암컷들을 온순히 인도하시리로다 사 40:11

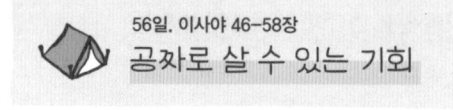

하나님은 백성들이 살 길을 열어 주십니다. 잘못된 길을 가는 이들을 부르시고, 도움 안 되는 것에 생각과 수고를 쏟는 이들을 멈춰 세우십니다. 이사야 55장은 하나님이 보내신 광고 전단지 같습니다. 필요한 사람들을 다 오라고 합니다. 돈 없는 사람도 오라고 합니다.

> 오호라 너희 모든 목마른 자들아 물로 나아오라 돈 없는 자도
> 오라 너희는 와서 사 먹되 돈 없이, 값 없이 와서 포도주와 젖을
> 사라 사 55:1

모두 부르셔서 공짜라고 가져가라 하지 않으시고, 값없이 사라고 하셨습니다. 그들에게 기쁨을 주는 포도주와 먹고사는 데 꼭 필요한 우유를 사라고 하십니다. 당시 사람들은 그들에게 도움이 되는 음식이 아닌 다른 것들에 마음이 빼앗겨 있었습니다. 더 큰 만족을 위해 돈을 모으고 애씀을 하나님이 보시고는 잘못되었다고 알려 주십니다. 만족을 넘어서 그들의 영혼까지 건강해지는 음식을 주시겠다고 말씀합니다.

하나님은 그들의 생각과 다른 것을 깨닫게 해주십니다. 그것은 자신의 생각보다 더 높은 것을 깨닫는 것입니다. 지혜로운 사람은 그 길을 보여 주시는 하나님을 인정하는 사람입니다. 그리고 하나님의 길을 발견하고 깨닫게 됨을 즐거워하는 사람입니다.

예수님은 이사야 55장의 초대처럼 제자들에게 자신에게 오는 길을 알려 주셨습니다. 목마르고 배고픈 이들이라면 누구나 찾아올 수 있는 길입니다. 그러나 그것은 단순히 입으로 먹고 마시는 것을 의미하지 않습니다. 예수님이 제자들과 함께 들판에서 물고기 두 마리와 빵

다섯 개로 오천 명을 먹이신 기적이 일어난 후에 하신 말씀이기 때문입니다. 예수님이 말씀하신 먹고 마시는 길은 다른 길이고, 더 높은 길입니다. 사람들은 빵을 줄 구원자로 예수님을 따르지만 예수님의 생각은 그들의 생명과 영혼의 갈증과 허기짐을 해결해 주실 길을 보여 주시고 초대하셨습니다.

> 예수께서 이르시되 나는 생명의 떡이니 내게 오는 자는 결코
> 주리지 아니할 터이요 나를 믿는 자는 영원히 목마르지
> 아니하리라 요 6:35

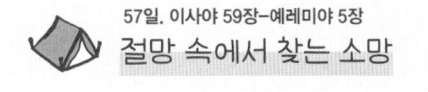

57일. 이사야 59장-예레미야 5장
절망 속에서 찾는 소망

예레미야가 부르심을 받은 때는 남유다 역사의 끝부분입니다. 그들의 죄로 인한 심판을 향한 시간이 얼마 남지 않았습니다. 북이스라엘이 앗수르에게 멸망하고 남유다까지 멸망한다면, 하나님이 세우신 이스라엘 왕국의 역사는 끝입니다. 하나님은 그들의 죄를 두 가지로 정리해 주십니다.

> 내 백성이 두 가지 악을 행하였나니 곧 그들이 생수의 근원되는
> 나를 버린 것과 스스로 웅덩이를 판 것인데 그것은 그 물을
> 가두지 못할 터진 웅덩이들이니라 렘 2:13

하나님께 충성을 다하던 젊은 이스라엘은 이제 하나님을 위해 살지 않습니다. 그들을 지키시고 보호하실 하나님을 의지하지 않고 스

스로의 길을 찾습니다. 하나님은 그들이 물을 얻기 위해 우물을 팠다고 말씀합니다. 그러나 헛된 일이었습니다.

한번은 하나님이 예레미야에게 나가서 의인을 한 명만이라도 찾으면 이 심판을 거두겠다고 말씀하셨습니다. 정직하거나 진리를 구하는 사람을 찾으면 용서하시겠다고 말씀하셨습니다. 그 이야기를 듣고 예레미야는 지도자들에게 바로 달려갔습니다. 그들 중에는 분명히 깨어 있는 사람들이 있으리라고 믿었습니다. 그러나 한 명도 찾지 못했습니다. 그들에게도 하나님의 자리는 없었습니다. 예레미야 시대의 참혹한 지도자들을 이렇게 설명하십니다.

> 제사장들은 여호와께서 어디 계시냐 말하지 아니하였으며
> 율법을 다루는 자들은 나를 알지 못하며 관리들도 나에게
> 반역하며 선지자들은 바알의 이름으로 예언하고 무익한 것들을
> 따랐느니라 렘 2:8

그들을 향한 심판은 이미 시작되었습니다. 하나님은 그럼에도 불구하고 포기하시지 않았습니다. 그들에게 예레미야를 보내셨습니다. 백성들은 물론 제사장들 중에도 의인을 찾을 수 없는 상황에서, 직접 제사장 가문의 어린 예레미야를 그들에게 선지자로 보내셔서 외치는 목소리로 삼으셨습니다.

> 여호와께서 이르시되 이스라엘아 네가 돌아오려거든 내게로
> 돌아오라 네가 만일 나의 목전에서 가증한 것을 버리고 네가
> 흔들리지 아니하며 진실과 정의와 공의로 여호와의 삶을 두고
> 맹세하면 나라들이 나로 말미암아 스스로 복을 빌며 나로
> 말미암아 자랑하리라 렘 4:1-2

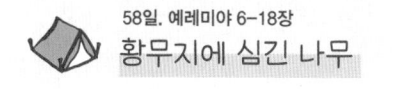

황무지에 심긴 나무

예레미야 17장에는 시편 1편에 나오는 나무가 등장합니다.

> 그는 물 가에 심어진 나무가 그 뿌리를 강변에 뻗치고 더위가
> 올지라도 두려워하지 아니하며
> 그 잎이 청청하며 가무는 해에도 걱정이 없고
> 결실이 그치지 아니함 같으리라 렘 17:8

이 나무의 공통점은 하나님이 보시기에 복 있는 사람을 비유로 설명할 때 쓰였습니다. 예레미야는 오직 하나님만을 믿고 의지하는 사람을 나타낼 때 쓰였습니다. 그리고 시편의 기자는 하나님의 가르침을 사모하고, 그의 말씀을 밤낮으로 깊이 되새기며 묵상하는 사람을 나타낼 때 시냇가의 심은 나무로 비유하였습니다. 모든 일이 잘 될 것이라고 말씀합니다. 가뭄이 들 때에도 잎사귀는 늘 푸를 것이고, 상황에 상관없이 열매를 맺으리라고 말씀하셨습니다. 그러나 반대로 하나님을 의지하지 않는 사람은 사막의 떨기나무와 같다고 말씀합니다.

> 그는 사막의 떨기나무 같아서 좋은 일이 오는 것을 보지 못하고
> 광야 간조한 곳, 건건한 땅, 사람이 살지 않는 땅에 살리라 렘 17:6

황무지는 물을 빨아들일 수 없는 땅입니다. 그곳에 심긴 나무는 푸른 잎도 좋은 열매도 기대할 수 없습니다. 소망이 없습니다. 하나님이 아닌 그들의 눈에 보이는 곳에 심은 것은 욕심 때문이었습니다. 백성들뿐만 아니라 제사장들과 예언자들까지 돈에 눈이 멀어서 더 이상

진실을 보지 못합니다. 그리고 그들의 얻고자 하는 것 때문에 거짓으로
예언하기 시작했습니다.

> 그러므로 내가 그들의 아내를 타인에게 주겠고 그들의 밭을
> 그 차지할 자들에게 주리니 그들은 가장 작은 자로부터 큰 자까지
> 다 욕심내며 선지자로부터 제사장까지 다 거짓을 행함이라 렘 8:10

그들의 절박함과 불안한 마음은 우상을 찾게 만들었습니다. 아
무것도 할 수 없는 우상은 그들에게는 또 다른 광야였습니다. 하나님
은 성들만큼 유다 백성들에게는 우상이 있고, 제단이 예루살렘 거리의
수만큼 많다고 말씀합니다. 이제 그들은 절대로 열매를 기대할 수 없는
나무가 되었습니다.

59일. 예레미야 19-31장
멸망 앞에서 주신 새 언약

예레미야의 헌신에도 남유다 왕국은 깨닫지도 못하고, 돌아올
마음도 없습니다. 이미 어두워진 제사장들과 예언자들은 하나님이 보
내신 예레미야를 알아보지 못합니다. 두려워하지도 않습니다. 그들의
왕국은 이제 멸망할 것입니다. 원수들의 나라에 포로로 끌려갈 것이며,
모든 것을 빼앗길 것입니다. 모든 것이 끝입니다. 그러나 끝은 시작이
었습니다. 하나님이 소생 가능성이 없는 민족을 살리시려는 계획의 시
작입니다. 그렇기에 하나님은 심판을 발표하시면서 동시에 회복을 위
한 선명한 메시지를 예레미야를 통해 선포하십니다.

먼저 포로로 끌려갈 것을 말씀하시면서 끝이 있음을 알게 해주

십니다.

> 이 모든 땅이 폐허가 되어 놀랄 일이 될 것이며 이 민족들은 칠십
> 년 동안 바벨론의 왕을 섬기리라 렘 25:11

고통을 겪을 때 낙심하는 경우는 끝이 보이지 않을 때입니다. 게다가 그 시간의 의미를 모른다면 견디는 고통은 더 무거울 것입니다. 그러나 하나님은 70년이라는 포로 기간의 시간을 정해 주셨습니다. 이것을 세면서 믿음을 지키며 버틸 것입니다. 그 시간은 하나님만을 의지하던 이스라엘의 모습으로 회복시켜 줄 것입니다.

두 번째로 그들에게 바꾸어야 할 것을 짚어 주십니다.

> 그런즉 너희는 너희 길과 행위를 고치고 너희 하나님 여호와의
> 목소리를 청종하라 그리하면 여호와께서 너희에게 선언하신
> 재앙에 대하여 뜻을 돌이키시리라 렘 26:13

그들의 삶이 바뀌어야 합니다. 이스라엘 백성은 제사를 멈추지 않았습니다. 그러나 하나님은 아무 의미 없는 일이라고 말씀합니다. 심지어 제사장들도 거룩함을 추구하지 않고 하나님을 떠난 채로 제사 드리는 모습을 보시고 하나님은 책망하십니다.

마지막으로 새 언약을 주십니다.

> 여호와의 말씀이니라 보라 날이 이르리니 내가 이스라엘 집과
> 유다 집에 새 언약을 맺으리라 렘 31:31

남유다 왕국의 멸망은 이제 돌이킬 수 없습니다. 그들의 죄 때문

에 심판을 받는 이스라엘 백성에게 하나님은 잊을 수 없는 기억을 새겨 주십니다. 아브라함과 이삭과 야곱의 언약과 같이 그들에게 새 언약을 주십니다. 무너지는 이스라엘 왕국은 사라지지만 이스라엘 집안과 맺은 이 언약이 이루어져서 이들의 하나님이 되어 주신다고 약속합니다. 포로로 끌려가는 곳에서도 이들에게는 하나님의 법이 있을 것입니다. 그리고 그들의 마음에 하나님의 말씀을 기억하게 하실 것을 약속하셨습니다. 사랑과 자비의 하나님은 이스라엘 백성들이 멸망과 수치의 순간에도 소망의 길을 열어 주셨습니다.

60일. 예레미야 32-45장
멸망 이후에도 마르지 않는 예레미야의 눈물

하나님의 심판으로 이스라엘 왕국은 함락당했습니다. 모든 것이 끝난 것은 예레미야 39장에 기록되었습니다. 그리고 예루살렘에 남은 자들의 역사는 예레미야 40장부터 쓰여 있습니다. 그리고 바벨론으로 끌려간 백성들의 역사는 다니엘과 에스겔에 기록됩니다. 그러나 안타깝게도 예루살렘에 남은 백성들의 역사는 한마디로 불순종의 연장선입니다.

유다 지방의 총독으로 임명된 그다랴는 지혜롭지 못해서 막을 수 있었던 쿠데타로 인해 살해당합니다. 쿠데타의 주동자였던 이스마엘이 유다 왕의 공주들과 백성들을 데리고 암몬으로 가는 길에서 다행스럽게도 요하난과 함께 있던 군대는 끌려가던 백성들을 구출합니다. 그러나 그들을 걱정했습니다. 바벨론의 총독인 그다랴가 죽은 것이 바벨론 왕에게 알려졌을 때 벌어질 일들이 두려워서 애굽으로 가려고 합니다. 그러던 차에 그들은 선지자 예레미야를 찾아가서 하나님의 뜻을 구합니다. 요하난과 함께 온 모든 백성은 하나님이 주시는 마음에 순종하겠다고 선지자에게 한목소리로 말했습니다. 그들을 보고 예레미야의 마음이 움직였습니다. 그리고 그들에게 하나님의 마음을 보여 주십니다. 하나님은 예루살렘의 멸망으로 그들에게 주실 심판에 대한 뜻을 돌이키셨습니다. 그들이 두려워할 바벨론을 책임지실 것이라고 약속해 주셨습니다.

> 너희가 이 땅에 눌러 앉아 산다면 내가 너희를 세우고 헐지
> 아니하며 너희를 심고 뽑지 아니하리니 이는 내가 너희에게 내린
> 재난에 대하여 뜻을 돌이킴이라 렘 42:10

그러나 요하난과 함께하는 백성들은 그것을 듣고 예레미야를 몰아붙이기 시작합니다. 그들의 뜻과 다른 하나님의 예언에 예레미야가 거짓말을 하고 있다고 말하기 시작합니다.

> 호사야의 아들 아사랴와 가레아의 아들 요하난과 모든 오만한
> 자가 예레미야에게 말하기를 네가 거짓을 말하는도다 우리
> 하나님 여호와께서 너희는 애굽에서 살려고 그리로 가지 말라고
> 너를 보내어 말하게 하지 아니하셨느니라 렘 43:2

하나님의 심판이 끝났지만 그들은 변하지 않았습니다. 심판으로 죄인이 변하지 않습니다. 하나님이 은혜를 주시기를 원하셔도 온전한 믿음이 준비되어 있지 않으면 심판이 멈춘 것이지 회복을 향해 가지 못합니다.

예레미야 14:8-9

오늘은 열 번째 캠핑으로 예레미야와 함께합니다. 오늘 캠핑의 이름은 장소가 아니라 시기로 붙여 봤습니다. '마지막 캠핑'입니다. 무엇의 마지막일까요? 이스라엘의 마지막입니다. 이스라엘의 마지막 날, 예루살렘 성에서의 마지막 캠핑을 함께 해보도록 하겠습니다.

성경이 익숙하신 분들은 예레미야 하면 '눈물의 선지자'로 기억하실 것 같습니다. 그러나 예레미야는 약한 선지자가 아니며, 처음부터 강단 있는 선지자였습니다. 한 번도 물러선 적도, 도망간 적도 없습니다. 누군가에게 어리숙한 모습을 보인 적도 전혀 없습니다. 그래서 예레미야에게 주신 사명이 컸습니다.

여호와께서 이와 같이 말씀하시니라 네 상처는 고칠 수 없고 네

부상은 중하도다 렘 30:12

치료할 수 없는 상처 가운데 마지막 호흡이 끊어지는 이스라엘의 마지막 날에 예레미야는 하나님의 사람으로 홀로 서 있습니다. 나라가 망하고, 성전이 무너지고, 바벨론으로 백성들이 포로로 끌려가고 나서도 그는 흔들리지 않습니다. 그 이후에 더 큰 고난이 없을 줄 알았는데 또 오더라도 그는 흔들리지 않습니다. 예레미야를 그렇게 붙들어 준 믿음이 무엇인지 살펴보고자 합니다.

첫 번째, 믿음으로 시험을 이겨 내십시오.

예레미야가 예언하는 것은 개인적으로도 사회적으로도 쉽지 않습니다. 일단 기도하면 응답되는 느낌이 전혀 오지 않았습니다. 나라를 위해서 회개하며 기도하는데 조금도 회복되는 기미가 보이지 않습니다.

그래서 예레미야는 하나님 안에서 끊임없는 질문을 합니다. 사람들 앞에서는 거침없이 선포하고, 그들의 핍박을 묵묵히 받는 것처럼 보이지만 젊은 청년 선지자의 내면에는 계속해서 질문이 생깁니다. 그리고 이해하지 못하는 부분에 막힐 때는 분노합니다. 그리고 하나님 앞에서 불평하기도 합니다.

> 이스라엘의 소망이시요 고난 당한 때의 구원자시여 어찌하여
> 이 땅에서 거류하는 자 같이, 하룻밤을 유숙하는 나그네 같이
> 하시나이까 어찌하여 놀란 자 같으시며 구원하지 못하는
> 용사 같으시나이까 여호와여 주는 그래도 우리 가운데 계시고
> 우리는 주의 이름으로 일컬음을 받는 자이오니 우리를 버리지
> 마옵소서 렘 14:8-9

저는 이 말씀을 보면서 많이 놀랐습니다. 하나님께 이렇게 세게 말해도 되나? 아무리 어려도 그렇지 하나님이 이 정도를 듣고 참지 않으실 텐데 조마조마했습니다. 하나님은 이스라엘의 하나님이신데 왜 강 건너 불구경하고 계십니까? 이방인처럼, 나그네처럼 보고 계십니까? 우리가 남입니까? 이 정도는 곤란하십니까? 이 정도는 힘이 안 되십니까? 저는 믿습니다. 하나님은 하나님이시고, 우리는 하나님의 백성으로 불리는 사람들입니다. 그러니 우리를 버리지 마십시오. 이렇게 말하는 것은 거의 협박입니다. 저의 첫인상과 완전히 다른 예레미야입니다. 하나님을 다그치는 느낌의 겁 없는 청년입니다.

그런데 더 의외는 그것을 받아치시는 하나님입니다. 하나님은 14장 11절에 이렇게 말씀합니다. "너는 이 백성이 잘되게 해 달라고 기도하지 마라."

기도해도 들어주시지 않는 것을 받아들이기는 쉬운 일이 아닙니다. 하나님이 하실 수 없는 일이 있는가 하는 생각이 들 수도 있습니다. 그런 생각이 들 때마다 푸는 답은 하나님의 사랑에서 나와야 합니다. 하나님이 능력이 없으셔서 죽음의 심판을 막지 못하시는 것이 아님을 믿어야 합니다. 하나님이 여러분의 마음을 늘 굳건하게 지켜 주시길 축복합니다.

두 번째, 믿음으로 하루를 선점하십시오.

예레미야는 하나님의 사명을 감당하면서 많은 고난을 당했습니다. 형틀에 매달리기도 했고, 감옥에도 갇혔습니다. 그런데 하나님은 그 순간마다 극적으로 살려 주셨습니다. 37장을 보면 서기관 요나단의 지하감옥에 갇혀 있었습니다. 왕의 신하들에게 모욕과 매를 맞고 갇혀 있던 중이었습니다. 그러나 성경에 나온 것보다 많은 핍박이 있었던 것 같습니다. 그래서 시드기야에게 말합니다.

내 주 왕이여 이제 청하건대 내게 들으시며 나의 탄원을 받으사
나를 서기관 요나단의 집으로 돌려보내지 마옵소서 내가
거기에서 죽을까 두려워하나이다 렘 37:20

이런 말을 할 수 있는 정신은 어디서 나올 수 있는 걸까요? 감옥
에서 그 험한 일들을 당하는 중에 하나님의 예언을 할 수 있는 충만함
은 무엇이었을까요? 왕에게 요구할 수 있는 그 당당함은 어떻게 올 수
있었을까요? 그의 마음이 늘 하나님께 붙들려 있었기 때문입니다.

여호와의 인자와 긍휼이 무궁하시므로 우리가 진멸되지
아니함이니이다 이것들이 아침마다 새로우니 주의 성실하심이
크시도소이다 애 3:22-23

우리가 할 수 있는 일들이 없음을 느낄 때, 우리의 영역이 아닌
것 같은 일들을 만날 때 여러분의 마음을 빼앗긴다면 희망이 없습니다.
여러분의 하루를 선점하십시오. 새롭게 주시는 사랑과 자비로 하루를
채우고 시작하십시오. 말씀으로, 예배로, 찬양으로, 기도로 성령 충만
하게 채워서 하루를 시작하시길 바랍니다. 마지막입니다. 믿음으로 생
활을 바꾸십시오.

그런즉 너희는 너희 길과 행위를 고치고 너희 하나님 여호와의
목소리를 청종하라 그리하면 여호와께서 너희에게 선언하신
재앙에 대하여 뜻을 돌이키시리라 렘 26:13

쉬운성경에는 "길과 행위를 고치라"는 말을 "생활을 바꿔 올바
른 일을 하라"고 표현합니다. 우리는 생활을 바꾸어야 합니다. 길과 행

위를 고치고 삶을 회복해야 합니다. 우리의 믿음이 행동으로 이어지는 것을 추구해야 합니다.

내가 가장 많은 시간을 보내는 곳의 생활을 바꿔 볼까요? 가정을 바꾸고, 학교를 바꾸고, 회사를 바꿉시다. 하나님이 긍휼과 자비를 베푸실지 모릅니다. 사람들과 함께하는 생활을 바꿔 볼까요? 누군가를 향해 쉽게 분노하고, 무고한 이들을 차별하는 마음이 있습니까? 우리의 생활을 바꿉시다. 나만의 개인생활을 바꿔 볼까요? 거룩을 지켜야 하고, 마음을 지켜야 하고, 성실을 지켜야 할 곳이 있나요? 생활을 바꿉시다. 그러면 하나님이 긍휼을 베푸시고 준비하신 평화를 주실 것입니다.

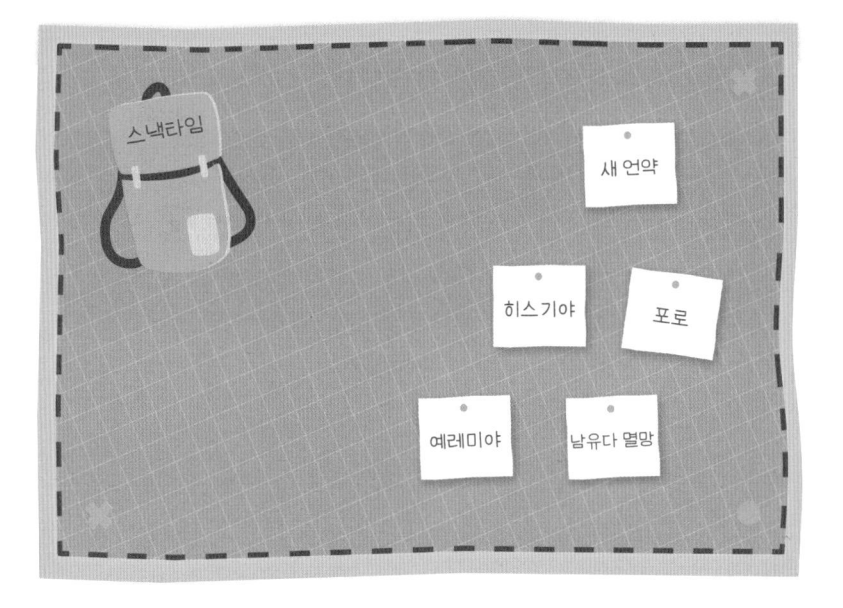

Q1 이사야 45장에는 고레스 왕의 이름이 언급됩니다. 태어나기도 전의 구체적인 왕의 이름이 언급되는 예언은 다른 곳에서도 볼 수 있는 건가요?

　　이사야가 활동하는 시기에는 고레스 왕뿐만 아니라 바사 제국이 존재하기 이전입니다. 그렇지만 하나님이 150여 년 전에 고레스 왕에게 특별한 계획을 갖고, 이사야 45장 1절에 그의 이름을 명확하게 부르고 계십니다.

　　여호와께서 그의 기름 부음을 받은 고레스에게 이같이
　　말씀하시되 내가 그의 오른손을 붙들고 그 앞에 열국을
　　항복하게 하며 내가 왕들의 허리를 풀어 그 앞에 문들을

열고 성문들이 닫히지 못하게 하리라 ^{사 45:1}

하나님이 그에게 열국이 항복하게 될 것이라고 하신 예언은 실제로 고레스가 왕이 되는 역사 속에서 이루어졌습니다. 메대와 바사를 통일하고 제국을 세운 왕이 바로 고레스 왕입니다. 고레스 왕은 그 여세를 몰아서 바벨론 제국을 무너뜨린 지혜로우면서도 도전적인 왕이었습니다. 그를 통해서 이루실 하나님의 뜻은 구체적으로 설명되어 있습니다. 13절에 그가 하는 일을 설명해 놓았습니다.

> 내가 공의로 그를 일으킨지라 그의 모든 길을 곧게 하리니
> 그가 나의 성읍을 건축할 것이며 사로잡힌 내 백성을
> 값이나 갚음이 없이 놓으리라 만군의 여호와의 말이니라
> 하셨느니라 ^{사 45:13}

이사야의 예언대로 이스라엘 백성을 예루살렘으로 돌아갈 수 있도록 칙령을 내렸습니다. 이것은 이사야의 예언과 마찬가지로 남유다의 선지자 예레미야의 예언을 이룬 것이기도 합니다. 예레미야는 남유다 백성이 바벨론으로 끌려간 후에 70년이 지나면 다시 돌아올 것에 대해 예언했습니다. 예레미야 25장 11절을 보면, 그들이 살던 남유다는 심판을 통해서 황폐해지고 그들이 끌려간 바벨론에서 포로생활을 할 것이라고 예언합니다. 그리고 그것이 실제로 응답된 것입니다. 역대하 36장과 에스라 1장에는 이 내용을 동일하게 예레미야의 예언대로 바사의 고레스 왕이 이루었다고 증거하고 있습니다.

> 바사 왕 고레스는 말하노니 하늘의 하나님 여호와께서
> 세상 모든 나라를 내게 주셨고 나에게 명령하사 유다
> 예루살렘에 성전을 건축하라 하셨나니 스 1:2

그리고 예루살렘으로 돌아간 백성들은 무너진 성전과 성벽을 세우고, 마을을 이루게 됩니다.

> 이와 같이 제사장들과 레위 사람들과 문지기들과 노래하는
> 자들과 백성 몇 명과 느디님 사람들과 온 이스라엘 자손이
> 다 자기들의 성읍에 거주하였느니라 느 7:73

성경에는 이사야에게 고레스를 예언하신 것과 같은 사례를 다른 곳에서도 보여 주십니다. 다니엘 8장과 11장을 보면 200여 년 후에 생겨날 헬라(그리스) 제국의 이름이 등장합니다. 그리고 누가 봐도 알렉산더 대왕을 이야기하는 것으로밖에 해석이 안 되는 예언들이 함께 나옵니다.

> 이제 내가 참된 것을 네게 보이리라 보라 바사에서 또
> 세 왕들이 일어날 것이요 그 후의 넷째는 그들보다 심히
> 부요할 것이며 그가 그 부요함으로 강하여진 후에는 모든
> 사람을 충동하여 헬라 왕국을 칠 것이며 장차 한 능력
> 있는 왕이 일어나서 큰 권세로 다스리며 자기 마음대로
> 행하리라 단 11:2-3

하나님이 이렇게 하실 수 있는 분임을 이사야 45장 4절에 직접 설

명해 주셨습니다. 하나님이 믿지 않는 왕을 오래전부터 선택하고 하나님의 백성을 위한 것이라고 말씀합니다. 하나님은 그렇게 쓰임받을 고레스 왕이 세상에 태어나기 전부터 이름을 정하시고 부르셨다고 말씀합니다. 실제로 고레스 왕은 이스라엘 역사 속에서 자신의 이름이 등장하는 것을 알고 유대 사람들에 대한 관심이 각별했습니다. 그가 하나님을 믿고 구원을 받았는지에 대한 확실한 증거는 없지만 그는 하나님을 인정하고 경외하는 사람인 것은 분명합니다.

11주

예레미야 - 호세아

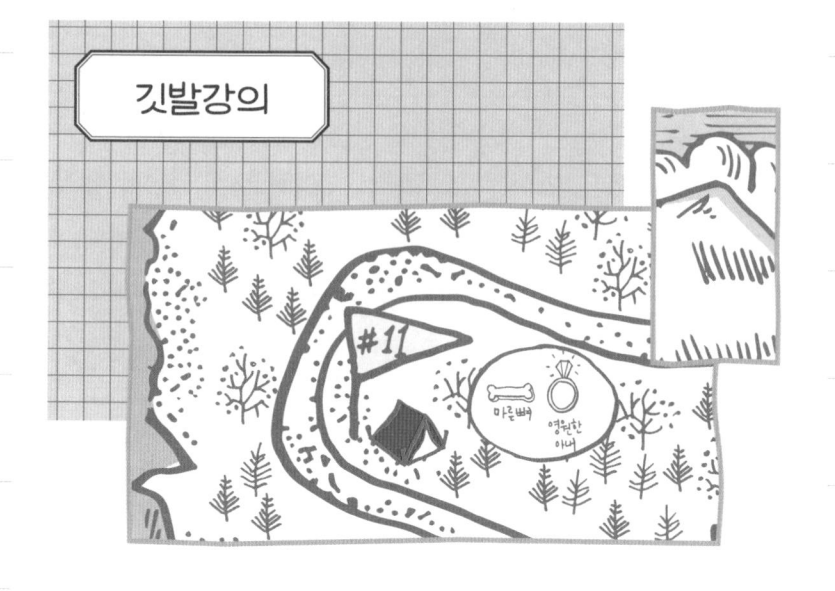

깃발강의

#11

마른뼈 영원한
       아내

열한 번째 깃발강의를 시작하겠습니다.

시작하기 전에 이번 주에 읽을 예레미야와 에스겔 그리고 북이스라엘의 선지자들에 대한 설명을 먼저 드리겠습니다. 이번 주에 읽을 예레미야와 에스겔은 다니엘과 함께 보아야 할 성경책입니다. 모두 겹치는 시기가 있습니다. 그 시기는 예루살렘이 멸망하는 시점입니다. 예레미야는 무너지는 예루살렘을 보며 썼고, 에스겔과 다니엘은 바벨론에서 포로로 지내며 썼습니다. 그 내용을 보자면, 예레미야는 무너지는 성에서 믿음으로 하나님의 희망을 애가로 노래했습니다. 반면 에스겔은 포로로 끌려갔지만 그곳에서 제사장으로서의 역할을 충실히 합니다.

에스겔은 책 속의 책이 숨겨져 있는 느낌을 줍니다. 에스겔 앞부분에는 예레미야의 예언을 생각나게 하는 말씀들이 있습니다. 그리고 제사에 대한 내용이 나올 때는 레위기를 볼 수 있습니다. 마지막으로 땅에 대한 분배를 할 때는 그 안에 여호수아가 있는 것을 볼 수 있습니다. 포로로서 바벨론에 묶여 있지만 광야에서 약속의 땅에 도착하기 전에 율법을 주시듯, 그곳에서 먼저 회복을 선포하시고 그 준비를 해주시는 것을 볼 수 있습니다.

다음은 북이스라엘의 세 명의 선지자들입니다. 요나, 아모스 그리고 호세아도 비슷한 시기에 예언자로 부르심을 받습니다. 저는 이 세 선지자들을 설명할 때 신학교에서 캐롤 카민스키(《구약을 읽다》의 저자) 교수님께 배운 그림으로 표현합니다. 요나는 고래, 아모스는 기울어진 저울, 호세아는 반지를 그려 넣습니다. 요나의 고래는 설명하지 않아도 아시겠죠? 고래 덕분에 북이스라엘에서 유명했던 요나 선지자의 명성은 이어집니다. 아모스의 예언 내용을 뒷받침해 주는 대표적인 이미지는 기울어진 저울입니다. 어느 때보다 부강한 여로보암 2세의 시대에 돈을 더 벌기 위해서 가난한 자들을 사고팔고, 의인조차도 은을 받고 파는 이들의 탐욕을 나타내는 이미지입니다. 마지막으로 호세아는 반지입니다. 우상숭배 한 이스라엘에게 영원한 아내가 될 것이라는 예언을 주십니다. 변하지 않기를 바라는 마음의 다이아몬드 반지가 부부의 언약을 의미합니다.

이렇게 지금 함께 읽고 있는 예언서를 역사의 흐름에서 일부분 설명해 드렸습니다. 예언서는 많이 어렵게 느껴집니다. 어둡고 무거운 말씀들이 이어지는 것 같아 보입니다. 그렇지만 그 안에는 어느 곳에서보다 빛나는 보석과 같은 말씀들이 많이 있습니다. 오늘 이 강의를 통해서 읽으실 때 이전보다 부담감이 적어지고 기대가 생겨나길 바랍니다.

오늘 깃발은 이전보다는 조금 더 간단히 설명하겠습니다. 첫 번째 깃발은 '마른 뼈'입니다. 에스겔이 환상을 보았는데 한 계곡에 수많은 뼈들이 가득차 있었습니다. 그리고 그 뼈들은 메마른 뼈들이었습니다. 생명의 느낌을 전혀 주지 못하는 그림을 만들고 있었습니다. 그러나 하나님은 마른 뼈들에게 명령하십니다. 37장 4, 5절에 이렇게 말씀합니다.

> 또 내게 이르시되 너는 이 모든 뼈에게 대언하여 이르기를 너희
> 마른 뼈들아 여호와의 말씀을 들을지어다 주 여호와께서 이
> 뼈들에게 이같이 말씀하시기를 내가 생기를 너희에게 들어가게
> 하리니 너희가 살아나리라 겔 37:4-5

그 이야기를 듣고 마른 뼈들이 모이기 시작합니다. 그리고 하나님이 생기에게 명령하십니다.

> 또 내게 이르시되 인자야 너는 생기를 향하여 대언하라 생기에게
> 대언하여 이르기를 주 여호와께서 이같이 말씀하시기를 생기야
> 사방에서부터 와서 이 죽음을 당한 자에게 불어서 살아나게 하라
> 하셨다 하라 겔 37:9

마른 뼈는 다니엘과 에스겔을 비롯한, 당시의 멸망하고 포로로 끌려간 이스라엘을 뜻합니다. 그러나 그들을 다시 일으키시고 살리셔서 군대를 만드실 것입니다. 그리고 그들에게 영을 주어서 다시 영광을 나타낼 것이라는 예언을 주십니다. 그리고 그것을 선포하는 그 순간에 에스겔은 기대하고 있었을 것입니다. 자신보다 8년 전에 포로생활을 시작한 다니엘이 믿음의 역사를 쓰고 있는 것에 에스겔은 기뻐하고 감사했을 것이 분명합니다. 여러분, 마른 뼈가 이어지고 살이 붙어 강한 용사가 되는 것은 하나님께 불가능한 일이 아닙니다. 메마른 뼈들조차 군대를 만드신 능력의 하나님이 여러분의 삶 속에서 힘이 되어 주십니다.

두 번째 깃발은 '영원한 아내'입니다. 여기에 보이는 것은 반지입니다. 시작 부분에 나누었던 이야기 중에 두 번째 깃발 내용이 들어

있습니다. 영원한 아내는 호세아에 나오는 말씀입니다. 우리가 그의 신
부로서 하나님을 찾지 않을 때 우상을 찾으면서 외도할 수 있는 것에
대해 예언하십니다. 그러나 우리가 그렇게 외도하더라도 돌이켜 돌아
오면 용서하실 것에 대해 말씀합니다.

> 내가 네게 장가 들어 영원히 살되 공의와 정의와 은총과 긍휼히
> 여김으로 네게 장가 들며 호 2:19

비록 호세아서는 북이스라엘의 멸망을 앞둔 시기에 선포된 말
씀이지만, 나라는 멸망하고 그들이 흩어질지라도 하나님은 북이스라
엘 백성도 다시 보호를 받고 하나님의 백성으로서의 영광을 회복할 것
을 선포하십니다.

> 그 그늘 아래에 거주하는 자가 돌아올지라 그들은 곡식 같이 풍성할
> 것이며 포도나무 같이 꽃이 필 것이며 그 향기는 레바논의 포도주 같이
> 되리라 호 14:7

포로기를 마치고 성전을 재건하기 위해 돌아오는 이들의 대부
분은 남유다 중심이었습니다. 성경에서 돌아온 이들의 스토리는 남유
다만 담겨 있는 듯합니다. 그러나 하나님의 사랑과 인내하심은 북이스
라엘에도 동일하게 선포되어졌다는 것을 기억하시길 바랍니다. 북이
스라엘의 첫 번째 왕이었던 여로보암의 금송아지 때문에 절망의 스토
리를 벗어난 적이 없지만 그들을 향한 하나님의 마음은 남유다와 다르
지 않고, 그들을 진실된 마음으로 기다리셨다는 것을 기억하시길 바랍
니다. 그 하나님이 여러분과 지금 이 시대의 주인이심을 기억하는 계기
또한 되기를 바랍니다.

트레킹 저널

61일. 예레미야 46장–에스겔 1장
심판을 받는 자의 노래

예레미야애가는 탄식의 노래입니다. 예루살렘 성이 포위되고 시간이 지나자 물과 음식을 구할 길이 막혔습니다. 그 시간이 지속되자 예루살렘 성 안에 있던 모든 자랑들이 그 빛을 잃어 갑니다. 성전의 금과 보석들은 물론이고, 그들의 자랑이었던 귀족들의 고상한 얼굴은 검게 그을린 얼굴 속에 모두 묻혀 버렸습니다. 마지막으로 그들 안의 생명도 모든 것이 사라진 절박함 속에서 의미를 잃어 갔습니다. 지나가던 어른들의 눈에는 목마른 아기들이 들어오지 않았습니다. 아기를 낳은 젊은 여인들의 마음에도 이들에 대한 사랑이 식어 갑니다.

먼저 이런 상황 속에서 그의 고통을 하나님께 쏟아 놓습니다. 하나님이 세우신 나라가 무너져 가고, 그동안 세워 왔던 영광들이 빛을 잃어 감을 보면서 울부짖습니다.

내 눈이 눈물에 상하며 내 창자가 끊어지며 내 간이 땅에
쏟아졌으니 이는 딸 내 백성이 패망하여 어린 자녀와 젖 먹는
아이들이 성읍 길거리에 기절함이로다 ^{애 2:11}

예레미야에게는 더 이상 행복도, 평안도 없습니다. 그는 그 자리
에서 하나님의 심판과 무너져 가는 백성들 앞에서 울부짖으며 고통을
아뢸 뿐입니다.

두 번째로 그는 절망 속에서 하나님께 소망이 있음을 선포합니다.

이것을 내가 내 마음에 담아 두었더니 그것이 오히려 나의 소망이
되었사옴은 여호와의 인자와 긍휼이 무궁하시므로 우리가
진멸되지 아니함이니이다 이것들이 아침마다 새로우니 주의
성실하심이 크시도소이다 ^{애 3:21-23}

절망 속에서도 하나님께 소망이 있기에 믿음을 지켜야 한다는
그 순간의 깨달음을 선포합니다. 그리고 아침마다 새로울 것이고, 그
믿음을 주실 하나님은 신실하셔서 고난 속에서 우리를 지키시고 구원
하신다는 고백을 선포합니다.

마지막으로, 예레미야는 끝까지 구원의 의지를 붙잡고 계신 하
나님께 돌아가자고 외칩니다. 우리의 지난 행동들을 주님 앞에서 돌아
보고, 이제 남은 힘을 모아서 기도의 자리, 탄식의 자리로 나가자고 노
래합니다.

우리가 스스로 우리의 행위들을 조사하고 여호와께로 돌아가자
우리의 마음과 손을 아울러 하늘에 계신 하나님께 들자 ^{애 3:40-41}

벌써 쓰기 시작하신 새로운 역사

에스겔은 바벨론에 포로로 끌려왔습니다. 그러나 에스겔이 왔을 때는 이미 바벨론에 포로로 끌려와서 새 역사를 쓴 사람이 있었습니다. 하나님의 사람으로서 자리를 잡은 다니엘입니다.

> 비록 노아, 다니엘, 욥, 이 세 사람이 거기에 있을지라도 그들은
> 자기의 공의로 자기의 생명만 건지리라 나 주 여호와의
> 말이니라 겔 14:14

하나님은 남유다의 심판과 멸망을 앞두고 포로로 끌려간 이들을 통해 믿음의 역사를 새롭게 만들기 시작하셨습니다. 그리고 그중에서 다니엘은 포로로 살아가는 바벨론에서 믿음을 하나님께 인정받았습니다. 다니엘은 에스겔에게 주신 예언에서 노아와 욥과 함께 등장합니다. 노아는 죄악으로 가득 찬 세상에서 홀로 믿음을 지켰던 의인이었습니다. 하나님은 홍수 심판 이후의 역사를 노아가 새로 쓰게 하셨습니다. 욥은 그 시대의 의인으로 존경받았지만, 이유를 알 수 없는 고난으로 연단을 받습니다. 끝까지 믿음을 놓지 않았던 욥에게 하나님은 고난이 끝난 뒤에 다른 차원의 믿음의 역사를 새로 쓰게 하셨습니다.

하나님은 포로로 끌려와서 바벨론에서 살아가는 이스라엘 백성이 앞으로 새로운 역사를 쓸 것에 대해 알려 주십니다. 당시 포로로 끌려온 사람들은 상상하지 못했습니다. 예루살렘에 있는 사람들은 그들이 죄 때문에 포로로 끌려갔고, 그래서 하나님이 더 이상 그들과 함께하지 않는다고 말했습니다. 그러나 하나님은 그들의 생각이 틀렸음을 알려 주십니다.

그런즉 너는 말하기를 주 여호와의 말씀에 내가 비록 그들을 멀리
이방인 가운데로 쫓아내어 여러 나라에 흩었으나 그들이 도달한
나라들에서 내가 잠깐 그들에게 성소가 되리라 하셨다 하고 겔 11:16

하나님의 예정대로 그들을 다른 나라로 흩으셨지만 그곳에 그
들을 위한 성소를 만드시고, 때가 되었을 때 지금 예루살렘의 모든 우
상과 껍데기만 있는 제사가 아닌 하나님이 기뻐하시는 예배를 드리게
하겠다고 말씀합니다. 포로로 잡힌 유다 사람들에게 새로운 영을 주셔
서 그 사명을 맡기신다고 약속해 주셨습니다.

내가 그들에게 한 마음을 주고 그 속에 새 영을 주며 그 몸에서 돌
같은 마음을 제거하고 살처럼 부드러운 마음을 주어 겔 11:19

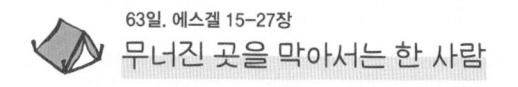

63일. 에스겔 15-27장
무너진 곳을 막아서는 한 사람

에스겔의 예언을 보면 예레미야에게 보여 주신 것과 겹치는 내
용들이 있습니다. 에스겔에게도 물가에 심은 나무와 사막에 심겨진 나
무로 그들의 변한 마음을 이미지로 보여 주십니다.

이제는 광야, 메마르고 가물이 든 땅에 심어진 바 되고 불이 그
가지 중 하나에서부터 나와 그 열매를 태우니 권세 잡은 자의
규가 될 만한 강한 가지가 없도다 하라 이것이 애가라 후에도
애가가 되리라 겔 19:13-14

또한 예레미야에게 주신 예언들과 같은 이유들로 왕국을 그렇게 만든 지도자들을 질책하십니다. 지도자들은 보물과 귀중품을 빼앗기 위해 음모를 꾸미고, 사람의 목숨을 빼앗습니다. 제사장들은 성소를 더럽히고, 더 이상 거룩하게 구별되어 살아가지 않습니다. 그들은 안식일조차 지키지 않습니다. 예언자들은 거짓 예언을 하고, 죄를 덮어 줍니다. 그들이 그렇게 살아가기 때문에 백성들도 만족을 모르고 탐욕을 좇아 살아갑니다.

> 이 땅 백성은 포악하고 강탈을 일삼고 가난하고 궁핍한 자를
> 압제하고 나그네를 부당하게 학대하였으므로 겔 22:29

같은 맥락이지만 에스겔에서는 조금 더 구체적인 이미지로 이유를 설명하십니다.

> 이 땅을 위하여 성을 쌓으며 성 무너진 데를 막아 서서 나로
> 하여금 멸하지 못하게 할 사람을 내가 그 가운데에서 찾다가 찾지
> 못하였으므로 겔 22:30

누군가가 멸망으로 가는 상황을 알았다면, 죄로부터의 공격을 막기 위한 성을 쌓았어야 합니다. 하나님을 향한 사랑과 거룩을 사모하는 열심을 흔드는 우상이 들어오지 못하는 성이 있어야 했습니다. 지도자들과 영적인 지도자들은 탐욕과 교만한 마음을 주는 우상들이 들어오지 못하게 막는 역할을 감당했어야 합니다. 그들이 타락했다면 누구라도 일어나 사람들을 모아서 무너진 곳을 막아서는 역할을 감당했어야 합니다. 그러나 아무도 없었습니다. 그렇게 망가진 그들의 나라는 하나님의 분노를 피할 수 없게 되었습니다.

내가 내 분노를 그들 위에 쏟으며 내 진노의 불로 멸하여
그들 행위대로 그들 머리에 보응하였느니라 주 여호와의
말씀이니라 겔 22:31

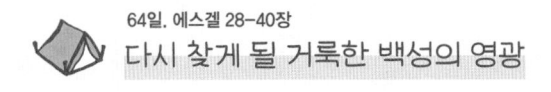

64일. 에스겔 28-40장
다시 찾게 될 거룩한 백성의 영광

　　이제 하나님이 남유다의 지도자들에게 맡겼던 백성들을 다시 찾으실 때가 되었습니다. 에스겔이 바벨론에 도착한 지 12년째 되던 해, 예루살렘을 탈출해서 달려온 사람에게 함락 소식을 듣게 됩니다. 하나님은 이 사람이 도착하기 전날 저녁부터 이미 에스겔에게 전하기 시작하셨습니다. 그리고 소식을 듣기 전, 그날 아침부터 에스겔은 예언 하기 시작합니다.

　　주 여호와께서 이같이 말씀하셨느니라 나 곧 내가 내 양을 찾고
　　찾되 겔 34:11

　　하나님은 이제 직접 목자의 역할을 하신다고 선포합니다. 더 이상 신뢰할 수 없는 지도자들에게 맡길 수 없습니다. 하나님은 좋은 날씨를 기다리지 않고 양을 찾기 위해 길을 떠나실 것입니다. 깜깜한 어둠 속에서도 백성들이 흩어진 모든 곳을 찾아가셔서 그들을 구출할 것입니다. 아무리 먼 나라에 있더라도, 험한 골짜기에 있더라도 하나님은 포기하지 않고 찾아올 것입니다. 그리고 자신의 양들에게 은혜를 베푸실 것입니다. 길 잃은 양을 끝까지 포기하시지 않고, 상처 난 양과 약한 양에게는 새 힘을 주셔서 회복시키실 것입니다.

또한 하나님은 그들을 돌볼 목자를 세우실 것입니다. 그리고 그들을 위한 '화평의 언약'을 세우시고, 들짐승을 없애실 것입니다. 그렇기에 이제 하나님의 양들은 어디서든 잘 수 있습니다. 길을 잃어도 집으로 돌아가는 길을 찾기가 두렵지 않을 것입니다. 어디든 안전하고, 그의 보살핌이 미치지 않는 곳이 없을 것이기 때문입니다. 이제 모든 사람들이 그들의 목자가 하나님이심을 알게 되었기 때문입니다.

이제 하나님의 백성들은 수치를 당하지 않을 것입니다. 어느 누구도 그들의 자녀들을 빼앗아 갈 수 없습니다. 그들이 보호자이시고 거룩하신 하나님의 백성으로 존귀함을 받게 될 것입니다.

> 여러 나라 가운데에서 더럽혀진 이름 곧 너희가 그들 가운데에서
> 더럽힌 나의 큰 이름을 내가 거룩하게 할지라 내가 그들의
> 눈앞에서 너희로 말미암아 나의 거룩함을 나타내리니
> 내가 여호와인 줄을 여러 나라 사람이 알리라 주 여호와의
> 말씀이니라 겔 36:23

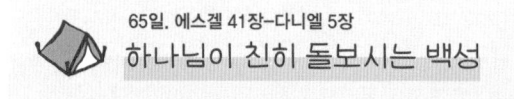

65일. 에스겔 41장-다니엘 5장
하나님이 친히 돌보시는 백성

다니엘은 바벨론으로 가서 첫 시작을 열었던 세대입니다. 그에게는 바벨론이라는 나라의 정보도 없었고, 이끌어 주는 사람들도 없었습니다. 믿음으로 새 시대를 개척한 첫 세대였습니다.

다니엘은 남유다 왕국에서 여호야김이 다스리던 시기에 포로의 신분으로 바벨론에 끌려왔습니다. 당시 국제적인 상황은 남유다가 강대국들의 의지에 따라 좌지우지될 때였습니다. 여호아하스는 애굽

에 금을 상납하면서 다스리다가 그곳으로 끌려가서 죽었습니다. 애굽에서 왕으로 세운 여호야김은 예루살렘을 쳐들어 온 바벨론에게 3년간 종살이를 하게 됩니다. 그러나 바벨론에게 반역하려다가 실패하고 그들의 공격에 포위되고 맙니다. 느브갓네살 왕은 힘없이 항복한 남유다 왕국의 보물들과 함께 포로들을 끌고 바벨론으로 돌아옵니다. 그중에서 왕족과 귀족의 아들들을 왕궁으로 데려올 때 다니엘과 세 친구들이 함께 선택받아서 들어오게 됩니다. 다니엘, 하나냐, 미사엘과 아사랴는 이전에는 없던 바벨론 궁전의 히브리 소년들입니다.

고난을 경험하지 못한 남유다 왕국의 왕족이나 귀족 가문의 소년들에게 모든 것은 새로웠습니다. 그러나 그들의 눈에는 하나님이 그곳에 함께하시는 통치자이시고, 인생의 주인이셨습니다. 다니엘과 세 친구들은 믿음의 길을 가기로 결정합니다.

다니엘과 세 친구들이 가장 먼저 만난 도전은 음식이었습니다. 우상을 예배한 음식들을 그들이 먹게 되는데 이것을 어떻게 받아들여야 할지에 대한 고민이 있었습니다. 우선 그들은 그것을 믿음으로 거부합니다. 그런데 하나님이 그들에게 그 뜻을 기뻐하신다는 확인을 주셨습니다.

> 하나님이 다니엘로 하여금 환관장에게 은혜와 긍휼을 얻게
> 하신지라 단 1:9

하나님은 환관장의 마음을 여셔서 다니엘과 친구들의 이야기를 듣고 기회를 주셨습니다. 목숨을 걸고 시작하는 도전 앞에서 한 사람의 마음을 여시는 것을 보고 하나님이 그들과 함께하심을 확인합니다. 그 다음 기적에서도 하나님은 그들을 죽이기 위해 찾아온 왕의 경호대장 아리옥의 마음을 여시며 기적의 역사를 시작하십니다. 그들에게는 하

나님의 확인과 함께 모든 영역에서 하나님의 역사하심을 확인하는 경험들이 쌓여 갔습니다.

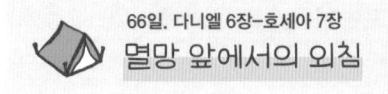

66일. 다니엘 6장-호세아 7장
멸망 앞에서의 외침

무너져 가는 예루살렘 성에서의 예레미야의 예언과 포로로 바벨론에 끌려간 에스겔이 그곳에서 유다 왕국을 위하여 선포한 메시지는 일치합니다. 그리고 그것은 북이스라엘의 멸망 앞에서 선포한 선지자들의 메시지와도 일치합니다.

> 오라 우리가 여호와께로 돌아가자 여호와께서 우리를 찢으셨으나
> 도로 낫게 하실 것이요 우리를 치셨으나 싸매어 주실 것임이라 호 6:1

"여호와께 돌아가자"는 메시지입니다. 북이스라엘 왕국은 남유다 왕국의 역사와 극명하게 다른 점이 있습니다. 한 번도 돌아간 적이 없다는 것입니다. 남유다는 의로운 왕들이 있었습니다. 그러나 여로보암의 두 마리 금송아지는 북이스라엘이 한 번도 여호와께 돌아갈 수 없는 역사를 만들도록 그들의 발목을 잡았습니다. 그럼에도 불구하고 하나님은 마지막 멸망의 순간 앞에서 그들을 부르십니다. 하나님께 돌아왔던 영광스러운 역사를 가진 남유다와 절망의 역사를 이어 온 북이스라엘이 살아날 수 있는 길은 같았습니다. 여호와께 돌아오는 것입니다.

심판의 목전에서 돌아올 때, 하나님이 주신 회복의 메시지도 동일합니다.

여호와께서 이틀 후에 우리를 살리시며 셋째 날에 우리를
일으키시리니 우리가 그의 앞에서 살리라 호 6:2

북이스라엘에 약속하신 날의 회복의 과정을 설명해 주십니다.
3일간의 회복입니다. 둘째 날에 살리고, 일으키시는 셋째 날에 하나님
앞에서 살게 된다는 메시지는 3일 만에 부활하신 메시야의 구원과 회
복을 떠올리게 합니다. 그들이 비록 잔인한 원수들에게 둘러싸여서 멸
망을 목전에 두고 있을지라도 그들에게 온전한 회복을 주시고, 영광을
세우실 것이라는 하나님의 뜻을 보여 줍니다. 여호와께 돌아가는 구체
적인 방법을 보여 주십니다.

그러므로 우리가 여호와를 알자 힘써 여호와를 알자 그의
나타나심은 새벽 빛 같이 어김없나니 비와 같이, 땅을 적시는
늦은 비와 같이 우리에게 임하시리라 하니라 호 6:3

여호와께 돌아가는 것은 하나님을 알아가는 것입니다. 우리가
그분을 알아가는 길만이 하나님이 인간에게 가장 바라시는 진실한 사
랑과 그를 향한 지식을 줄 수 있기 때문입니다.

나는 인애를 원하고 제사를 원하지 아니하며 번제보다 하나님을
아는 것을 원하노라 호 6:6

다니엘과의 캠핑

POST CARD

다니엘 6:10

... Three times a day he got down on his knees and prayed, giving thanks to his God, just as he had done before.

EVERYDAY PRAYER
Daniel 6:10

오늘은 다니엘과 함께하는 캠핑입니다. 바벨론의 느브갓네살 왕의 왕궁이 캠핑 장소입니다.

바벨론에 포로로 끌려온 다니엘은 모든 것이 낯선 곳에서 생존해야 합니다. 이전 시대를 살았던 인생 선배도, 그들을 보호해 줄 나라도 존재하지 않습니다. 그는 바벨론에서 성공보다 생존을 목표로 살아가야 합니다.

바벨론에서 시작한 도전은 얼마 지나지 않아 바벨론의 유다 사람들에게 본보기가 되고, 자랑이 되었습니다. 8년 후에 바벨론에서 정착한 에스겔에게 주신 예언을 보면 벌써 하나님은 그의 믿음을 인정하시고 노아와 욥과 함께 위대한 사람으로 언급하십니다.

비록 노아, 다니엘, 욥이 거기에 있을지라도 나의 삶을 두고
맹세하노니 그들도 자녀는 건지지 못하고 자기의 공의로 자기의
생명만 건지리라 주 여호와의 말씀이니라 겔 14:20

오늘 다니엘과 캠핑하면서 너무나 유명한 한 장면을 통해 하나님이 그에게 주신 믿음을 보려고 합니다. 그 믿음이 여러분이 앞으로 세상 속에서 하나님의 사람으로 살아가는 데 중요한 키워드가 되기를 바랍니다.

첫 번째, 처음 가 보는 길에서는 모든 영역에서 하나님을 찾으십시오.

다니엘은 모든 것이 처음이었습니다. 낯선 바벨론 군대는 앗시리아와 애굽을 무너뜨린 겁 없는 군대였습니다. 느브갓네살 왕은 이스라엘의 왕의 두 눈을 뽑아서 쇠사슬에 끌고 오는 겁 없는 왕입니다. 하나님에 대한 두려움이 없는 나라이고, 왕입니다. 그런 곳에 포로로 처음 끌려온 소년 다니엘이 처음 부딪힌 문제는 무엇이었나요? 음식이었습니다. 성경은 가장 기본적인 음식을 결정하는 스토리를 시작에 담았습니다.

다니엘서는 의식주에 대한 문제 다음에 직면하는 문제로 그 나라의 왕이 꾼 꿈에 대한 내용을 다루고 있습니다. 느브갓네살 왕이 꿈을 꾸었습니다. 일어나서 나라의 모든 지혜자들을 모았습니다. 2장 2절을 보면 궁 안에 있는 마술사, 점성가, 점쟁이들이 다 모였다고 합니다. 그들은 당시의 지혜와 지식, 그리고 신들에 대한 지식을 가진 자들이었습니다. 느브갓네살 왕은 그들에게 꿈에 대한 미션을 줍니다. 그런데 괴팍한 이 왕은 무슨 이유인지 꿈의 내용을 알려 주지 않는 것입니다. 해몽만이 아니라 그 꿈이 무엇인지 맞추고, 풀어야 하는 것입니다. 그때 주술가 중 한 명이 왕에게 말하는 장면이 2장 11절에 나옵니다.

왕께서 물으신 것은 어려운 일이라 육체와 함께 살지 아니하는
신들 외에는 왕 앞에 그것을 보일 자가 없나이다 한지라 단2:11

해몽이 아니라 꿈이 무엇인지 알려 줄 수 있다면 그는 이 땅의
사람이 아닐 것이라고 말합니다.
다니엘서에 다니엘이 만난 첫 번째, 두 번째 스토리는 같은 맥락
입니다. 바뀌지 않는 그의 행동은 하나님 앞으로 가는 일이었습니다.

이에 다니엘이 자기 집으로 돌아가서 그 친구 하나냐와 미사엘과
아사랴에게 그 일을 알리고 단2:17

다니엘은 자신들과 나라의 지혜자들의 생명을 위해서 간절히
기도했습니다. 이 어려움을 뚫고 갈 수 있는 길을 찾는 것이 아니라 하
나님이 불쌍히 여겨 주시길 기도했습니다. 그리고 비밀을 알려 주시길
기도했습니다.
처음 가는 길은 기회의 길입니다. 이전에 씨름하던 모든 것들을
새롭게 할 수 있는 기회입니다. 말씀하시고 새로운 길을 보여 주실 그
분께 구하는 여러분 되시길 바랍니다.
두 번째, 돌이킬 수 없는 길을 가야 할 때 나의 자리에서 하나님
을 찾으십시오.
돌이킬 수 없는 길을 다니엘이 가게 됩니다. 그를 시기하는 사람
들이 파 놓은 함정에 빠진 것이죠. 나라의 왕이 바뀌었습니다. 다리오
왕은 120명의 총독을 세웠습니다. 그리고 그들을 다스리는 세 명의 총
리를 세웠는데, 그중의 최고를 다니엘로 세워서 전체를 다스리게 하려
고 했습니다. 그때부터 정치적인 전쟁이 일어나기 시작합니다. 다니엘
을 제외한 총리와 총독들이 모여서 다니엘을 고소하려고 머리를 맞대

고 작전을 만들었습니다. 30일 동안 왕 이외에 다른 신이나 다른 사람에게 기도하는 자는 누구든지 사자굴에 넣어야 한다는 법을 만든 것입니다. 그리고 이 법을 만든 왕도 바꿀 수 없도록 그들은 치밀하게 진행해서 다니엘을 빠트릴 함정을 만들었습니다.

다니엘은 함정이 있는 것을 알았습니다. 그러면 피해 가야 하는 것이 맞습니다. 도망가는 것이 맞습니다. 아니면 함정을 치우는 것이 맞습니다. 아니면 시간을 벌면서 들어가지 않는 것도 방법일 수 있습니다. 그러나 다니엘은 피하지 않습니다.

> 다니엘이 이 조서에 왕의 도장이 찍힌 것을 알고도 자기 집에
> 돌아가서는 윗방에 올라가 예루살렘으로 향한 창문을 열고 전에
> 하던 대로 하루 세 번씩 무릎을 꿇고 기도하며 그의 하나님께
> 감사하였더라 단 6:10

다니엘은 하나님이 지금까지 하신 일들을 알고 있었기에 믿음으로 그 자리에 간 것입니다. 그의 앞에 있는 함정을 피해 가는 방법도, 치우는 방법도 기도이기 때문에 그의 행동에는 머뭇거림이 없습니다. 그는 '전에 하던 대로' 하나님께 기도했습니다.

돌이킬 수 없는 길을 위해서 기도의 루틴을 쌓는 것은 나의 기본을 위해서만이 아닙니다. 가장 중요한 나의 순간에 가장 강력한 기도가 나올 수 있도록 준비하는 것입니다. 그리고 그 기도 중에서도 감사기도가 준비되어 있다면 그것은 견디는 기도가 아니라 승리를 향한 역전의 기도가 됩니다.

세 번째는 중요한 때가 되었음을 느낄 때 간절히 기도합니다.

다니엘과 세 친구는 목숨이 걸려 있는 순간에 진지하게 기도했습니다. 다니엘이 음모에 걸려들었을 때, 그는 감사하면서도 간구하는

기도를 드렸습니다. 그의 루틴이었지만 간절히 기도합니다. 시간이 지나고 다니엘이 노년이 되었을 때도 그는 하나님 앞에서 기도하는 모습을 보여 줍니다. 그는 예루살렘을 떠나면서도 예레미야에서 70년 뒤에 그들의 자리로 부르실 것이라는 예언을 기억하고 있었습니다. 다니엘 9장 2절은 그가 노년이 되었을 때도 그것을 기억하고 세고 있었음을 보여 줍니다. 그리고 그 중요한 때가 되었을 때 그는 간절히 기도합니다.

> 내가 금식하며 베옷을 입고 재를 덮어쓰고 주 하나님께 기도하며
> 간구하기를 결심하고 단 9:3

간절히 기도할 수 있는 자리가 필요하십니까. 찾아보십시오. 환경이 필요하십니까. 만들어 보십시오. 가장 중요한 기도의 시간을 정하고, 간절한 기도를 시작하십시오.

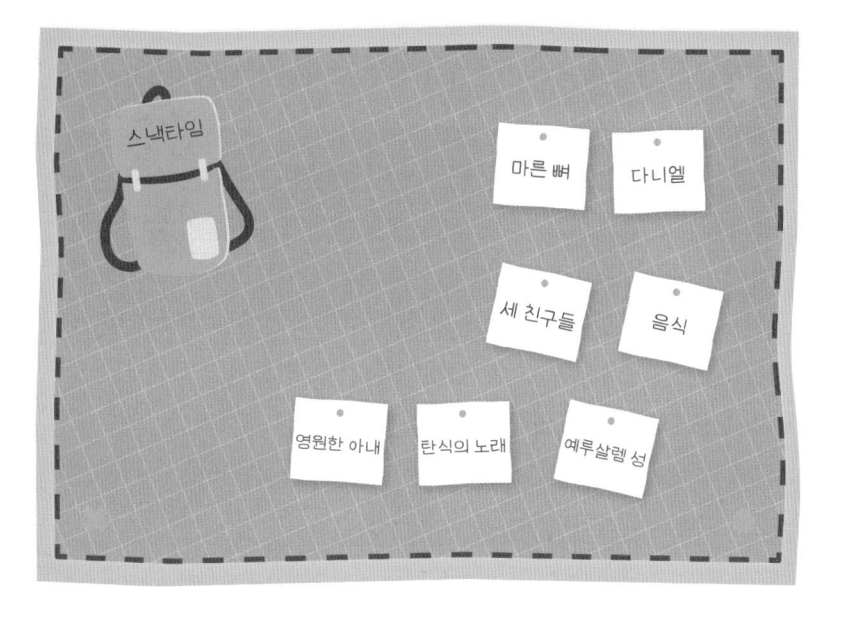

Q1 그런데 열왕기의 저자와 예레미야는 남유다 역사의 마지막을 여호야긴으로 마무리하고 있습니다. 그 이유는 무엇인가요?

　　성경에서 이스라엘 왕국의 역사를 담은 열왕기상·하와 역대상·하는 분명한 의도를 가지고 마무리를 하고 있습니다. 열왕기상·하의 마지막은 바벨론으로 잡혀간 여호야긴 왕이 죄수의 옷을 벗고 왕과 함께 식탁에서 밥을 먹는 모습으로 마무리됩니다. 역대상·하는 예레미야의 예언대로, 시드기야 왕을 마지막으로 멸망한 이스라엘 왕국이 70년 후에 예루살렘으로 다시 돌아가게 되었다는 것을 기록하고 있습니다. 두 가지 모두 이스라엘의 소망을 담고 있습니다.

　　그런 의미로 보면 생소한 여호야긴 왕으로 마무리하는 열왕기하에 대해서 더 알고 싶은 마음이 듭니다. 먼저 여호야긴 왕에 대해서는 성경에 많이 설명되어 있지 않습니다. 그는 18세에 남유다 왕이 되었습니다. 그가 왕으로서 다스린 기간은 3개월밖에 되지 않습니다. 그 이유는 남유다를 쳐들어온 바벨론의 느브갓네살 왕에게 항복했기 때문입니다. 그가 항복했을 때, 느브갓네살은 성전과 왕궁에 있는 보물들을 모두 약탈했습니다. 그들이 가져가지 않을 성전의 물건들도 모두 파괴했습니다. 그가 끌려갈 때, 성경은 모든 예루살렘 백성이 끌려갔다고 표현하고 있습니다. 느브갓네살 왕은 아름다운 것들을 파괴하고, 도움이 될 만한 모든 백성과 존귀한 보물들을 가지고 바벨론으로 돌아갔습니다. 그리고 여호야긴의 삼촌 시드기야를 왕으로 세웁니다.

그런데 질문처럼 열왕기하, 예레미야에 나오는 마지막 모습은 바벨론으로 끌려가서 감옥에서 죽은 시드기야 왕이 아니라 여호야긴의 이야기입니다. 여호야긴이 바벨론으로 끌려간 지 37년이 넘은 어느 날, 바벨론의 새로운 왕, 에윌므로닥은 여호야긴을 감옥에서 풀어 주었습니다.

> 유다 왕 여호야긴이 사로잡혀 간 지 삼십칠 년 곧 바벨론의
> 에윌므로닥 왕의 즉위 원년 열두째 달 스물다섯째 날 그가
> 유다의 여호야긴 왕의 머리를 들어 주었고 감옥에서 풀어
> 주었더라 렘 52:31

왕은 그에게 호의를 베풀었습니다. 포로로 끌려왔지만 그곳에서 마음 편히 살 수 있도록 왕은 직접 먹을 음식과 살아가면서 필요한 돈을 매일 주었다고 기록해 놓았습니다.

왕국의 역사를 마무리하는 왕이 마지막 왕이었던 시드기야가 아

니라 왜 여호야긴인지 이유를 찾기는 쉽지 않습니다. 여호야긴도 남유다의 왕이었을 때는 하나님이 보시기에 악한 왕이었기 때문입니다. 그러나 분명한 것은 포로로 끌려갔던 남유다의 왕이 죄수옷을 벗게 되었다는 것입니다. 벌써 이스라엘 민족의 소망이 보이는 듯합니다. 하나님은 포로로 끌려가서도 성전을 향해 기도하며 회개하는 이스라엘 백성에게 응답을 보여 주시기 시작한 것이 아닐까요?

> 자기를 사로잡아 간 적국의 땅에서 온 마음과 온 뜻으로
> 주께 돌아와서 주께서 그들의 조상들에게 주신 땅 곧
> 주께서 택하신 성읍과 내가 주의 이름을 위하여 건축한
> 성전 있는 쪽을 향하여 주께 기도하거든 주는 계신 곳
> 하늘에서 그들의 기도와 간구를 들으시고 그들의 일을
> 돌아보시오며 주께 범죄한 백성을 용서하시며 주께 범한
> 그 모든 허물을 사하시고 그들을 사로잡아 간 자 앞에서
> 그들로 불쌍히 여김을 얻게 하사 그 사람들로 그들을
> 불쌍히 여기게 하옵소서 왕상 8:48-50

Q2 에스겔 48장을 보면 열두 지파에게 땅의 경계를 정해 주시고, 각 지파마다 받을 땅을 분배해 주십니다. 바벨론에 포로로 잡혀 있는 이 시기에 이 예언을 주시는 의미는 무엇인가요?

하나님은 북이스라엘에 이어서 남유다가 멸망한 이후에 환상을 통해 이 예언을 주십니다. 그 이유는 열두 지파의 이스라엘에 대한 하나님의 사랑은 끊어지지 않았음을 보여 주십니다. 이스라엘 민족의 역사 속

에서 지파별로 보아도 땅 분배를 받을 자격이 없고, 지금 뿔뿔이 흩어져서 소망이 없을지라도 하나님은 그들을 잊지 않고 부르셔서 그들에게 유업을 다시 줄 것을 작정하셨습니다. 그리고 그들에게 이렇게 나누어 줄 때, 특별한 상급을 받을 가문이 있을 것에 대해서도 알려 주십니다.

> 이 땅을 사독의 자손 중에서 거룩하게 구별한 제사장에게
> 돌릴지어다 그들은 직분을 지키고 이스라엘 족속이
> 그릇될 때에 레위 사람이 그릇된 것처럼 그릇되지
> 아니하였느니라 겔 48:11

그리고 하나님의 자비로 주신 영토이기 때문에 하나님이 정한 땅을 또한 바쳐야 한다고 말씀합니다. 십일조의 의미처럼 받은 것의 일부를 드리면서 하나님이 주셨음을 기억하고, 감사하게 하심을 볼 수 있습니다.

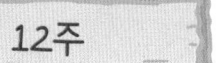

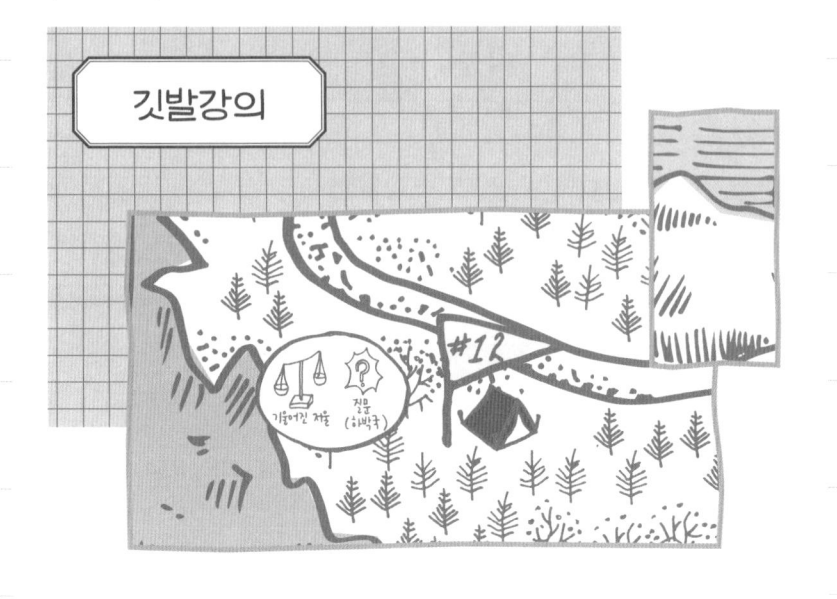

열두 번째 깃발강의를 시작하겠습니다.

첫 번째 깃발은 '기울어진 저울'입니다. 앞서 언급한 캐롤 카민스키라는 교수님은 구약을 전체적으로 보는 수업이 탁월하여 알려진 분이었습니다. 한국에 번역되어 출간된《구약을 읽다》라는 책에도 이분의 특기인 시대를 구분하고 거기에 특징적인 이미지들을 하나씩 넣으신 것을 볼 수 있습니다. 그중에 아모스 앞에 붙힌 이미지가 바로 기울어진 저울입니다. 기울어진 저울에 대해 지난주에 아모스를 언급하며 설명해 드렸습니다. 사람의 마음에 생기는 욕심을 보여 주는 것이 바로 기울어진 저울, 속이는 저울입니다.

속이는 저울은 여호와께서 미워하시나 공평한 추는 그가

기뻐하시느니라 ^{잠 11:1}

여기 나오는 속이는 저울이 미가서에 나옵니다.

내가 만일 부정한 저울을 썼거나 주머니에 거짓 저울추를
두었으면 깨끗하겠느냐? ^{미 6:11}

조금 더 많은 돈을 벌기 위해 속이는 사람을 나타낼 때 하나님은
가짜 저울을 말씀합니다. 그리고 가짜 저울을 덜 주고 더 받는 사람을
하나님은 용서하지 못하신다고 말씀합니다. 처음에는 양심에 걸릴 수도
있겠지만 점점 대담해집니다. 그래서 아모스서는 이렇게 말씀합니다.

여호와께서 이와 같이 말씀하시되 이스라엘의 서너 가지 죄로
말미암아 내가 그 벌을 돌이키지 아니하리니 이는 그들이 은을
받고 의인을 팔며 신 한 켤레를 받고 가난한 자를 팔며 ^{암 2:6}

그리고 이들은 많은 것을 가지고 있는데도 욕심이 멈추지 않습
니다.

상아 상에 누우며 침상에서 기지개 켜며 양 떼에서 어린 양과
우리에서 송아지를 잡아서 먹고 ^{암 6:4}

상아로 만든 침대에 살 때도 욕심을 멈추지 않았습니다. 그리고
그들이 이룬 것으로 여기고 위대한 민족이라 생각합니다. 그래서 이어
이렇게 말씀합니다.

그러므로 그들이 이제는 사로잡히는 자 중에 앞서 사로잡히리니
기지개 켜는 자의 떠드는 소리가 그치리라 암 6:7

하나님은 말씀합니다. "파티가 끝났다."

북이스라엘의 선지자 3인방의 예언서 중에 아모스는 '성과주의'에 익숙해진 지금의 시대에 잊지 말아야 할 말씀입니다. 하나님이 기회를 주시고 풍족한 삶을 주셨다면 감사와 정직을 잊지 마시기 바랍니다. 그리고 반대로 말할 수 없는 억울함과 낙심 가운데 계시다면 공의로우셔서 바로잡으시는 하나님, 치유하시는 하나님을 기억하시면서 힘내시기 바랍니다.

그 날에 내가 다윗의 무너진 장막을 일으키고 그것들의 틈을
막으며 그 허물어진 것을 일으켜서 옛적과 같이 세우고 암 9:11

두 번째 깃발은 '물음표'입니다. 오늘 함께 나눌 하박국은 물음표로 기억하시기 바랍니다. 바이블 트레킹을 하면서 궁금한 점이 많이 생기지 않았나요? 저는 하나님을 인격적으로 만난 후에 질문들이 정말 많이 생겼습니다. 그리고 신학교에서 성경을 공부하니까 이제는 공부해도 풀리지 않을 것 같은 질문들이 쏟아졌습니다. 질문을 갖고 성경을 읽으시는 성도님들을 격려해 드립니다. 왜냐하면 하나님은 그 질문에 답하실 것이기 때문입니다.

하박국 선지자는 하나님께 질문했습니다. 첫 번째 질문입니다.

여호와여 내가 부르짖어도 주께서 듣지 아니하시니
어느 때까지리이까 내가 강포로 말미암아 외쳐도 주께서
구원하지 아니하시나이다 합 1:2

하나님은 그 질문에 답해 주십니다. 그런데 하박국 선지자의 질문은 이어집니다.

> 주께서는 눈이 정결하시므로 악을 차마 보지 못하시며 패역을
> 차마 보지 못하시거늘 어찌하여 거짓된 자들을 방관하시며
> 악인이 자기보다 의로운 사람을 삼키는데도 잠잠하시나이까 합 1:13

하나님은 이어지는 그의 질문에도 답해 주십니다. 그 답에 우리가 잘 알고 있는 "의인은 믿음으로 인하여 산다"라는 문장도 포함되어 있습니다.

인생의 어느 때보다 많은 질문이 쏟아지는 시기를 살아가고 있습니다. 그럴 때 저의 교수님들이 해주신 이야기들을 기억해 봅니다. 한 교수님이 더 깊은 공부를 위해 이런 조언을 해주셨습니다. "이 세 가지 중에 하나를 공부하면 평생 공부해도 심심하지 않지. 그 바다에서 재밌게 공부할 것이다."

그 세 가지는 '삼위일체, 예수님과의 연합, 종말론'이었습니다. 지금 생각해 봐도 영적인 세계의 깊이, 하나님과의 연합이라는 신비, 때를 알 수 없는 다시 오실 예수님에 대한 공부는 신비의 세계입니다. 그러나 그럼에도 그분이 제게 추천하신 것은 하나님이 실제로 살아 계심에 대한 믿음과 우리에게 주신 말씀에 계시되어 있다는 믿음이 있기 때문이라고 생각합니다. 성경을 읽으면서 질문이 생기시나요? 축하드립니다. 하나님이 곧 말씀해 주실 것이기 때문입니다.

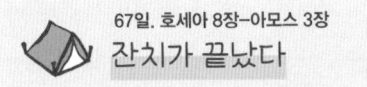

67일. 호세아 8장-아모스 3장

잔치가 끝났다

아모스는 요나, 호세아와 함께 북이스라엘이 멸망하기 직전에 '북이스라엘의 심판'을 예언한 남유다 출신의 선지자입니다. 아모스가 북이스라엘에 갔을 때 그곳은 역사에 남을 강국의 이미지를 되찾은 상황이었습니다. 일단 군사적으로 솔로몬이 다스리던 땅을 되찾았습니다. 열왕기하 14장 25절에 하맛에서부터 사해까지 이르는 국경을 회복했다고 기록되어 있습니다. 북이스라엘이 온 세상에 자랑이던 솔로몬 시대의 국경을 되찾은 것에 대해 그들의 자부심이 얼마나 컸을지에 대해 생각해 볼 수 있는 대목입니다. 실제로 그들은 힘뿐만 아니라 경제적인 부유함도 누렸습니다. 그들이 상아로 장식한 침대를 비롯해 온갖 사치품을 누린 모습이 아모스서에 그려져 있습니다. 그러나 그들의 부귀영화는 하나님이 주신 것이었습니다. 고통당하던 북이스라엘 백성을 위해 여로보암 2세를 보내셔서 구원하신 것이었습니다(왕하 14:27 참조). 그러나 그들은 하나님의 은혜로 맞게 된 부귀와 영화로 자신들의 탐심을 채우기 시작했습니다.

> 여호와께서 이와 같이 말씀하시되 이스라엘의 서너 가지 죄로
> 말미암아 내가 그 벌을 돌이키지 아니하리니 이는 그들이 은을
> 받고 의인을 팔며 신 한 켤레를 받고 가난한 자를 팔며 암 2:6

우상이 되어 버린 화려한 삶과 쾌락은 그들의 눈을 가렸습니다. 가난한 사람은 더 이상 사랑의 대상이 아니라 물건과 같습니다. 믿음의 길을 걸어가는 사람을 해치는 일을 두려워하지 않습니다. 그들은 껍데기만 남은 제사를 이어 가면서 그들의 양심과 하나님을 향한 두려움이 사라지는 것을 느끼지 못했습니다. 그래서 하나님은 예언자들을 보내셨습니다.

> 주 여호와께서는 자기의 비밀을 그 종 선지자들에게 보이지
> 아니하시고는 결코 행하심이 없으시리라 암 3:7

그러나 그들은 돌이키지 않습니다. 수단과 방법을 가리지 않고 탐욕이 부르는 모든 것을 얻으려 합니다. 그러면서도 무너지고 죽어가는 형제를 돌보지 않는 그들에게 하나님은 심판을 선포하십니다. "너희들의 파티는 이제 끝났다."

> 그러므로 그들이 이제는 사로잡히는 자 중에 앞서 사로잡히리니
> 기지개 켜는 자의 떠드는 소리가 그치리라 암 6:7

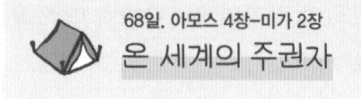

오늘 트레킹을 하면서 네 개의 나라에 예언자를 보내시는 하나님을 만나게 됩니다. 북이스라엘에 아모스, 에돔에 오바댜, 니느웨에 요나, 남유다에 미가를 보내십니다. 네 명의 선지자들은 모두 하나님의 심판의 메시지를 전하고 있습니다. 하나님은 모든 나라와 민족과 함께 하십니다. 그들의 선한 혹은 악한 행동을 보시며 축복과 심판하시는 하나님이십니다.

> 여호와께서 만국을 벌할 날이 가까웠나니 네가 행한 대로 너도
> 받을 것인즉 네가 행한 것이 네 머리로 돌아갈 것이라 욥 1:15

이스라엘 왕국이 아닌 다른 나라에 대한 하나님의 마음을 보여주는 책은 요나서입니다. 하나님은 북이스라엘의 선지자 요나에게 니느웨로 가라고 말씀합니다. 그의 업적은 대단했습니다. 북이스라엘이 솔로몬이 다스리던 국경을 회복한다는 그의 예언은 그대로 이루어졌습니다. 하나님은 그런 요나를 이스라엘 왕국이 아닌 니느웨로 옮기셨습니다. 그 시대는 호세아와 아모스까지 예언자로 세우셔서 북이스라엘의 심판을 막기 위한 예언을 하게 하실 때였습니다. 그러나 북이스라엘만큼 앗수르의 수도 니느웨에 집중하셨습니다. 요나가 생각할 때 니느웨는 심판받아야 할 곳이었습니다. 오랫동안 하나님의 나라를 극악무도한 행동으로 괴롭혔던 원수인 앗수르는 무너져야 할 곳이었습니다. 그러나 하나님은 요나를 쓰시겠다는 뜻을 바꾸지 않습니다. 그의 뜻을 바다에서 바꾸십니다. 깊은 바닷속에서 그는 영원한 감옥을 경험합니다. 그리고 그곳에서 구원하시는 하나님을 만나 고백합니다.

나는 감사하는 목소리로 주께 제사를 드리며 나의 서원을 주께
갚겠나이다 구원은 여호와께 속하였나이다 하니라 욘 2:9

하나님은 앗수르의 죄와 니느웨의 타락으로 그들을 심판하시
길 작정하셨지만 그들에게 용서받을 기회를 주셨습니다. 북이스라엘
의 영광을 예언한 요나를 니느웨에 보내셔서 그들에게 준엄한 메시지
를 전하게 하셨습니다. 니느웨 성의 모든 이들이 회개의 자리로 나오
고, 하나님은 용서하셨습니다. 하나님의 마음은 온 세계의 민족과 나라
를 향해 있습니다.

하물며 이 큰 성읍 니느웨에는 좌우를 분변하지 못하는
자가 십이만여 명이요 가축도 많이 있나니 내가 어찌 아끼지
아니하겠느냐 하시니라 욘 4:11

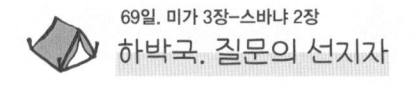

69일. 미가 3장-스바냐 2장
하박국, 질문의 선지자

하나님께 질문하는 선지자라 하면 하박국을 꼽을 수 있습니다.
예언자의 질문은 익숙한 주제가 아닙니다. 하나님을 이미 이해하고 있
거나, 그런 질문을 하지 않는 것이 예언자의 미덕처럼 느낄 수 있습니
다. 그러나 소신이 강했던 요나와 함께 하박국은 풀리지 않는 질문을
하나님께 드립니다.

여호와여 내가 부르짖어도 주께서 듣지 아니하시니 어느
때까지리이까 내가 강포로 말미암아 외쳐도 주께서 구원하지

아니하시나이다 ^{합 1:2}

하나님께 묻는 하박국은 주저함이 없습니다. 예언자인 자신의 눈앞에서 정의가 불의에 폭력을 당하고 무너지는 모습을 하나님께 말씀드리고 있습니다. 의인들을 지켜 주시고 보호해 달라는 그의 요청을 하나님은 듣지 않고 계시고, 그들을 보호해야 할 나라의 재판관도 악인의 편에 서서 의지할 곳이 없다고 호소하고 있습니다.

보라 내가 사납고 성급한 백성 곧 땅이 넓은 곳으로 다니며
자기의 소유가 아닌 거처들을 점령하는 갈대아 사람을
일으켰나니 ^{합 1:6}

하나님은 이러한 호소에 답해 주십니다. 하나님의 계획을 막힘없이 설명해 주십니다. 이어 하박국은 왜 바벨론이라는 악한 나라를 통해 이스라엘을 심판하시는지에 대해 하나님께 두 번째로 질문합니다. 하나님이 세우신 왕국이 무너지고, 의인들도 고통 가운데 빠질 텐데 왜 악한 바벨론에게 시키실 수밖에 없는지 묻습니다. 신학적이면서도 예리한 질문에 하나님은 바로 답해 주십니다.

바벨론이 남유다를 공격하고 멸망시키려 해도 절대 승리하지 못할 것이라고 말씀합니다. 그들이 남유다를 멸망시키는 것은 그들의 죄로 인한 행동이기에 그 죄를 잊지 않으신다고 말씀합니다. 그리고 바벨론의 심판으로 하나님의 영광을 아는 지식을 온 땅에 전파하도록 하신다고 말씀합니다.

이는 물이 바다를 덮음 같이 여호와의 영광을 인정하는 것이
세상에 가득함이니라 ^{합 2:14}

민족을 격려하여 일으키는 선지자들

바사에서 포로로 있던 유대 사람들이 성전을 짓기 위해 예루살렘으로 돌아간 이후에 그들의 공사는 중간에 멈춰졌습니다. 학개와 스가랴는 이 상황 속에서 특별한 임무에 투입된 선지자들이었습니다. 하나님은 먼저 학개를 통해 예언하셨습니다.

이 성전이 황폐하였거늘 너희가 이 때에 판벽한 집에 거주하는 것이 옳으냐 학1:4

바벨론에서 자유의 몸으로 예루살렘에 돌아온 그들은 공사가 멈추자 이제 자신들을 위해 살기 시작했습니다. 성전은 아직 황폐한 모습 그대로이지만 그들의 집은 번듯하게 세워지고, 성전에 대한 생각은 어느새 잊혀졌습니다. 그러나 학개의 예언은 당연하게 흘러가던 그들의 생각과 삶을 다시 하나님이 주신 사명으로 맞추었습니다. 우선 지도자인 스룹바벨과 여호수아가 깨달았습니다. 그들의 마음이 움직이자 백성들의 마음도 금세 모아졌습니다. 그리고 공사는 다시 시작되었습니다.

하나님의 격려는 선지자 학개를 통해 공사를 재개한 그들에게 전해집니다.

그러나 여호와가 이르노라 스룹바벨아 스스로 굳세게 할지어다
여호사닥의 아들 대제사장 여호수아야 스스로 굳세게 할지어다
여호와의 말이니라 이 땅 모든 백성아 스스로 굳세게 하여
일할지어다 내가 너희와 함께하노라 만군의 여호와의 말이니라 학2:4

스가랴를 통해 그들을 향한 하나님의 특별한 사랑과 비전을 보여 주셨습니다.

> 내게 말하는 천사가 내게 이르되 너는 외쳐 이르기를 만군의
> 여호와의 말씀에 내가 예루살렘을 위하여 시온을 위하여 크게
> 질투하며 슥 1:14

예루살렘을 향한 하나님의 뜨거운 사랑은 스가랴의 예언을 통해서 그 땅을 회복하고, 본래의 영광을 회복하는 것에 대한 믿음이 되었습니다. 그들은 담대해졌고, 위기의 상황에서도 두려움에 흔들리지 않았습니다. 그리고 학개와 스가랴의 활약과 함께 그들은 성전을 완공했습니다.

> 유다 사람의 장로들이 선지자 학개와 잇도의 손자 스가랴의
> 권면을 따랐으므로 성전 건축하는 일이 형통한지라 이스라엘
> 하나님의 명령과 바사 왕 고레스와 다리오와 아닥사스다의
> 조서를 따라 성전을 건축하며 일을 끝내되 스 6:14

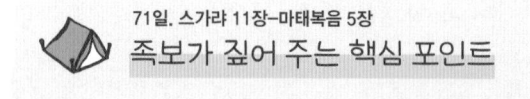

71일. 스가랴 11장-마태복음 5장
족보가 짚어 주는 핵심 포인트

오늘 드디어 신약을 시작하게 되었습니다. 바이블 트레커들에게 마태복음의 문을 여는 예수님의 족보는 지금까지 걸어온 구약의 길의 중요한 점들을 짚어 주고 있습니다. 먼저 복음에 대한 설명은 하나님의 언약에서 출발하는 것을 보여 줍니다.

아브라함과 다윗의 자손 예수 그리스도의 계보라 ^{마 1:1}

아브라함에게 주신 언약의 중요한 점은 그의 가문을 통해서 천하 만민이 복을 받게 된다는 것입니다. 또한 선지자 예레미야에게 다윗에게서 의로운 가지를 일으키신다는 예언을 주셨습니다. 족보의 시작은 아브라함과 다윗의 집안을 통해 메시아를 보내신다는 예언의 성취를 보여 줍니다.

두 번째, 예수님의 역사에는 이스라엘의 감추고 싶은 역사도 함께 있음을 보여 줍니다.

유다는 다말에게서 베레스와 세라를 낳고 베레스는 헤스론을 낳고 헤스론은 람을 낳고 ^{마 1:3}

유다는 다말의 남편이 아닙니다. 다말은 그의 며느리입니다. 다말의 남편이 죽었지만 시아버지인 유다와 그의 아들들은 그녀를 돌보지 않았습니다. 그래서 그녀는 자신을 숨기고 유다에게 접근해서 쌍둥이를 낳습니다. 하나님을 두려워하지 않고 죄를 짓는 것에 익숙했던 유다를 깨닫게 하셨습니다. 또한 입에 담기도 어려운 불순종이었지만 하나님은 그것을 사용하셔서 복음의 역사를 이어 가셨습니다.

마지막으로 하나님은 이스라엘의 언약을 다른 민족과 함께 이어 가신 역사였음을 보여 줍니다.

살몬은 라합에게서 보아스를 낳고 보아스는 룻에게서 오벳을 낳고 오벳은 이새를 낳고 ^{마 1:5}

라합은 이스라엘 백성이 가나안으로 들어갈 때, 여리고 성에서 기생으로 살던 여인이었습니다. 그녀의 믿음과 담대함으로 이스라엘을 구하고 예수님의 조상이 되었습니다. 족보에 또 한 명의 이방 여인이던 룻은 모압 민족이었습니다. 그녀는 남편이 죽고 모든 것을 잃게 된 후, 시어머니인 나오미와 하나님을 선택했습니다. 나오미와 함께 은혜를 사모하며 살았고, 보아스의 아내가 되어 예수님의 조상이 되었습니다. 라합과 룻은 이방 여인들이었지만 하나님은 그들을 통해 예수님의 역사를 쓰셨습니다. 유대인에게는 부끄러울 수 있는, 절대 동참할 수 없을 것 같은 이방인들의 역사는 하나님의 용서와 자비를 나타내면서 예수님이 이 땅에 오신 역사의 한 부분이 되었습니다.

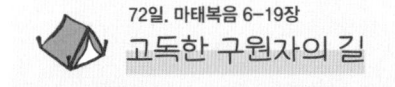

72일. 마태복음 6-19장
고독한 구원자의 길

예수님이 사람들 앞에 모습을 드러내신 이후의 상황을 해석하는 관점이 마태복음 11장에 나옵니다.

> 세례 요한의 때부터 지금까지 천국은 침노를 당하나니 침노하는
> 자는 빼앗느니라 마 11:12

이 말씀을 하신 상황은 감옥에 있던 세례 요한이 예수님께 질문하고 답하신 직후였습니다. 세례 요한의 질문은 자신이 예수님을 메시아로 본 것에 대한 의문이었습니다. 예수님을 메시아로 믿고 있음을 전제로 한 질문이었고, 자신이 더 알아야 하는 것이 있는지에 대한 겸손한 요청이었습니다. 예수님은 그것을 아시고 자신이 메시아임을 증명하는 답을 보내 주십니다. 예수님은 대화를 나누신 직후 제자들에게 세

례 요한에 대해 판단하지 않으시고, 도리어 그를 높여 주십니다. 12절이 바로 그 말씀입니다. 예수님이 오시기 전인, 세례 요한이 물로 회개를 일으킬 때부터 하나님 나라는 움직이고 있다고 말씀합니다. 잔잔한 바다가 아니라 힘 있게 일어나서 몰아치는 파도처럼 나아가고 있다고 말씀합니다. 그리고 그렇게 나아가는 자들이 하나님 나라를 얻게 된다고 말씀합니다.

예수님의 활동 궤적은 그들의 기대와 많이 달랐습니다. 예수님은 힘 있는 사람들에게 가지 않으시고, 도움이 필요한 사람들을 찾아가셨습니다. 세상을 바꿀 수 있는 사람들을 찾아가지 않으시고, 바뀌어야 할 세상에 갇혀 있는 자들을 찾아가셨습니다.

> 예수께서 모든 도시와 마을에 두루 다니사 그들의 회당에서
> 가르치시며 천국 복음을 전파하시며 모든 병과 모든 약한 것을
> 고치시니라 마 9:35

진리를 찾고 있는 이들을 가르치셨습니다. 절망 가운데 있는 이들에게 영원한 소망을 전파하셨습니다. 질병으로 발목이 묶여 있는 이들을 찾아가셔서 그들을 자유롭게 해방시켜 주셨습니다. 예수님은 무거운 짐 진 자들을 찾아가셔서 그들의 연약함을 지시는 구원자셨습니다. 세례 요한의 충성스러운 삶이 예수님의 구원의 역사와 연결되어 있었지만, 그것을 느끼지도 보지도 못했습니다. 그러나 예수님은 탓하지 않으십니다. 그는 아무도 이해해 주지 못하는 길을 묵묵히 걸어가셨습니다.

말라기 4:2

THE SUN OF RIGHTEOUSNESS

말라기와의 캠핑

열두 번째 말라기와의 캠핑을 시작합니다. 구약 전체가 가리키고 있는 예수님이 이 땅에 오시기 직전의 메시지가 바로 말라기가 선포하고 있는 이 시점입니다. 말라기의 메시지를 통해 '기대'라는 단어가 마음에 남기를 바랍니다.

> 내 이름을 경외하는 너희에게는 공의로운 해가 떠올라서
> 치료하는 광선을 비추리니 너희가 나가서 외양간에서 나온
> 송아지 같이 뛰리라 ^{말 4:2}

첫 번째, 시작을 기대하십시오.
2절 말씀은 예수님이 오셔서 심판의 날이 될 때 '공의'가 해처럼

뜨고, 치료의 광선을 비춘다고 하는 것입니다. 그럼 궁금한 점이 있습니다. '이전에는 의로움이 어떻게 비추어졌는가' 그리고 '예수님이 오셔서 의로움이 해처럼 비추어지면 우리는 무엇이 달라지는가'에 대해 생각해 보면 좋겠습니다.

아담과 하와가 죄를 저지른 다음에 성경 인물들은 하나님을 어떻게 만났나요? 하나님이 찾아오실 때 직접 만납니다. 아브라함은 제물을 하나님께 드리고 뜨거운 태양빛 아래서 기다립니다. 그럴 때 하나님이 불로 그 제물을 태우시면서 나타나셔서 말씀합니다. 모세는 어떻게 만나나요? 하나님이 인도하신 떨기나무 아래에서 만납니다. 불꽃 가운데 타지 않는 나무를 통해 그를 만나 주십니다. 이들은 직접 만나는 이들입니다.

해처럼 하나님을 만날 수가 없었습니다. 혼란스러울 때든지, 방향을 못 잡고 있을 때든지 이들은 하나님을 만날 때 의로운 길로 강한 인도하심을 받았습니다. 확신을 가지고 결단하고 그 길로 갈 수 있었습니다. 그런데 이런 의로움은 하나님이 이들을 찾으실 때 가능했습니다. 오시고 언제 다시 오실지 모릅니다. 제물을 펴 놓고 언제 오실지 기약이 없습니다.

그러던 이들에게 은혜를 주셨습니다. 절기와 제사를 주셨는데, 이제 정해진 날이 되면 그분을 뵐 수 있습니다. 레위기에 정해진 것을 하면 그분을 뵐 수 있습니다. 피의 제사를 통해 개인이 의로움을 얻고, 속죄일에 민족이 의로움을 얻을 수 있었습니다.

그런데 이제 하나님의 의로움이 매일 떠오르는 해처럼 우리를 비출 것이라고 말합니다. 우리를 떠나지 않으시는 하나님입니다. 그분이 오시면 이제 의로움이 해처럼 항상 우리를 비출 것이라고 예언하십니다. 해가 비추지 않는 곳은 없습니다. 해는 오늘만이 아니라 내일 분명히 떠오릅니다. 떠나지 않고, 달려갈 수 있는 의로우신 예수 그리스도가 우리와 함께하신다는 것입니다.

말라기 선지자가 예언한 그 예수 그리스도가 여러분과 함께하십니다. 예수님의 의로움이 해처럼 비출 때 여러분의 죄만이 아니라 영혼과 삶이 새롭게 됩니다. 해와 함께 새로운 하루가 시작되듯이 예수 그리스도의 의로움으로 매일 새로워지시길 바랍니다.

두 번째, 성장을 기대하십시오.

말라기 4장 2절을 보면 의로움이 해처럼 비출 때 치료의 광선이 비출 것이라고 말씀합니다. 치료의 광선이 비추면 우리는 어떤 길을 걸어가게 될까요? 이제 생명에서 성장으로 가게 됩니다. 심장이 다시 뛰게 된 것으로 끝이 아니라 이제 예수님이 원하시는 길을 걸어가는 것입니다. 아기 예수님을 품에 안고 예언했던 요한의 아버지 사가랴는 이렇게 선포했습니다.

> 이는 우리 하나님의 긍휼로 인함이라 이로써 돋는 해가 위로부터
> 우리에게 임하여 어둠과 죽음의 그늘에 앉은 자에게 비치고
> 우리 발을 평강의 길로 인도하시리로다 하니라 눅 1:78-79

빛은 우리를 회복시키십니다. 하나님의 회복에는 방향이 있습니다. 어둠과 죽음의 그늘에서 나와, 우리의 발로 딛고 서게 하셔서 평화의 길로 인도하시는 것입니다.

죄에 묶여서 한 걸음도 뗄 수 없는 우리를 자유케 하셨습니다. 회복입니다. 우리가 그 어두운 그늘에서 빛 가운데 나왔습니다. 성장입니다. 이제 우리의 발로 딛고 일어나 주님이 인도하시는 평화의 길로 걸어가게 됩니다. 이것이 주님이 우리에게 주시는 회복이고 성장입니다.

빛 가운데 걷게 되면 무엇을 해야 할까요? 이제 우리는 그 광선

으로 죄의 사슬을 끊어야 합니다. 여러분, 의로움에서 새롭게 되셨으니 다시 어둠 가운데 들어가지 마십시오. 그 문턱 가까이 가지 마십시오. 그리고 그 문턱에서 손으로 막고 버티고 들어가지 마십시오. 그리고 예수님께 구해 달라고 외치며 다시는 어두움으로 들어가지 마십시오. 혹시 실패했다면 오늘 다시 들어가지 않도록 사탄과 전쟁을 하시기 바랍니다.

하나님이 오늘 여러분의 삶에 빛을 비추시는 곳이 어디인지 생각해 보시기 바랍니다. 떠오르는 곳에 변명할 수 없는 죄가 있다면 그곳은 어두움과 죽음의 그늘이 있는 곳입니다. 오늘 이 시간에 그곳에 치유의 광선을 비추십니다. 그 목적은 그곳을 향하던 발을 이제 돌이키는 것입니다. 평화의 길로 걸어갈 수 있도록 다시는 돌아가지 않게 하시는 것이 하나님의 바람입니다. 예수님이 오신 목적입니다. 십자가의 보혈로 구원하시고, 예수님을 닮아 가게 하시는 성장의 시작입니다. 예수 그리스도로부터 비춰지는 회복의 광선을 통해 성장의 길을 걸어가시길 바랍니다.

마지막으로 기쁨을 기대하게 하십니다.

말라기 4장 2절의 마지막 부분입니다.

너희가 나가서 외양간에서 나온 송아지 같이 뛰리라 말 4:2 하

신앙인으로서 가장 감격스러운 때는 복음을 전한 사람이 예수님을 인격적으로 만난 소식을 듣는 것입니다. 예수님을 격하게 만나서 그 삶이 이전과 완전히 달라졌을 때, 저도 격하게 감동을 받습니다.

제가 미국에서 공부할 때 보스턴 시내의 한 일식집의 웨이터로 일했습니다. 방학이 되면 시내에 잠자리를 마련하고, 일자리를 구해서 매일 아르바이트를 했습니다. 그때 일하던 일식집의 사장님이 저를 많

이 아껴 주셨습니다. 대학생 때까지 럭비 선수였던 사장님은 어느 순간부터 제게 형님이 되어 주셨습니다. 한국인 직원은 저밖에 없었는데 모든 정리가 끝나면 그때부터 형제들의 수다가 시작되었습니다.

그 당시 사장님은 믿음이 있다고 하셨지만 인격적으로 만난 것에 대해서는 확신이 없었습니다. 그래서 중요한 결정을 해야 할 때면 저와 함께 새벽기도에 가서 격려하며 기도했습니다. 시간이 지나고 반가운 소식이 들렸습니다. 형님이 인격적으로 하나님을 만난 것입니다. 이전에 몰랐던 하나님을 만났는데 너무 행복하고 감사해서 저에게 높은 톤으로 감동을 전하셨습니다. 사업을 위해 이동할 때 잠이 들지 않으려고 설교를 들었는데, 그러던 중 뜨거운 은혜를 경험하셨다고 했습니다. 힘찬 목소리로 저를 위해 기도해 주신다고 하실 때 오늘 말씀의 회복이 느껴지며 큰 감동이 되었습니다.

> 내가 무엇을 가지고 여호와 앞에 나아가며 높으신 하나님께
> 경배할까 내가 번제물로 일 년 된 송아지를 가지고 그 앞에
> 나아갈까 미 6:6

여러분, 외양간에서 풀려난 송아지는 그 자리에서 뛰는 것이 가장 큰 기쁨의 표현이었을 것입니다. 다른 것을 할 수 있다면 했을 것입니다. 하나님은 여러분을 살리시고 자유케 하셨을 때 무엇을 하셨는지 기억해 보시기 바랍니다. 그리고 여러분을 통해 복음을 듣고 그렇게 회복되는 영혼들을 보면서 그 기쁨을 누리시길 바랍니다.

Q1 구약의 마지막 책인 말라기의 마지막 구절에 모세와 엘리야가 등장합니다. 이것이 신약의 시작과 어떻게 연결되는지 궁금합니다.

말라기의 마지막에 모세와 엘리야가 등장하는 것은 연결성이 있는 선지자들을 이야기하면서 그와 같은 캐릭터의 선지자를 기다릴 수 있도록 돕는 역할을 합니다. 앞으로 시작될 400년간의 암흑기라고 불리는 중간기 동안 이들이 보여 주는 선지자가 올 때 바로 알아볼 수 있도록 결정적인 힌트를 주는 것이죠.

먼저 모세와 엘리야의 연결을 보겠습니다. 모세는 가나안으로 들어가는 이스라엘 민족들에게 예언합니다. 자신과 같은 선지자를 일으킬 때 그를 알아볼 수 있는 힌트를 신명기의 마지막에 기록해 두었습니다.

그 후에는 이스라엘에 모세와 같은 선지자가 일어나지
못하였나니 모세는 여호와께서 대면하여 아시던 자요
여호와께서 그를 애굽 땅에 보내사 바로와 그의 모든
신하와 그의 온 땅에 모든 이적과 기사와 모든 큰 권능과
위엄을 행하게 하시매 온 이스라엘의 목전에서 그것을
행한 자이더라 신 34:10-12

모세를 설명하는 이 구절을 읽고, 이스라엘의 역사에서 바로 연결
시킬 수 있는 선지자는 단연 엘리야입니다. 그가 방황할 때, 하나님은 직
접 찾아가십니다. 그를 위해서 떡을 구우시고, 물을 준비하십니다. 그를
일으키기 위해서 산, 바람, 바위, 지진, 불로 기적을 일으키십니다. 그리고
그는 죽음을 경험하지 않고 불말과 불병거를 타고 하늘로 올라갔습니다.
모세와 하나님과의 친밀한 관계, 초월적인 기적, 그리고 그가 가지는 권
위는 엘리야에게 모두 있습니다.

이런 관점에서 엘리야는 세례 요한으로 이어집니다. 아합과 이세
벨이 뒤를 든든하게 받쳐 주는 바알의 제사장들과 담대하게 대결하는 엘
리야의 모습은 홀로 요단강에서 회개의 세례를 주는 요한의 모습과 닮아
있습니다. 사람들은 말라기의 예언을 듣고 세례 요한을 보았을 때, 겉으
로 보여지는 모습으로도 엘리야를 떠올렸을 것입니다.

그들이 그에게 대답하되 그는 털이 많은 사람인데 허리에
가죽 띠를 띠었더이다 하니 왕이 이르되 그는 디셉 사람
엘리야로다 왕하 1:8

세례 요한을 처음 보는 유대인들은 구약 말씀 속의 엘리야를 떠올렸을 것입니다. 세례 요한은 낙타털 옷을 입고, 허리에 가죽 띠를 띠고 다녔기 때문입니다. 말라기의 마지막 예언을 듣고 기억했던 사람들은 모세와 엘리야를 기억하며 그들의 인생에서 긴 시간을 기다렸을 것입니다. 그리고 하나님의 때까지 기다린 사람은 그들이 가리키는 세례 요한을 만나게 되었을 것입니다.

Q2 마태복음 5장 48절의 "그러므로 하늘에 계신 너희 아버지의 온전하심과 같이 너희도 온전하라"라는 예수님의 말씀은 레위기 11장 45절에 나오는 "내가 거룩하니 너희도 거룩할지어다"와 같은 말씀으로 들려집니다. 연관성이 있을까요?

네. 구약의 율법에 대해 예수님이 직접적인 언급을 하시고 마무리하셨던 말씀이 마태복음 5장 48절입니다. 그렇기 때문에 하나님의 율법인 레위기를 정리해 준다고 볼 수 있는 레위기 11장 45절과는 의미가 자연스럽게 연결된다고 볼 수 있습니다. 이런 흐름에서 예수님이 율법에 대해 말씀하신 것도 율법에 대해 부정하시는 것이 아님을 말씀합니다.

> 내가 율법이나 선지자를 폐하러 온 줄로 생각하지 말라
> 폐하러 온 것이 아니요 완전하게 하려 함이라 마 5:17

예수님은 율법을 가장 우선순위로 두었던 바리새인들과 많은 논쟁을 하셨습니다. 그러나 예수님은 율법을 부정하시지 않고, 그것보다 더

성숙한 법을 알려 주셨습니다. 그리고 예수님을 따르는 이들에게 율법을 지키는 서기관들과 바리새인들보다 의롭지 않으면 결코 천국에 들어가지 못할 것이라고 말씀하셨습니다. 그리고 21절부터 주시는 예들에 대한 내용은 율법의 내용보다 더 지키기 어렵고 이것을 지키는 일은 불가능할 것 같은 높은 기준을 제시하셨습니다. 그리고 이것을 모두 지키고 온전하게 살아야 한다고 말씀하셨습니다. 그러나 예수님의 율법을 지키며 온전하게 살 수 있는 길은 우리 자신의 수고가 아닙니다. 그 길은 믿음입니다. 오직 예수님 안에서 우리는 모든 율법을 지키고, 의로움을 얻을 수 있는 길을 찾을 수 있습니다.

> 또 하나님 앞에서 아무도 율법으로 말미암아 의롭게
> 되지 못할 것이 분명하니 이는 의인은 믿음으로 살리라
> 하였음이라 갈 3:11

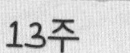

13주

마태복음 – 사도행전

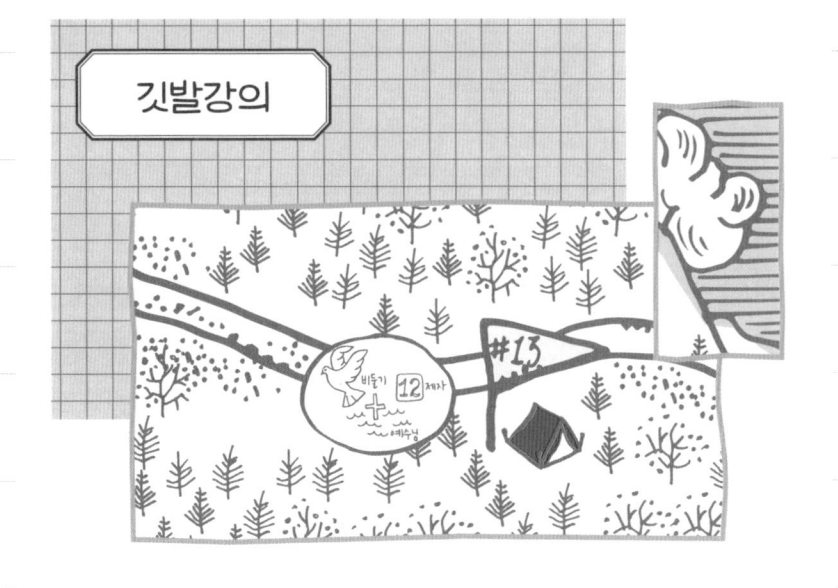

열세 번째 깃발강의입니다.

첫 번째 깃발은 '세례'입니다. 교회를 다니면서 '성례'라고 이름 붙혀진 것을 두 번 경험하게 됩니다. 하나는 오늘 함께 보게 될 세례이고, 또 하나는 성찬입니다. 두 가지 모두 복음의 핵심을 지식이 아닌 경험하여 알게 하시는 거룩한 예식입니다. 또한 이 두 가지는 하나님이신 예수님이 우리에게 직접 가르쳐 주시고, 교회는 지금까지 성스러움을 잃지 않고 지켜 온 예식이기도 합니다.

그중에서도 세례는 예수님 자신이 직접 받으셔서 우리에게 알려 주셨습니다. 마태복음 3장을 보면 예수님은 요단강에서 세례 요한에게 세례를 받으셨습니다. 그럴 수도 있다고 생각할 수 있지만, 세례를 받는 것은 구약의 흐름을 이어서 보면 많이 어색한 장면입니다. 창조주이신 하나님이 그의 작품인 인간에게 영적인 의미가 있는 것을 받는 것입니다. 그리고 죄가 없는 예수님이 죄인에게 세례를 받으신 장면이 바로 예수님이 세례를 받는 장면입니다. 그러나 예수님을 말리던 세례 요한에게 예수님은 이렇게 말씀하셨습니다.

> 예수께서 대답하여 이르시되 이제 허락하라 우리가 이와 같이
> 하여 모든 의를 이루는 것이 합당하니라 하시니 이에 요한이
> 허락하는지라 마 3:15

그렇게 강가에서 세례를 받고 나오시자 하늘이 열렸습니다. 예수님은 자신에게 비둘기처럼 내려오시는 성령을 보셨습니다. 그리고 하늘로부터 들리는 소리를 들으셨습니다.

> 하늘로부터 소리가 있어 말씀하시되 이는 내 사랑하는 아들이요
> 내 기뻐하는 자라 하시니라 마 3:17

예수님이 받으신 세례의 장면이 너무 영광스럽지 않나요? 실제로 세례를 받는 그 순간의 은혜는 이런 큰 감동이 있는 시간입니다. 세례를 받는 사람만이 아니라 증인으로서 예배에 참석하는 모든 이들에게 그 메시지가 전해집니다.

첫 번째는 새로운 생명을 얻는 것입니다. 다시 살게 됨을 함께 경험합니다. 물에 들어가는 것은 죽음을 의미합니다. 죄로 인해 죽을 수밖에 없는 우리가 다시 살 수 있는 것은 바로 예수님 때문입니다.

> 그러므로 우리가 그의 죽으심과 합하여 세례를 받음으로
> 그와 함께 장사되었나니 이는 아버지의 영광으로 말미암아

그리스도를 죽은 자 가운데서 살리심과 같이 우리로 또한 새 생명
가운데서 행하게 하려 함이라 롬 6:4

우리는 예수님으로 말미암아 새 생명을 얻게 됩니다. 영원한 생명인 영생을 얻게 되고, 예수님이 받으신 하나님의 사랑과 성령님의 임재 가운데 새로운 시작을 하게 됩니다.

두 번째는 깨끗이 씻는 것입니다. 물은 더러움을 씻는 의미를 가지고 있습니다. 죄는 우리의 생각보다 지독하게 더럽습니다. 우리의 힘으로는 이 죄를 떼어 낼 수도 없습니다. 지울 수도 없습니다. 예수님이 우리를 위해 십자가를 지고 죽으심으로 우리의 죗값을 치르심으로 우리를 깨끗하게 하셨습니다.

너희가 다 믿음으로 말미암아 그리스도 예수 안에서 하나님의
아들이 되었으니 갈 3:26

그래서 세례를 받은 우리는 거룩한 하나님의 자녀로서의 삶을 시작할 수 있게 되었습니다. 그리고 부활하신 예수님은 여러분의 믿음을 지켜 주실 것입니다.

김세윤 교수님은 《복음이란 무엇인가》에서 복음은 십자가와 부활이라고 하셨습니다. 제가 방금 설명해 드린 세례로 온전한 복음이 설명됩니다. 세례를 받으신 분은 예수님과 트레킹하시면서 복음의 의미를 기억하시길 바랍니다. 그리고 세례에 대해서 처음 들으셨다면 이 기회를 통해서 초대합니다. 주님의 선물을 놓치지 마시고, 미루시지 않길 바랍니다.

두 번째 깃발은 '열두 제자'입니다.

성경에 '12'라는 숫자가 많이 나옵니다. 하나님이 수많은 사람

들 속에서 중요한 인물들을 기억하게 하시려고 저희를 배려해 주신 것 같습니다. 바이블 트레킹을 하면서 이스라엘의 12지파, 사사기의 12사사, 12개의 소선지서, 12명의 예수님의 제자들을 만났습니다. 그리고 12를 기억하게 하시려고 홍해나 요단강을 건너면 12개의 돌을 쌓았습니다. 12를 기억하게 하시려고 제사장의 가슴받이에는 12개의 보석을 세팅했습니다. 그리고 요한계시록 21장에는 열두 사도들의 이름을 새긴 성벽의 12개의 주춧돌을 소개하십니다. 유대인들이 이것에 의미를 부여하는 마음도 충분히 이해가 갑니다.

그리고 'Twelve Ordinary Men'이라는 예수님의 제자들에 대해 쓴 책을 소개해 드리려고 합니다. 국내에 《예수님이 선택한 평범한 사람들》로 출간되었습니다. 제자들 중에는 어부와 같이 평범한 사람들이 있었습니다. 예수님은 평생 공부한 학자를 부르시지 않았습니다. 유대인의 지도자인 랍비나 로마의 권력자를 부르시지도 않았습니다. 열두 명의 평범한 사람들을 부르셨습니다. 그리고 그들의 대체할 만한 후보군을 준비하시지도 않았습니다. 그만큼 예수님은 그들에 대한 사랑과 믿음을 확실히 표현하셨습니다.

이제 우리가 열두 제자와 같이 예수님의 미션을 담당해야 할 제자들입니다. 우리는 평범한 사람들이지만 우리에게 갖고 계신 예수님의 특별한 계획을 기대하고 나아가시길 바랍니다.

> 예수께서 나아와 말씀하여 이르시되 하늘과 땅의 모든 권세를
> 내게 주셨으니 그러므로 너희는 가서 모든 민족을 제자로 삼아
> 아버지와 아들과 성령의 이름으로 세례를 베풀고 내가 너희에게
> 분부한 모든 것을 가르쳐 지키게 하라 볼지어다 내가 세상
> 끝날까지 너희와 항상 함께 있으리라 하시니라 마 28:18-20

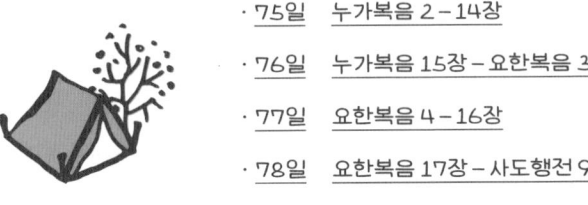

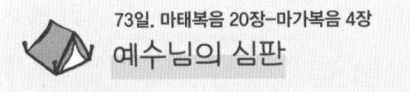

73일. 마태복음 20장–마가복음 4장
예수님의 심판

　　예수님은 마지막 때의 심판에서 어떤 내용을 다루실지에 대해 제자들에게 가르쳐 주셨습니다.

> 인자가 자기 영광으로 모든 천사와 함께 올 때에 자기 영광의
> 보좌에 앉으리니 마 25:31

　　먼저 예수님이 영광스러운 모습으로 오신다는 그림을 그려 주십니다. 이 땅에 오실 때는 마구간의 아기 예수로 오시는 것이 아니라 영광 가운데 모든 천사와 함께 오신다고 말씀합니다. 그리고 예수님이 앉으시는 자리는 빛나는 보좌 앞에 모든 민족이 모이게 될 것입니다. 모든 민족이 예수님을 왕으로 인정할 수밖에 없는 장면입니다. 다시 오

실 주님은 누구도 부인할 수 없는 왕으로 오십니다.

예수님은 또한 심판자로 오심을 선포합니다.

> 모든 민족을 그 앞에 모으고 각각 구분하기를 목자가 양과 염소를
> 구분하는 것 같이 하여 ^{마 25:32}

심판자로서 그 앞의 모든 민족은 나뉠 것입니다. 기준은 예수님이 목마르실 때 마실 것을 드렸는가, 헐벗으셨을 때 옷을 입혀 드렸는가, 배고프실 때 음식을 드렸는가로 나뉩니다. 왕 되신 예수님의 백성으로서 우리가 충성스럽게 살았는지를 기준으로 상을 받고, 벌을 받게 된다는 말씀입니다. 나의 본분을 잊으면 나의 삶에만 집중되는 것은 너무나 당연합니다. 그렇지만 주님이 무엇을 기뻐하시는지, 필요로 하시는지, 요청하시는지를 알고 살아감은 왕의 백성으로서의 도리입니다. 예수님은 그것을 기준으로 심판하시겠다고 알려 주셨습니다.

마지막으로, 예수님은 마지막 날에 상을 받을 수 있는 길을 알려 주십니다.

> 임금이 대답하여 이르시되 내가 진실로 너희에게 이르노니
> 너희가 여기 내 형제 중에 지극히 작은 자 하나에게 한 것이
> 곧 내게 한 것이니라 하시고 ^{마 25:40}

예수님이 이 땅에 다시 오시기 전에 마실 물을 드리고, 입을 옷을 드리고, 음식을 드릴 수 있는 방법을 알려 주셨습니다. 아무도 초대하지 않는 나그네를 초대하는 사람, 아픈 사람의 고통을 함께하는 사람, 감옥에 갇혀서 몸도 마음도 묶여 있는 사람을 돌보는 일은 예수님께 하는 것이라고 말씀합니다.

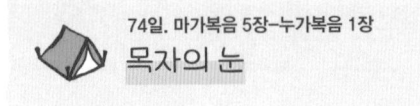

　구약에서 이스라엘 왕국이 멸망하기 전에 나왔던 많은 예언서들에는 목자를 언급하는 구절들이 자주 등장합니다. 하나님은 백성들의 안전과 영적인 필요를 책임져야 할 지도자들을 목자로 세우셨지만, 그들이 제 역할을 못할 때 안타까워하셨습니다. 그리고 이스라엘 왕국이 멸망하자마자 하나님은 자신이 직접 백성들의 목자가 되신다고 선포하셨습니다.

　신약에서도 예수님과 함께 '목자'라는 단어는 종종 등장합니다. 특히 오늘 트레킹하는 말씀에서는 예수님이 백성들을 보시면서 목자가 없음을 안타깝게 생각하신 말씀이 나옵니다.

> 예수께서 나오사 큰 무리를 보시고 그 목자 없는 양 같음으로
> 인하여 불쌍히 여기사 이에 여러 가지로 가르치시더라 막 6:34

　그들에게는 제사장들을 비롯한 영적인 지도자들이 있었습니다. 그러나 백성들의 삶을 돌보고, 필요에 관심 있는 진정한 목자들은 곁에 없었습니다. 백성들은 예수님의 가르침과 기적을 보자 그분을 따르기 시작했습니다. 마가복음 6장을 보면 5,000명이 따르고, 8장에서는 4,000명이 따라왔습니다. 예수님이 배를 타면 강가를 걸으며 따르고, 다른 지역으로 옮겨도 먼 길을 찾아오기도 하고, 며칠 동안 따르기도 했습니다.

　예수님은 찾아오는 그들을 가르치셨습니다. 예수님은 그들을 떠나실 것이지만, 말씀을 통해서 그들 삶의 인도자가 되어 주실 것이기에 진리를 가르치셨습니다.

또한 예수님은 그들을 먹이셨습니다. 예수님은 그들의 배고픔을 염려하셨습니다.

> 내가 무리를 불쌍히 여기노라 그들이 나와 함께 있은 지 이미
> 사흘이 지났으나 먹을 것이 없도다 만일 내가 그들을 굶겨
> 집으로 보내면 길에서 기진하리라 그 중에는 멀리서 온 사람들도
> 있느니라 막 8:2-3

사람들에게는 수많은 군중이었지만 예수님은 모인 각 사람의 형편을 보시고 안타까워하셨습니다. 그들이 얼마나 예수님을 따르고 있는지, 어디서부터 온 사람인지 보고 계셨고, 그들의 필요를 섬세하게 파악하고 계셨습니다. 그리고 예수님은 모인 모든 사람들을 배부르게 먹이셨습니다. 사람들에게는 가는 곳마다 기적을 일으키는 선지자였지만, 예수님은 그들의 삶을 염려하시고, 돌보시는 목자이셨습니다.

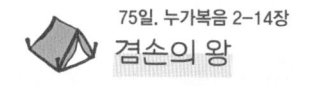

75일. 누가복음 2-14장
겸손의 왕

누가는 누가복음과 사도행전의 저자로 알려져 있습니다. 두 책의 공통점을 찾는다면 '성령'에 관한 강조점이 있다는 것입니다. 사도행전은 마가의 다락방에 모인 사도들을 포함한 사람들에게 성령이 임했고, 그 능력으로 교회의 역사가 시작했음을 알려 주고 있습니다. 그리고 성령이 교회의 능력이 되고, 그들의 인도자가 된다는 것을 보여 줍니다. 마찬가지로 누가복음도 참 하나님이신 예수님이 그의 삶에서 성령을 의지하셨음을 강조하는 것을 볼 수 있습니다.

먼저, 예수님이 특별하심을 보여 주는 것은 성령이었습니다. 세례 요한이 메시아로 오신 분이 예수님이심을 알아본 것은 세례를 받으실 때, 그 위에 성령이 임했기 때문이었습니다.

성령이 비둘기 같은 형체로 그의 위에 강림하시더니 하늘로부터
소리가 나기를 너는 내 사랑하는 아들이라 내가 너를 기뻐하노라
하시니라 눅 3:22

두 번째로, 예수님을 인도하시는 분은 성령이었습니다. 광야에서 시험 받으실 때 예수님을 광야로 인도하시고, 40일 동안 함께하셨습니다.

예수께서 성령의 충만함을 입어 요단 강에서 돌아오사 광야에서
사십 일 동안 성령에게 이끌리시며 눅 4:1

마지막으로 예수님은 성령의 능력으로 사역을 시작하셨습니다.

예수께서 성령의 능력으로 갈릴리에 돌아가시니 그 소문이
사방에 퍼졌고 눅 4:14

예수님은 만물을 창조하시고, 천사들이 수종을 드는 하나님이십니다. 그러나 그는 철저하게 성령님을 의지하셨습니다. 성령님은 예수께서 사람들에게 복음을 선포하고, 진리를 가르치며, 병든 사람들을 고치실 때 그의 능력이 되어 주셨습니다.

홀로 걸어가신 십자가의 길

십자가를 지시는 길의 시작은 기도의 자리였습니다. 그에게 가장 중요한 시간임을 아셨기에 모든 것을 쏟아 놓으셨습니다.

> 예수께서 힘쓰고 애써 더욱 간절히 기도하시니 땀이 땅에
> 떨어지는 핏방울 같이 되더라 눅 22:44

삼위일체 하나님은 한 번도 떨어진 적이 없었습니다. 예수님이 이 땅에 오신 후에도 하나님 아버지의 메시지를 전하고, 성령께서 그의 능력이 되어 주셨습니다. 그러나 십자가의 죽음은 이제 혼자 걸어가야 할 길이었습니다. 고통 가운데 실패할 수 있는 길이어서가 아니라 삼위일체 안에서 철저한 단절을 경험하는 것을 원하지 않으셨습니다. 기도의 자리에서 일어나시면서 예수님은 그의 뜻을 하나님 아버지께 맡기셨습니다. 그리고 도살장에 끌려가는 어린 양처럼 십자가의 길을 걸어가십니다.

예수님은 그 자리에서 체포당하시고, 대제사장 앞으로 끌려가셨습니다. 그곳에서 갖은 모욕을 당하신 뒤에 대제사장의 뜰에 계실 때, 베드로가 그곳에 있었습니다. 그때, 모닥불 주위에 모여 있는 무리 중에서 베드로를 발견한 한 여종이 그를 몰아붙이기 시작했습니다. 베드로는 예수님과 함께 다니는 무리였다는 그녀의 말을 세 번을 부인하고 나서야 예수님이 그렇게 될 것을 말씀하신 일이 기억났습니다. 그때 예수님은 돌이키셔서 그를 보셨습니다.

> 주께서 돌이켜 베드로를 보시니 베드로가 주의 말씀 곧 오늘 닭

울기 전에 네가 세 번 나를 부인하리라 하심이 생각나서 ^{눅 22:61}

법정에 선 예수님은 유대인 법정에서는 하나님의 아들로서, 빌라도 앞에서는 유대인의 왕으로서의 자신을 숨기지 않으셨습니다. 그리고 성난 백성들은 예수님을 십자가에 못 박으라고 큰 소리로 외쳤습니다. 예수님은 그의 백성들을 십자가에 지고 가시는 중에도 불쌍히 여기셨습니다.

이에 예수께서 이르시되 아버지 저들을 사하여 주옵소서

자기들이 하는 것을 알지 못함이니이다 하시더라

그들이 그의 옷을 나눠 제비 뽑을새 ^{눅 23:34}

예수님은 홀로 십자가를 지고 걸어가셨습니다.

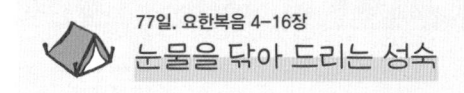

77일. 요한복음 4-16장
눈물을 닦아 드리는 성숙

예수님의 눈물을 볼 수 있는 장면이 요한복음 11장에 담겨 있습니다.

예수께서 눈물을 흘리시더라 ^{요 11:35}

예수님은 사랑하는 나사로의 무덤을 향하시면서 눈물을 흘리셨습니다. 그리고 예수님을 둘러싼 나사로의 식구들인 마르다와 마리아 그리고 사랑하는 이들이 예수님이 오셨음에도 눈물을 흘리는 모습을 보면서 격한 감정을 감추지 못하셨다고 설명하고 있습니다.

예수님은 죽었던 나사로를 부르셨습니다.

이 말씀을 하시고 큰 소리로 나사로야 나오라 부르시니 요 11:43

그러자 나사로는 얼굴에 천을 두른 채로 무덤에서 걸어 나왔습니다.

예수님의 눈물의 의미는 무엇이었을까. '예수님의 눈물은 나사로가 다시 살아나는 것으로 이어지는 은혜인가'라는 생각을 해보았습니다. 그러나 눈물의 의미에 대한 궁금증은 마리아와 나사로의 달라진 삶을 생각하면서 이해되었습니다.

마리아는 그의 오빠인 나사로를 살리신 이후에 그가 지금까지 모아 두었던 향유를 가지고 와서 예수님의 발에 전부 부어 드립니다. 그리고 자기의 머리카락으로 발을 닦아 드렸습니다. 그 귀한 나드 향유를 부었으니 그 집은 온통 진한 향기로 가득 채워졌을 것입니다. 주위 사람들은 당황스러워했지만 예수님은 마리아의 마음을 받으셨습니다. 예수님이 마리아를 향해 흘리신 눈물의 의미는 해결되었습니다. 이제 그녀는 예수님이 떠나셔도 슬픔에 묶이지 않을 것입니다. 그리고 이전의 믿음 너머의 이해를 할 수 있는 여인이 되었습니다.

예수께서 이르시되 그를 가만 두어 나의 장례할 날을 위하여
그것을 간직하게 하라 요 12:7

나사로는 이제 다른 삶을 살아가게 되었습니다. 유명인의 삶이 되었습니다. 좋은 것만은 아니었습니다. 이제 생명의 위협도 받게 되었습니다. 그가 가는 곳마다 예수님의 명성이 더 커져 갈 것이기 때문입

니다. 그러나 그는 살아 있는 예수님의 증거가 되는 삶이 되었습니다.

나사로 때문에 많은 유대인이 가서 예수를 믿음이러라 요 12:11

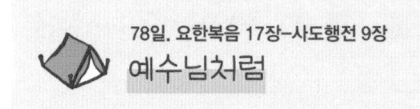

78일. 요한복음 17장~사도행전 9장
예수님처럼

성령님은 교회의 역사를 시작하십니다. 그리고 같은 날, 성령님은 초대교회의 모든 성도에게 용기를 주시고, 베드로는 예루살렘의 모든 사람 앞에 담대히 섰습니다. 이제 막 시작한 초대교회는 예수님처럼 성령님의 능력으로 첫걸음을 떼었습니다.

베드로가 열한 사도와 함께 서서 소리를 높여 이르되 유대인들과
예루살렘에 사는 모든 사람들아 이 일을 너희로 알게 할 것이니
내 말에 귀를 기울이라 행 2:14

베드로의 설교는 그들에게 성령님이 임재하신 것에 대한 발표로 시작합니다. 그리고 그것을 요엘 예언의 성취로 선포합니다. 그들에게 성령이 임함은 예수께서 지금 하나님 오른편에 계시기 때문에 이루어졌음을 그들에게 설명해 줍니다. 그리고 베드로는 그들이 예수님을 죽인 것과 하나님은 그들이 기다리던 주와 그리스도로 예수님을 높이셨음을 깨닫게 합니다.

그런즉 이스라엘 온 집은 확실히 알지니 너희가 십자가에 못 박은
이 예수를 하나님이 주와 그리스도가 되게 하셨느니라 하니라 행 2:36

베드로는 예수님이 부활하시고 나서도 한동안 무너졌던 자존감과 예수님을 부인한 죄책감으로 영적인 방황을 했습니다. 그러나 예수께서 마음을 회복시키신 후 그의 첫 등장은 그가 두려워하던 예루살렘 사람들 앞에서 담대하게 복음을 선포하는 모습이었습니다. 그의 힘 있는 메시지에 예루살렘 사람들은 죄를 깨닫게 되었습니다. 그들을 향해 예수님의 이름으로 회개하면 성령께서 임하실 것이라는 위대한 선포를 합니다. 그의 힘 있는 설교를 듣고 회개하고 성령을 받은 사람의 수는 3,000명이나 되었습니다.

> 그 말을 받은 사람들은 세례를 받으매 이 날에 신도의 수가
> 삼천이나 더하더라 행 2:41

베드로가 예루살렘 성의 수많은 사람들을 대상으로 메시지를 전한 것과 초대교회 사람들이 그와 함께 사람들 앞에 선 것은 목숨을 건 행동이었습니다. 그가 성령을 의지하지 않고는 절대 이루어질 수 없는 일이었습니다. 성령님은 그에게 해야 할 말을 기억나게 하시고, 선포할 수 있는 담대함을 주셨습니다.

드디어 예수님과 함께하는 캠핑을 시작하도록 하겠습니다.

여러분, 성경산맥은 성경의 처음과 끝이 한 맥으로 이어져 있다는 의미입니다. 그 맥을 따라 걷는데 지금까지 우리와 캠핑을 한 열두 명의 성경 인물들을 포함해서 많은 사람들이 가리키던 그분을 만납니다.

저는 이번 통독을 하면서 어느 때보다 예수님을 가리키는 예언들이 눈에 많이 들어왔습니다. 그리고 하나님이 세우신 이스라엘이 흔들리던 이사야 때부터 포로로 끌려가던 시기에 쏟아 내셨던 예언자들을 만나면서 저는 끊임없이 예수님을 생각했습니다. 마지막 말라기 때 거의 절정이었던 것 같습니다. "그분이 이제 곧 오신다."

메시아 캠핑이라는 제목의 설교를 시작하겠습니다.

첫 번째, 작은 자에게 하나님의 나라를 세우게 하십니다.

베드로는 누가 봐도 예수님의 첫 번째 제자였습니다. 그리고 제자들의 리더였습니다. 예수님이 인정하고 사람들도 인정한 수제자는 베드로였습니다. 오늘 함께 읽었던 본문은 예수님이 십자가에 달려 죽으시고, 다시 부활하신 이후의 모습입니다. 예수님은 부활하셔서 여인들에게 나타나셨습니다. 제자들에게도 나타나셨습니다. 모인 자리에서는 두 번이나 나타나셨습니다. 그리고 그때 예수님이 이전과 다른 점을 보여 주셨습니다. 문이 잠겨 있는데 들어오십니다. 두 번 나타나실 때 모두 그렇게 나타나셨습니다. 부활하신 예수님이 다른 기적들도 보여 주셨습니다. 그러나 오늘 본문을 보면 제자들의 리더인 베드로는 예수님과 함께하고 있지 않은 것이 확실합니다.

> 시몬 베드로가 나는 물고기 잡으러 가노라 하니 그들이 우리도
> 함께 가겠다 하고 나가서 배에 올랐으나 그 날 밤에 아무것도
> 잡지 못하였더니 요 21:3

십자가와 부활 사건 이후 여기저기 복음을 힘 있게 전파할 타이밍에 제자들은 물고기를 잡으러 바다에 나와 있습니다. 심지어 그중에는 예수님이 창에 찔리신 곳에 손을 넣었던 도마도 있습니다. 그들의 그물에 물고기가 들어오지 않습니다. 뭘 해도 안 되는 무거워져 가는 상황입니다. 이전에 예수님과 함께했던 모든 시간과 전혀 무관하게 살아가고 있습니다.

그런데 오늘 본문에서 해결됩니다. 그 시작은 바로 예수님이 베드로를 찾아오신 것입니다. 작정하고 오셨습니다.

> 그 후에 예수께서 디베랴 호수에서 또 제자들에게 자기를
> 나타내셨으니 나타내신 일은 이러하니라 요 21:1

주께서는 여러분을 포기하시지 않습니다. 찾아가시고 찾아가십니다. 오늘도 이곳에 찾아오셨고, 내일도 찾아가실 것입니다. 여러분이 비록 건강한 모습이 아니어도, 주님 앞에 당당한 모습이 아닐지라도 주님은 찾아오십니다.

두 번째, 보통 사람을 목자로 부르십니다.

> 그들이 조반 먹은 후에 예수께서 시몬 베드로에게 이르시되
> 요한의 아들 시몬아 네가 이 사람들보다 나를 더 사랑하느냐
> 하시니 이르되 주님 그러하나이다 내가 주님을 사랑하는 줄
> 주님께서 아시나이다 이르시되 내 어린 양을 먹이라 하시고 요 21:15

예수님이 지금 막 회복한 베드로에게 큰 임무를 맡기십니다. 사랑하느냐고 물으신 이후에 "내 양을 먹여라" 미션을 주십니다. 일단 이 미션 자체가 쉽지 않습니다.

목자로서 양을 먹이시던 일은 예수님의 일입니다. 목자 없는 양 떼와 같은 이들에게 찾아오신 분이 주님입니다. 호흡을 잃어 가던 하나님의 백성에게 복음을 선포하셨습니다. 그들의 아픈 곳을 싸매어 주셨습니다.

그런 모습이 베드로에게 말씀하신 목자의 역할입니다.

그리고 이 양은 예수님의 소유입니다. 나의 소유이면 문제가 생겼을 때 나의 손해로 생각하면 마음은 아프지만 받아들일 수 있습니다. 그러나 예수님의 소유이면 이야기가 달라집니다. 만약 내가 잘못하면 예수님의 양이 문제가 됩니다. 그렇지만 우리에게 이 질문의 열쇠가 되는 말씀을 주십니다.

> 내가 진실로 진실로 네게 이르노니 네가 젊어서는 스스로 띠 띠고

원하는 곳으로 다녔거니와 늙어서는 네 팔을 벌리리니 남이 네게
띠 띠우고 원하지 아니하는 곳으로 데려가리라 요 21:18

　예수님은 사람들이 주목하지 않는 갈릴리의 어부 베드로를 부르셨습니다. 부족하고 넘어지고 상처가 많은 그를 일으키셔서 예수님의 양들을 맡기십니다. 그리고 예수님이 베드로의 목자가 되어 주심을 말씀합니다. 우리의 마지막 순간까지 주님이 자신의 양인 베드로를 먹이시고, 입히시고, 인도하신다고 약속합니다. 아버지가 자신을 십자가의 길로 인도한 것처럼. 십자가는 사람들에게 형벌이었지만 주님께는 승리였습니다. 부활을 위한 십자가이고, 하나님의 모든 피조물을 구원하기 위한 죽음이었습니다. 분명 그 길을 걸어가신 예수님을 좇아 베드로도 그 영광을 사모하며 나아갔을 것입니다. 그리고 주님이 여러분을 부르실 때, 기쁨과 감격 가운데 주님을 따르기로 결정하시길 바랍니다.
　세 번째, 사람의 리더가 아닌 예수님의 팔로워로 부르십니다.

이 말씀을 하심은 베드로가 어떠한 죽음으로 하나님께 영광을
돌릴 것을 가리키심이러라 이 말씀을 하시고 베드로에게
이르시되 나를 따르라 하시니 요 21:19

　베드로는 열정의 사나이입니다. 타고난 리더입니다. 제자들을 이끌고 물고기를 잡았던 것처럼, 회복되었다면 자신이 리더가 되어 끌고 갔을 것입니다. 예수님은 그런 성향의 베드로에게 이렇게 말씀합니다. "나를 따르라."
　지금과 비슷한 상황이 구약에도 펼쳐집니다. 우리가 모두 아는 다윗과 골리앗의 대결입니다. 갑옷을 입고, 창과 방패를 가지고 달려드는 다윗은 이렇게 외칩니다.

또 여호와의 구원하심이 칼과 창에 있지 아니함을 이 무리에게
알게 하리라 전쟁은 여호와께 속한 것인즉 그가 너희를 우리 손에
넘기시리라 삼상 17:47

지금 가장 앞에서 이스라엘 군사를 대표하는 다윗이 "나를 따르
라"고 외치고 있지 않습니다. "하나님을 따르라!"고 외치고 있습니다.
가장 앞에서 자신이 이기면 모두가 달려 나와 싸워야 하는 상황에서 이
전쟁은 "여호와께 속한 것이니 그를 따르라!"고 외치고 있습니다. 베드
로가 지금 다윗이 되어 가는 과정에 있습니다. 따라오라고 하는 예수님
을 따라 그는 달려갈 것입니다. "그가 하는 모든 일들이 예수 그리스도
께 속한 것이니"라고 그는 외칠 것입니다. 그리고 그가 이끄는 모든 이
들의 가장 앞에서 예수님을 따를 것입니다.

우리가 예수님의 제자가 되고, 예수님의 양을 돌보는 목자가 되
는 것은 주님을 따르는 길입니다. 리더가 되는 길이 아니라 예수님의
팔로워가 되는 우리 모두가 되길 바랍니다.

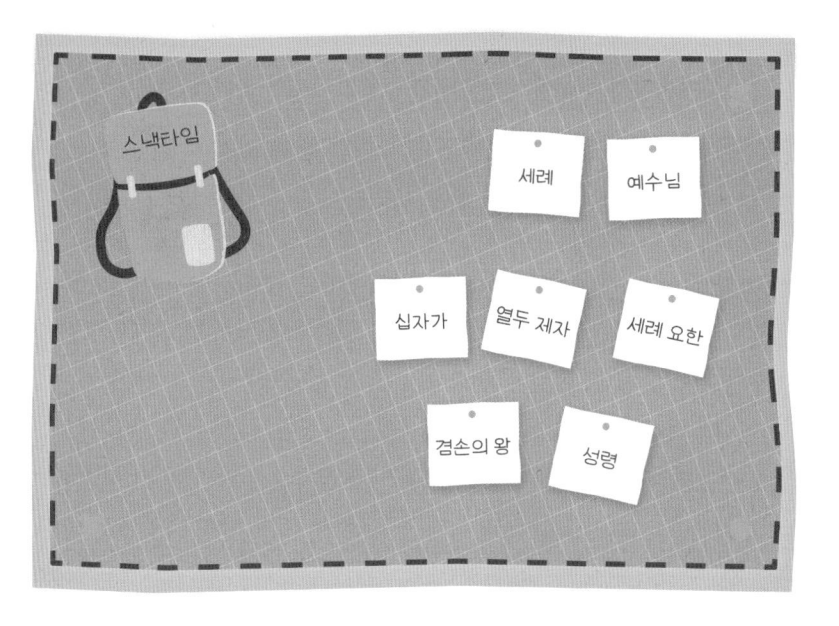

Q1 마가복음 11장을 보면 예수님이 배고픔을 느끼셨을 때 무화과나무를 발견하시고 가까이 가셨습니다. 그런데 잎만 무성하고 열매가 없는 나무였습니다. 예수님은 그 나무를 저주하셨고, 나무는 곧 그 자리에서 말라죽었습니다. 이 상황이 잘 이해되지 않습니다. 어떤 의미인가요?

　　예수님이 제자들과 함께 길을 걷고 계시다가 시장기를 느끼셨습니다. 그때 예수님이 잎이 무성한 무화과나무를 보시고 가서서 열매를 찾으셨습니다. 그때 열매가 없는 것을 보셨습니다. 그런데 여기서 조금 설명이 필요한 구절이 나옵니다.

　　멀리서 잎사귀 있는 한 무화과나무를 보시고 혹 그 나무에

무엇이 있을까 하여 가셨더니 가서 보신즉 잎사귀 외에
아무것도 없더라 이는 무화과의 때가 아님이라 ^{막 11:13}

예수님은 열매를 기대하고 가셨는데 곧이어 무화과의 때가 아니
라고 말합니다. 이것은 당시 예수님이 기대하신 열매는 무화과가 아님을
추측할 수 있는 대목입니다. 이스라엘의 무화과나무는 첫 번째로 3월에
풋열매를 맺습니다. 이것은 무화과의 맛은 아니지만 허기를 채울 수 있
는 열매입니다. 그리고 진짜 무화과나무는 4-5월에 풋열매가 떨어진 뒤
로 6주 정도 뒤에 열립니다. 특이한 점은 풋열매가 열리지 않은 나무에서
는 무화과도 열리지 않는 것입니다. 13절에서 때가 되지 않았다고 함은
무화과나무 때가 아니라 풋열매를 기대하는 시기로 볼 수 있습니다. 겉
으로 볼 때 잎은 무성해서 분명히 있을 것 같았지만 풋열매가 없는 나무
에게는 무화과나무 열매도 기대할 수 없습니다. 그래서 이것은 상징적으
로 보아야 합니다. 겉으로는 풍성한 열매를 맺은 것처럼 보이지만 실제로
는 어떤 열매도 기대할 수 없는 서기관들, 바리새인들, 사두개인들을 두
고 하시는 말씀입니다. 예수님은 열매 없는 무화과나무를 보는 사건의 앞
뒤로 예루살렘의 성전에 들어갔다가 오셨습니다. 두 번째 가셨을 때는 그
안에서 제사장들과 사두개인들은 자릿세를 받고 상인들은 비싼 값에 제
물을 사고파는 모습에서 무화과나무의 모습이 연결되신 것입니다. 화려
한 성전에, 수없이 많은 제사가 드려지지만 어디에서도 열매를 기대할 수
없는 모습이 무화과나무와 같음을 알려 주십니다.

Q2 하나님이신 예수님과 친구가 될 수 있는 방법은 무엇인가요? 성경에 친구로 부르신 사람들이 있나요?

요한복음 15장 15절에 예수님이 잡히시기 전날 밤에 제자들과 식사하시고 대화하실 때였습니다. 예수님을 배반한 가룟 유다는 이미 떠난 후였습니다.

> 이제부터는 너희를 종이라 하지 아니하리니 종은 주인이
> 하는 것을 알지 못함이라 너희를 친구라 하였노니 내가 내
> 아버지께 들은 것을 다 너희에게 알게 하였음이라 요 15:15

예수님은 이제 주인으로서 제자들을 대하지 않는다고 말씀합니다. 같이 상의하고, 독립된 존재로 사랑을 주고받는 관계가 되었음을 알려 주셨습니다. 예수님과 친구가 되는 한 가지 조건은 그가 하시는 일을 다 알게 된 것이라고 말씀합니다. 그 이야기는 이제 숨기지 않을 수 있는 사람으로 대하신다는 것입니다. 먼저 예수님은 자신이 그들에게 모두 이야기한 것을 알려 주셨습니다. 그가 전해야 할 모든 가르침을 전하고, 이제 십자가를 지심을 알려 주시고, 삼 일만에 다시 부활하심에 대해 말씀하셨습니다. 그렇기에 이제 제자들은 주인의 뜻을 모르는 종이 아닙니다. 그리고 이제 여쭤볼 수 있는 친구가 되었습니다. 구약에도 하나님이 친구라고 부르신 인물이 있습니다.

> 그러나 나의 종 너 이스라엘아 내가 택한 야곱아
> 나의 벗 아브라함의 자손아 사 41:8

아브라함은 어느 순간부터 하나님께 종이 아닌 친구가 되었나 봅니다. 하나님은 아브라함을 친구라고 부르십니다. 그렇기에 그에게도 하나님은 자신의 뜻을 숨기시지 않았습니다.

14주

사도행전 – 빌립보서

열네 번째 깃발강의입니다.

첫 번째 깃발은 '예루살렘 공의회'입니다. 초대교회의 위대한 모습으로 저는 단연 예루살렘 공의회를 꼽고 싶습니다. 초대교회의 활약은 다른 것들도 많습니다. 열두 사도들과 집사들의 활약, 초대교회가 공동체로서 보여 주는 모습도 너무 멋있습니다. 그것과 함께 예루살렘 공의회는 이제 초대교회가 함께 하나님의 뜻을 새로운 모습으로 찾아가는 예루살렘 공의회를 보여 줍니다.

사도와 장로들이 이 일을 의논하러 모여 ^{행 15:6}

사도들과 장로들이 문제를 의논하러 모여 많은 토론을 합니다.

주제는 이방인들이 유대인의 율법을 지켜야 하고 할례를 받아야 하는 가에 대한 내용이었습니다. 그리고 이것은 사도행전 15장 1절에 나오는 내용처럼, 지키지 않을 때는 구원을 받을 수 없다는 것과 연결되어 있었습니다. 이 문제로 수많은 토론을 주고받을 만큼 양쪽의 의견이 팽팽했습니다. 그런데 이들 안에서 베드로가 일어나서 이야기를 합니다.

> 그러나 우리는 그들이 우리와 동일하게 주 예수의 은혜로 구원
> 받는 줄을 믿노라 하니라 ^{행 15:11}

저는 이 말씀을 보면서 그가 이방인인 고넬료에게 세례를 주고 예루살렘으로 돌아왔을 때가 생각났습니다. 모인 사람들은 베드로가 그의 집에 들어간 것을 이유로 공격했습니다. 그때 베드로의 모습을 성경은 이렇게 말씀합니다.

> 베드로가 그들에게 이 일을 차례로 설명하여 ^{행 11:4}

초대교회 안에서 성령께서 하신 일을 소통하기 시작합니다. 그리고 그렇게 소통하기 위한 수고가 보입니다. 예수님이 인도하시는 길로 온 교회가 함께 가기 위한 리더의 수고가 보입니다.

또 다른 모습이 떠올랐습니다. 갈라디아서 2장에 나오는 장면입니다. 바울이 예루살렘에 가서 선교한 내용을 나누었습니다. 바나바, 디도와 함께 야고보, 베드로, 요한을 찾아갔습니다. 그들은 듣고, 이방인들에게 복음을 전하는 사명에 대해 이야기했습니다. 그리고 그들을 전하는 사도로 일할 권리를 주었습니다. 그들은 이렇게 선포합니다.

> 또 기둥 같이 여기는 야고보와 게바와 요한도 내게 주신 은혜를

알므로 나와 바나바에게 친교의 악수를 하였으니 우리는
이방인에게로, 그들은 할례자에게로 가게 하려 함이라 갈2:9

하나님의 뜻을 위한 믿음의 길을 정하는 이들의 소통이 정교해
지고 틀이 잡히기 시작합니다. 그러기 위해 '말하는 수고'와 '듣는 수
고'가 이들에게 쌓이기 시작합니다. 그리고 이들이 예루살렘 공의회에
서 중요한 구원론에 대한 결정을 할 때, 수고가 빛을 발하기 시작합니
다. 토론을 하되, 이들은 잘 듣습니다. 베드로의 말을 듣고, 바나바와 바
울의 말을 듣고, 리더인 야고보의 말을 듣습니다. 그리고 흩어져 있는
모든 교회에 결론을 선포합니다. 예수 그리스도를 믿어 그 은혜로 구원
받는다는 것과 모든 이방인들에게 복음이 확장될 것을 선포합니다.

예루살렘 공의회를 통해 민족이 나라가 되듯 교회가 성장하는
모습을 보시기 바랍니다. 서로의 삶에서 성령님의 인도하심을 나누고,
성령 안에서 확인하는 공동체, 하나님의 말씀으로 확인하며 한마음으
로 나아가는 공동체, 서로에게 말하는 수고와 듣는 수고를 기꺼이 감당
하는 바이블 트레커들이 그런 교회 되길 바랍니다.

두 번째 깃발은 '옥중서신'입니다. 서신은 편지입니다. 사도행
전 이후로 신약의 성경은 모두 이 형식이며, 편지들의 이름은 각각의
특징에 대한 힌트가 됩니다. 먼저 이름이 나올 때가 있습니다. 저자의
이름을 딴 편지들로 요한1, 2, 3서, 베드로전후서, 유다서 등이 있습니
다. 또 받는 사람들의 이름을 쓴 것도 있죠. 디모데전후서, 디도서 같은
편지가 있습니다. 저자의 이름이 아닌 지역의 이름도 있습니다. 로마
서, 고린도전후서, 갈라디아서 이럴 때는 바울이 보내고자 하는 지역의
교회들에게 편지를 씁니다. 옥중서신은 바울이 지역으로 보내는 편지
들 중에 감옥에 갇혀서 쓴 편지를 말합니다.

옥중서신은 네 권입니다. "에빌골몬" 에베소서, 빌립보서, 골로

새서, 빌레몬서입니다. 에베소, 빌립보, 골로새 지역에 보내는 편지와 빌레몬이라고 하는 동역자에게 보내는 편지입니다. 한 자리에서 쓴 편지이기에 에베소서, 빌립보서, 골로새서의 스타일이 많이 비슷합니다. 그렇지만 또 다른 상황이 있기에 특징들이 다릅니다. 그 차이점을 느껴 보시기 바랍니다. 특히 앞에 나오는 기도의 내용을 보면 그 비슷한 부분과 차이점을 더 느끼실 수 있습니다.

옥중서신이 공통적으로 갖고 있는 특징은 쓰는 이의 마음을 직접적으로 전하고 있다는 것입니다.

> 이로 말미암아 주 예수 안에서 너희 믿음과 모든 성도를 향한
> 사랑을 나도 듣고 내가 기도할 때에 기억하며 너희로 말미암아
> 감사하기를 그치지 아니하고 엡 1:15-16

바울은 에베소 교인들의 소식을 듣기 위해 얼마나 많은 노력을 했을까요? 사람들을 보내고, 필요한 비용을 준비했을 것입니다. 그리고 그들을 기억하는 기도를 그는 항상 기도 시간에 함께한다고 말합니다. 바이블 트레킹이 한 주 남았네요. 여러분을 생각하면서 매일 기도하는 시간이 제게 같은 은혜를 경험하게 합니다. 여러분도 바울과 같이 누군가를 기도하는 분들이 되기를 바랍니다. 그리고 하나님이 바울을 통해 주시는 말씀도 편지를 받아 보듯이 어느 때보다 따뜻하게 읽혀지길 바랍니다.

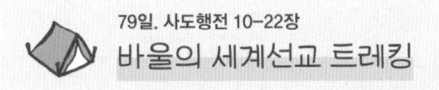

79일. 사도행전 10-22장
바울의 세계선교 트레킹

담대하게 복음을 전하는 초대교회의 선교는 바울과 바나바를 시작으로 이스라엘 밖으로 확장됩니다. 바울의 1차 선교여행은 그의 첫 마음을 볼 수 있습니다. 안디옥과 이고니온에서부터 바울의 선교를 방해하려고 하는 유대인들이 루스드라의 사람들의 마음을 흔들었습니다.

> 유대인들이 안디옥과 이고니온에서 와서 무리를 충동하니
> 그들이 돌로 바울을 쳐서 죽은 줄로 알고 시외로 끌어 내치니라
> 행 14:19

그는 간신히 목숨을 건졌으나 더베로 옮겨서 다시 복음을 전하

기 시작했습니다. 그리고 돌로 쳤던 사람들의 도시 루스드라, 안디옥과 이고니온을 차례로 들어갔습니다. 교회의 영적인 리더들의 믿음을 견고하게 돌보았습니다. 투박하지만 뜨거운 바울의 첫사랑을 느낄 수 있는 여행이 1차 선교 여행입니다.

바울의 2차 선교 여행은 선교를 향한 하나님의 비전을 볼 수 있습니다. 아시아에서 복음을 전하고자 했던 바울의 생각과 하나님의 계획은 달랐습니다. 하나님은 드로아에서 전혀 다른 문화권인 마케도니아로 방향을 잡아 주셨습니다. 유대인들과 도시의 사람들이 소동을 일으키고, 법정에 세워서 감옥에 가두기도 했지만 하나님은 기적을 일으키셔서 그들을 인도하시고, 보호해 주셨습니다.

> 밤에 주께서 환상 가운데 바울에게 말씀하시되 두려워하지 말며
> 침묵하지 말고 말하라 내가 너와 함께 있으매 어떤 사람도 너를
> 대적하여 해롭게 할 자가 없을 것이니 이는 이 성중에 내 백성이
> 많음이라 하시더라 행 18:9-10

바울의 3차 선교 여행은 바울의 성장을 보여 줍니다. 1차 선교 여행을 함께했던 바나바와 바울이 다녀온 뒤 각자의 길을 가게 된 이유는 사람에 대한 이해 때문이었습니다. 선교 중에 동료들을 떠난 마가와 앞으로 계속하는지에 대한 의견이 달랐습니다. 바울의 복음에 대한 열정과 냉철함은 누구보다 뛰어났지만 영혼을 향한 따뜻한 마음과 인내를 배우는 데는 시간이 걸렸습니다. 그러나 이제는 바울의 모습에서 따뜻한 목자의 모습을 볼 수 있습니다.

> 이 말을 한 후 무릎을 꿇고 그 모든 사람들과 함께 기도하니
> 다 크게 울며 바울의 목을 안고 입을 맞추고 다시 그 얼굴을

보지 못하리라 한 말로 말미암아 더욱 근심하고 배에까지 그를
전송하니라 ^{행 20:36-38}

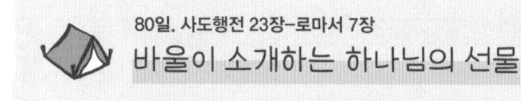

바울이 소개하는 하나님의 선물

사도행전과 바울의 서신들을 보면 바울이 자신의 삶을 나누는
간증들을 보게 됩니다. 그의 간증의 뼈대는 예수님을 만나고 변화된 자
신의 마음과 삶에 대한 내용들입니다. 예수님을 만나기 이전을 돌아보
면 바울은 매우 진지하게 살아왔음을 볼 수 있습니다. 그에게는 소망이
있었습니다. 하나님이 아브라함 때부터 주셨던 언약이 자신의 시대에
이루어지길 바라는 소망이었습니다.

> 이 약속은 우리 열두 지파가 밤낮으로 간절히 하나님을 받들어
> 섬김으로 얻기를 바라는 바인데 아그립바 왕이여 이 소망으로
> 말미암아 내가 유대인들에게 고소를 당하는 것이니이다 ^{행 26:7}

유대인들의 간절한 소망이었기 때문에 자신이 메시아라는 예수
를 반대하는 것에 확신이 있었습니다. 그의 믿음은 소망이라고 표현할
수 있을 만큼 진지했습니다. 그러던 그의 마음이 바뀐 것은 바로 예수
님을 만났기 때문이라고 전하고 있습니다. 십자가에 죽으시고 부활하
셔서 지금은 하늘로 올라가신 예수님이 자신에게 나타났기 때문에 그
의 확신을 포기할 수밖에 없었습니다. 그를 찾아오셔서 자신을 보여 주
신 예수님을 언약의 성취로 인정하고 받아들였습니다. 그리고 복음을
전하기 시작했습니다.

바울이 깨닫고 받아들인 믿음을 로마서 7장이 자세히 설명합니다. 이 땅에 오신 언약의 성취이신 예수님은 그들이 이해하는 것 너머를 보여 주시는 메시아셨습니다. 예수님은 유대인들이 놓지 못하고 있는 율법을 필요로 하지 않는 분입니다.

> 이제는 율법 외에 하나님의 한 의가 나타났으니 율법과
> 선지자들에게 증거를 받은 것이라 롬 3:21

예수님이 바로 그들에게 오신 '의'라고 설명하고 있습니다. 그렇기 때문에 오신 예수님을 믿는 것이 의로워지는 길입니다. 그 믿음을 통해 의로워지는 길은 이제 유대인에게만 주어지는 것이 아니라 이방인에게도 차별 없이 주시는 은혜입니다. 예수님이 흘리신 피로써, 대가를 지불하지 않고 받을 수 있는 이 은혜는 하나님의 선물입니다.

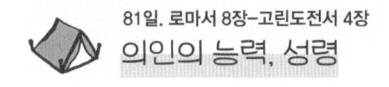

81일. 로마서 8장-고린도전서 4장
의인의 능력, 성령

예수님으로 의로워진 믿음의 사람들에게 필요한 것이 있습니다. 바로 성령입니다. 바울은 예수님을 만난 후에도 바뀌지 않는 옛 습관들과 죄로 인해 끌려다니는 자신의 모습으로 괴로워합니다. 그렇기 때문에 자신은 의인이 되었지만 여전히 소망 없는 죄인이라고 고백합니다.

> 오호라 나는 곤고한 사람이로다 이 사망의 몸에서 누가 나를
> 건져내랴 롬 7:24

그러나 8장에는 그 벽을 뛰어넘는 바울의 깨달음의 정수가 담겨 있습니다. 믿음으로 의인이 되었지만 육신의 법을 이기지 못하는 바울을 구한 것은 성령이었습니다. 예수님의 의로 깨끗하게 된 의인으로서 죄의 사슬에 묶여 있던 바울은 성령의 법으로 죄와 사망의 법에서 해방되었다고 말합니다. 그리고 이것은 믿는 모두에게 열려진 길이며, 죄의 본성에 따라 사는 것은 죽음으로 가는 길이지만 성령이 인도하시는 길을 가는 사람에게는 생명과 평강으로 채워 주신다고 말합니다. 그리고 그런 삶이 그리스도에게 속한 진정한 삶이라고 말합니다. 예수님을 죽은 자들 가운데서 살리신 성령이시기에 그를 의지하는 삶은 더 이상 죄로 흔들리는 나약한 삶이 아닙니다.

> 예수를 죽은 자 가운데서 살리신 이의 영이 너희 안에 거하시면
> 그리스도 예수를 죽은 자 가운데서 살리신 이가 너희 안에
> 거하시는 그의 영으로 말미암아 너희 죽을 몸도 살리시리라 롬 8:11

바울은 성령으로 죄에서 해방됨을 넘어 이제 하나님의 생각을 이해할 수 있게 되었습니다. 하나님의 숨은 뜻까지 아시는 성령님이 우리를 가르치시고, 깨닫게 하시기 때문입니다. 말씀을 배우며 성령님이 깨닫게 하시는 것을 이해합니다. 그리고 배움을 나눌 때, 나의 지식 이상으로 말하게 하십니다. 성령님이 주시는 말들은 그것을 듣는 사람과 말하는 사람에게 새로운 깨달음을 줍니다. 그들을 인도하시는 성령은 이제 그들을 성숙한 사람으로 매일 새롭게 성장시킵니다.

> 우리가 이것을 말하거니와 사람의 지혜가 가르친 말로 아니하고
> 오직 성령께서 가르치신 것으로 하니 영적인 일은 영적인 것으로
> 분별하느니라 고전 2:13

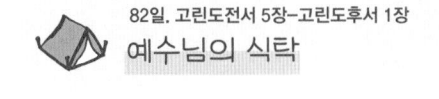

예수님의 식탁

바울은 고린도교회 성도들을 식탁으로 초대했습니다. 그리고 준비한 빵과 포도주로 예수님이 가르쳐 주신 성만찬을 나누었습니다.

예수님이 잡히시던 날 밤에 제자들과 나누셨던 만찬에서 가르쳐 주신 성만찬은 유월절 명절의 음식들이 준비된 식탁이었습니다. 그 곳에서 예수님은 잔과 빵을 받으셔서 감사 기도를 드리시고 나누었습니다. 그리고 이 잔과 빵의 의미를 가르쳐 주셨습니다.

사도 바울도 예수님의 가르침대로 고린도교회 성도들을 가르쳤습니다.

> 축사하시고 떼어 이르시되 이것은 너희를 위하는 내 몸이니
> 이것을 행하여 나를 기념하라 하시고 식후에 또한 그와 같이 잔을
> 가지시고 이르시되 이 잔은 내 피로 세운 새 언약이니 이것을
> 행하여 마실 때마다 나를 기념하라 하셨으니 고전 11:24-25

고린도교회는 성만찬을 하고 있었습니다. 그러나 그들의 풍성한 식탁에서 성만찬의 의미는 보이지가 않았습니다. 풍성하게 차려진 음식 중에 맛있는 음식을 더 먹고자 하는 식탁은 자신의 몸을 십자가에서 죽기까지 내어 주신 빵을 나누는 식탁과 함께할 수 없습니다. 예수님이 흘리신 피를 기억하지 않고 술이 취하기까지 마시는 성찬식의 식탁은 예수님이 정하신 의미와는 전혀 상관이 없습니다.

> 그런즉 너희가 함께 모여서 주의 만찬을 먹을 수 없으니 이는
> 먹을 때에 각각 자기의 만찬을 먼저 갖다 먹으므로 어떤 사람은

시장하고 어떤 사람은 취함이라 ^{고전 11:20-21}

　　바울은 예수님의 성만찬을 다시 한번 가르쳐 주면서 이것이 형식적인 것이 아니라 실제로 예수님을 경험하는 자리임을 기억하게 합니다. 모든 사람은 예수님이 준비하신 식탁으로 나오기 전에 자신을 돌아봐야 합니다. 예수님을 직접 만나고 경험하는 자리입니다.

　　사람이 자기를 살피고 그 후에야 이 떡을 먹고 이 잔을
　　마실지니 ^{고전 11:28}

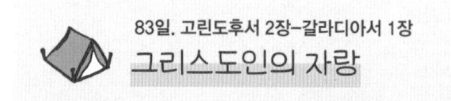

83일. 고린도후서 2장–갈라디아서 1장
그리스도인의 자랑

　　바울은 고린도후서에서 예수님을 믿는 사람으로서 가질 수 있는 기쁨을 가르쳐 줍니다. 첫 번째는 그리스도의 향기입니다. 예수님을 믿는 지식이 가진 향기는 그리스도인들의 삶에서 퍼져 나갑니다. 믿는 신자들 안에서도 진하게 나지만 예수님을 믿지 않는 사람들과 함께 있을 때도 믿는 사람이 가지고 있는 향기는 감출 수 없습니다. 그리고 하나님 앞에서도 이 냄새는 좋은 향기입니다. 생명을 주는 향기입니다. 그렇기에 예수님에 관한 지식을 전하는 사람의 말은 다른 사람의 자랑이나 자신의 이익을 얻기 위해 하는 말과 구별될 수밖에 없습니다.

　　항상 우리를 그리스도 안에서 이기게 하시고 우리로 말미암아
　　각처에서 그리스도를 아는 냄새를 나타내시는 하나님께

감사하노라 고후 2:14

또한 예수님을 믿는 사람의 자랑은 늘 흔들리지 않는 든든함입니다. 믿음으로 사는 삶은 형통할 때 감사하고, 재앙의 날에 흔들리지 않고 돌아볼 수 있게 합니다. 예수님과 함께하는 삶과 그가 기뻐하시는 삶을 추구하는 믿음의 사람에게는 눈으로 보이는 것이 아니라 심판대에서 예수님을 만날 때 그분을 기쁘시게 하는 삶 추구하게 됩니다.

그런즉 우리는 몸으로 있든지 떠나든지 주를 기쁘시게 하는 자가 되기를 힘쓰노라 고후 5:9

마지막으로 예수님을 믿는 자에게는 오른손과 왼손에 의를 무기로 주셨습니다. 복음을 전하는 것 때문에 바울은 매번 고통스러운 상황 가운데 빠졌다고 말합니다. 그를 모함하는 사람들에게 폭력을 당하기도 하고, 잠도 못 자며 굶주렸던 적도 많았습니다. 그러나 그를 지켜 주는 강한 무기가 있었습니다. 그것은 예수님을 믿기 때문에 주시는 '의'였습니다. 예수님을 믿기 때문에 주신 의는 그에게 악을 악으로 갚지 않게 지켜 주셨습니다. 아무것도 소유하지 않았지만 부유함을 가진 마음을 세상은 함부로 하지 못했습니다. 예수님의 사람은 그분의 보호하심으로 모든 공격을 이겨 낼 수 있었습니다.

진리의 말씀과 하나님의 능력으로 의의 무기를 좌우에 가지고 고후 6:7

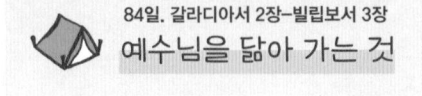
에베소서, 빌립보서, 골로새서는 바울이 로마에 갇힌 몸이 되었을 때 쓴 편지입니다. 각 지역에 세워진 교회들의 믿음을 견고하게 세우기 위해서 쓴 이 편지들에 공통적으로 나오는 내용이 있습니다. 바로 예수님을 닮아 가는 것에 대해서입니다.

에베소서에는 예수님을 닮아 가야 하는 이유를 알려 줍니다. 예수님으로 인해 하나님의 자녀, 빛의 자녀가 되었기 때문에 예수님을 닮아 가는 것은 우리가 걸어가야 할 길입니다. 자녀답게 살아가고, 아버지를 닮아 가는 모습, 빛 되신 예수 그리스도의 길을 좇아가는 삶은 분명히 그분이 기뻐하시는 삶입니다.

주를 기쁘시게 할 것이 무엇인가 시험하여 보라 엡 5:10

빌립보서에는 예수님을 닮아 가는 방법을 알려 줍니다. 예수님처럼 생각하고 행동하며 살아 가자고 말합니다. 예수님의 삶을 요약한 빌립보서 2장은 그 방법을 선명하게 보여 줍니다. 예수님은 하나님을 깊이 사랑하고 신뢰했습니다. 인간을 죄에서 구원받을 길을 열고자 하시는 하나님의 뜻에 기꺼이 동참하셨습니다. 십자가에 죽기까지 순종하셨습니다. 하나님은 그 뜻을 이루시고 부활하신 예수님을 영광스러운 자리에 높이셨습니다. 예수님의 삶은 하나님 아버지께서 보여 주시는 길에 순종하는 삶입니다.

사람의 모양으로 나타나사 자기를 낮추시고 죽기까지
복종하셨으니 곧 십자가에 죽으심이라 빌 2:8

골로새서는 예수님을 닮아 가는 삶을 구체적으로 소개합니다. 그 삶은 죄에 오염되기 전 창조될 때 주셨던 하나님 형상의 회복입니다. 그러기 위해서는 삶 속에서 죄악된 모든 것을 쓸어 내야 합니다. 죄악된 모든 감정들은 우상들입니다. 그중에 탐심은 우상숭배라고 강조합니다. 하나님보다 더 소중하게 생각하는 모든 감정, 멈출 수 없는 모든 것들이 우상입니다. 이 우상들을 모두 쓸어 내고 하나님을 아는 지식으로 채워 가는 것이 예수님을 닮아 가는 삶입니다.

새 사람을 입었으니 이는 자기를 창조하신 이의 형상을 따라
지식에까지 새롭게 하심을 입은 자니라 골 3:10

바울과의 캠핑

God had called us

사도행전 16:6-10
Acts 16:9

HELP
NEED HELP!!
HELP US

오늘은 바울과 함께하는 캠핑입니다. 캠핑할 자리를 먼저 볼까요?

무시아를 지나 드로아로 내려갔는데 ^{행 16:8} 행 16:8

드로아는 역사적으로 아주 유명한 곳입니다. 아마 여러분도 분명히 들으신 적이 있을 거예요. 바로 그리스 로마 신화의 "트로이의 목마"에 나오는 '트로이'입니다. 지금 드로아에 있는 바울은 오도가도 못하는 상황 속에 있습니다.

성령이 아시아에서 말씀을 전하지 못하게 하시거늘 그들이
브루기아와 갈라디아 땅으로 다녀가 ^{행 16:6} 행 16:6

바울이 선교의 2차 여행으로 아시아로 내려가려고 했는데 성령께서 막으셨습니다. 그래서 1차 선교를 다녀왔던 곳으로 다시 갑니다. 얼마나 답답할까요? 바울이 브루기아와 갈라디아 지역으로 선교를 하고 다시 왔어요. 이번에는 새롭게 선교하려고 올라가려고 하니 이번에도 막으시는 거예요. 막히고, 또 막히는 상황에서 위로 올라가지도, 아래로 내려가지도 못하는 상황입니다.

오늘 본문은 답답하고 막막한 상황 속에 있는 바울을 찾아오시는 하나님을 볼 수 있는 구절입니다. 바울에게 갖고 계셨던 하나님의 계획을 볼 수 있는 내용입니다.

첫 번째, 나의 생각과 다른 길로 지혜를 넓혀 주십니다.

6절 말씀을 다시 볼까요?

> 성령이 아시아에서 말씀을 전하지 못하게 하시거늘 그들이
> 브루기아와 갈라디아 땅으로 다녀가 ^{행 16:6}

사도 바울과 실라, 디모데가 한 팀으로 가고 있습니다. 이들의 리더인 바울이 가고 싶어하는 곳은 아시아였습니다. 아시아의 수도인 에베소였을 것입니다. 에베소는 아시아에서 가장 큰 도시일 뿐만 아니라 로마제국의 5대 도시 안에 들어가는 역사적인 대도시였습니다. 또한 에베소는 동양과 서양이 만나는 곳이에요. 문명이 오고 가는 길목에 있는 것이죠. 만약 이곳에 그들이 처음 듣는 예수님에 대한 복음이 전파된다면 복음은 전 세계로 퍼지게 될 것이라는 생각을 할 때 얼마나 벅찼을까요? 개인적인 커리어와 익숙한 문화로 봐도 바울은 에베소와 어울리는 곳입니다. 그에게 연설할 수 있는 기회를 주고, 사람들과 활발하게 토론할 수 있는 곳이 바로 에베소였을 것입니다. 바울 자신은 기회가 주어지면 성공을 확신했을 것입니다. 그런데 오늘 말씀에 하나

님은 그 성공을 눈앞에 두고 있는 길을 막으시는 것이죠. 하나님은 1차 선교여행으로 갔던 갈라디아 지역의 사람들의 성장이 더디게 보여도 선교여행을 출발할 때마다 그들을 돌아보게 하십니다.

때로는 너무나 확실한 성공의 길이 아닌 다른 길로 인도하실 때가 있습니다. 내가 이렇게 하면 하나님도 분명히 좋으실 텐데 막으시는 것처럼 보일 때가 있습니다. 그때는 우리의 지혜를 바꾸시는 시기입니다. 내가 생각하는 성공이 아닌 또 다른 성공을 맛보게 하실 하나님을 기대하시기 바랍니다. 더 좋은 것을 주시기 원하시는 선한 목자이신 예수님이 여러분의 지혜와 성공에 대한 새로운 경험을 하게 하실 것입니다.

두 번째, 내가 시작할 수 없는 길 앞에서 역사를 바꾸십니다.

바울이 아무것도 할 수 없는 순간을 맞은 것이 처음이 아니었습니다. 사도행전 9장에 예수님을 믿는 이들을 잡으러 다메섹으로 달려가는 그는 예수님을 만났습니다. 빛 되신 예수님을 만나자 그는 눈을 떴지만 보이지 않게 됩니다. 그는 어디로 가야 할지 몰랐습니다. 어둠 속에 사방이 막혀 있는 곳에 홀로 앉아 있습니다. 아무것도 보이지 않는 그가 기약 없이 식음을 전폐하고 있을 때 한 남자가 나타납니다. 하나님은 그에게 아나니아를 보내서 믿음의 길을 열어 주었습니다 (행 9:17 참조).

바울은 두 번이나 가려던 길이 막힌 상황이었습니다. 그 길을 열어 주신 분은 하나님입니다. 바울은 환상 속에서 한 사람 마케도니아 사람을 만납니다. 그리고 그가 사는 곳으로 바울을 초대합니다. 환상에서 깨어난 바울은 환상 속에서의 메시지가 하나님의 메시지임을 확신합니다. 그리고 한 번도 가보지 않은 그 길을 자신의 동역자들인 실라와 디모데와 함께 떠납니다.

밤에 환상이 바울에게 보이니 마게도냐 사람 하나가 서서

그에게 청하여 이르되 마게도냐로 건너와서 우리를 도우라
하거늘 바울이 그 환상을 보았을 때 우리가 곧 마게도냐로
떠나기를 힘쓰니 이는 하나님이 저 사람들에게 복음을 전하라고
우리를 부르신 줄로 인정함이러라 ^행 16:9-10

바울에게 다시 아무것도 할 수 없는 그 순간이 왔습니다. 그때 그에게 한 남자가 환상 가운데 나타났습니다. 같은 방법으로 그를 인도하신 적이 있었기에 그는 새로운 역사를 기대하며 망설이지 않고 마케도니아로 출발할 수 있었습니다.

앞으로 사방이 막힌 듯한 생각이 들 때는 낙심하지 말고 말씀을 펴시기 바랍니다. 여러분에게 필요한 메시지를 주실 것입니다. 그리고 말씀을 가지고 기도의 자리에 가시기 바랍니다. 여러분의 마음에 힘을 주시고, 인도해 주실 것입니다.

마지막으로, 성공 여부를 알 수 없는 길로 역량을 넓혀 주십니다.

하나님은 바울을 마게도니아로 보내셨습니다. 그곳은 사람들의 분위기가 완전히 달라지는 것이 눈에 보이는 곳입니다. 행정적으로, 문화적으로 완전히 다른 곳입니다. 바울은 마케도니아 지역에서도 대표적인 고린도에서 처음으로 긴 시간 동안 체류하면서 복음을 전했습니다. 1년 반 동안 이방인이었던 디도 유스도의 집에 머물면서 바울은 복음을 전했는데 사람들이 예수님께 돌아왔습니다. 회당장 그리스보와 그의 온 집안 식구들이 믿게 되었습니다. 다른 많은 사람들이 예수님을 믿고 세례를 받았습니다.

그런데 환상 중에 이런 말씀을 하십니다.

밤에 주께서 환상 가운데 바울에게 말씀하시되 두려워하지 말며
침묵하지 말고 말하라 내가 너와 함께 있으매 어떤 사람도 너를

대적하여 해롭게 할 자가 없을 것이니 이는 이 성중에 내 백성이
많음이라 하시더라 ^행 18:9-10

왜 이런 말씀을 하셨을까요? 바울이 고린도에서 복음을 전하기
가 쉬웠다면 이런 이야기를 절대 하시지 않았을 것입니다. 그에게 복음
전도는 너무 힘든 일이었습니다. 그는 회당에서 복음을 전했습니다. 그
러나 유대인들은 그를 쫓아다니며 막았습니다. 그에게 몰려가서 그를
고소합니다. 그를 돕는 사람들을 때리고, 곤경에 처하게 했습니다.

고린도 사람들도 그에게 호의적이지 않았습니다. 그가 수많은
지혜자들이 자신의 주장을 펼치는 자리에서 예수님의 복음을 전할 때,
온갖 수모를 당해야 했습니다. 그런 상황 속에서 그는 하나님이 주신
사명을 감당하기 위해 그를 핍박하기 위해 나오는 사람들이 있는 곳으
로 길을 나섰습니다.

내가 생각하는 성공의 여부를 가늠할 수 없는 곳으로 인도하시
는 하나님을 보신다면 기대하십시오. 분명히 쉽지 않은 시간이 올 것입
니다. 생각보다 더 힘든 길일 수 있습니다. 그러나 분명한 것은 지금까
지 보지 못한 열매를 주실 것입니다. 그리고 그곳에서 이전에 경험하지
못한 예수님과의 동행을 경험하게 될 것입니다.

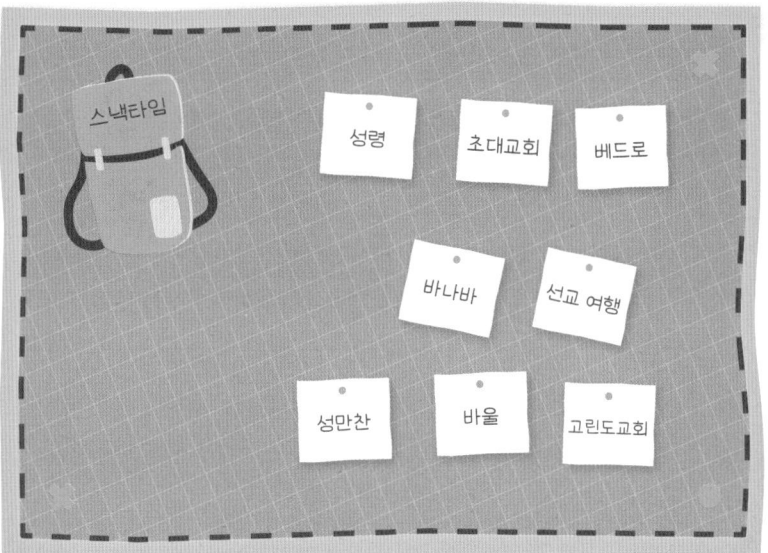

Q1 사도행전 18장에 나오는 아볼로가 '요한의 세례'만 알아서 브리스길라와 아굴라가 하나님의 도를 더 정확하게 가르쳐 주었다고 표현합니다. 말씀을 보면 아볼로가 성경의 전문가로 보이는데 어떤 일이 있었는지 궁금합니다.

아볼로는 상당한 수준의 지적인 능력을 갖추고 있는 것으로 보입니다.

알렉산드리아에서 난 아볼로라 하는 유대인이 에베소에 이르니 이 사람은 언변이 좋고 성경에 능통한 자라 그가 일찍이 주의 도를 배워 열심으로 예수에 관한 것을 자세히 말하며 가르치나 요한의 세례만 알 따름이라 ^{행 18:24-25}

아볼로는 당시에 지식인으로서 필요한 모든 것을 갖춘 사람이었습니다. 그는 지성의 도시 알렉산드리아 출신입니다. 그곳은 헬라의 지식과 문화의 도시입니다. 세계에서 가장 빛나는 학문은 알렉산드리아의 도서관을 중심으로 로마시대까지 명성을 이어 갔습니다. 알렉산드리아 출신으로서 지식인이라고 한다면 당대의 지식을 고루 갖춘 사람이었을 것입니다. 그는 헬라문화뿐만 아니라 성경에 대해서도 전문가였습니다. 언변이 좋았다는 기록을 보면 그는 지식을 소화해서 사람들에게 권위 있게 전할 수 있는 사람이었음을 알 수 있습니다. 그러나 영적인 것에 대해서는 무언가 부족했던 것 같습니다. 하루는 그의 강의를 듣더니 브리스길라와 아굴라가 자신의 집으로 초대했습니다.

> 그가 회당에서 담대히 말하기 시작하거늘 브리스길라와
> 아굴라가 듣고 데려다가 하나님의 도를 더 정확하게 풀어
> 이르더라 행 18:26

브리스길라와 아굴라는 장막을 만들고 고치는 일을 하는 상인이자 제조업에 종사하던 부부였습니다. 오랜 수고로 성경적인 지식과 깨달음으로 지혜도 있었겠지만 인정받는 지식인 아볼로가 듣고, 그것을 수용하기에는 어울리지 않는 조합인 것 같습니다. 그러나 아볼로는 그들에게 자신이 모르는 하나님의 도를 전해 듣습니다.

아볼로가 깨닫고 있었던 도는 세례 요한이 그를 찾아온 사람들에게 요단강에서 세례를 줌으로써 이전에는 전혀 경험하지 못했던 것을 깨닫게 하셨습니다. 이전에는 성전에서 율법을 듣고 배우는 것, 그리고 내가 율법의 도를 지키는 것만으로 의로워지고 천국을 약속받을 줄 알았는

데 어느 순간 생명이 없는 길임을 깨달았습니다. 그리고 세례 요한의 세례를 경험하고 깨닫습니다. 물에 들어가는 것으로 나의 죄를 씻으시는 하나님을 경험합니다. 그리고 그것에서 새로운 의미를 찾습니다. 그러나 이제는 성령의 도, 하나님의 도를 경험해야 하는 때가 왔습니다. 우리의 죄를 예수님의 보혈로 씻어 주시고, 성령 충만함으로 새로운 힘이 되어 주실 하나님의 도를 배웠습니다. 그리고 그는 바로 나아가서 새롭게 깨달은 하나님의 도를 전하였습니다.

Q2 갈라디아서 2장 11절을 보면 바울이 베드로를 나무라는 내용이 나옵니다. 베드로가 보았을 때 바울은 까마득한 후배일 것 같은데 이렇게 행동한 이유는 무엇인가요?

바울이 베드로를 질책하는 모습이 어색한 장면인 것은 사실입니다. 아마도 어색한 것은 베드로가 초대교회의 성도라면 가장 존경할 만한 예수님의 수제자였기 때문입니다. 예수님을 가장 가까이에서 보고 함께 사역했던 베드로의 말이라면 가장 권위가 있을 것입니다. 바울이 예수님을 만나고 이방인을 위한 사도로서 사역을 한 지는 얼마 되지 않았지만 담대하게 베드로에게 이의를 제기한 것도 그 이유입니다.

베드로는 안디옥에서 이방인들과 식사하던 중에 예루살렘에서 온 유대교의 전통을 지키면서 예수님을 믿고자 하는 유대주의자들이 볼까 봐 그 자리에서 피했습니다. 바울은 그것을 지적한 것입니다. 하나님이 이방인 고넬료와 그의 집안 사람들에게 성령이 임하심을 통해 유대인과 이방인의 벽이 허물어진 것을 알려 주셨는데 아직도 그의 몸이 인도하는 대로 전통에 매여 있다면 그것을 보는 이방인 성도들은 물론 초대교인들이 어떻게 극복하겠느냐며 베드로에게 문제 제기를 한 것입니다. 그리고 내가 익숙한 대로, 주위에서 이끄는 대로 사는 것이 아니라 오직 주님께서 원하시는 대로 살아야 한다고 갈라디아 지역의 성도들에게 메시지를 보냅니다.

> 내가 그리스도와 함께 십자가에 못 박혔나니 그런즉
> 이제는 내가 사는 것이 아니요 오직 내 안에 그리스도께서
> 사시는 것이라 이제 내가 육체 가운데 사는 것은 나를
> 사랑하사 나를 위하여 자기 자신을 버리신 하나님의
> 아들을 믿는 믿음 안에서 사는 것이라 갈 2:20

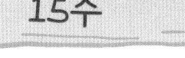
15주

빌립보서 – 요한계시록

깃발강의

마지막 열다섯 번째 깃발강의입니다. 이번 주는 '믿음, 소망, 사랑' 세 개의 깃발입니다.

첫 번째, 믿음입니다. 아시는 분들도 계시겠지만, '믿음' 하면 앞으로 히브리서 11장을 떠올리시면 됩니다. "믿음이란?"이라고 누군가가 물어보면 11장 1절을 생각하면서 이야기 나누시면 됩니다.

> 믿음은 바라는 것들의 실상이요 보이지 않는 것들의 증거니 히 11:1

이 구절은 유명한 말씀이어서 여러 설명을 들어 보셨을 것 같습니다. 처음 이 말씀을 접하시는 분들을 생각하면서, 제가 전도하던 때를 기억하며 소개해 드리고자 합니다. 믿지 않는 분들에게 복음을 전할 때 민망할 때가 많습니다. 대부분의 사람들에게 복음은 어리석은 소리로 들립니다. 그런데 하나님이 마음을 열어 주신 분을 만나면 그분이 예수님을 알고 싶어 하는 것을 전하면서 느낍니다. 예수님이 정말 계시기를 바라는 절박한 마음을 느낍니다. 그분들에게 복음을 전하고, 함께 신앙생활을 하면서 예수님에 대한 경험들이 쌓입니다. 예배의 감동과 기도의 응답을 통해 그분들의 삶에 복음의 증거들이 쌓입니다. 그러면 어느새 믿음은 그들의 바람이 아니라 사실이 됩니다. 우리가 볼 수 없고 만날 수 없지만 예수님이 이 땅에 오셔서 우리를 위해 죽으시고 부활하심을 알게 된 것이 믿음을 갖게 된 것입니다. 그리고 보이지 않지만 곁에 계신다고 말씀하신 예수님이 실제로 오늘 내 곁에 계심을 확신하는 것이 바로 믿음입니다.

요한계시록을 이야기 나눠 볼까요? 예수님이 다시 오신다고 하신 말씀을 듣고, 이제 알게 된 것이 천국에 대한 믿음을 갖게 된 것입니다. 그리고 곧 오시겠다고 하신 예수님의 말씀대로 다시 오심을 믿고 바라는 것이 바로 믿음입니다.

이런 믿음을 갖고 사는 사람들의 삶은 달라지게 되어 있습니다. 예수님을 믿는 사람은 이제 예수님과 동행하기 때문에 믿음의 삶을 살아갈 수밖에 없습니다. 그렇기에 우리의 믿음이 진실한지를 돌아볼 때 삶을 돌아보면 됩니다. 그 믿음의 체크리스트가 바로 야고보서입니다.

야고보서 2장 17절은 행동이 따르지 않는 믿음은 죽은 믿음이라고 합니다. 믿음에는 행함이 따르는데 그것을 통해 완전한 믿음이 된다고 말합니다. 2장 22절은 아브라함의 믿음의 결단은 완전한 믿음에 이르게 하는 행동이었다고 설명합니다.

히브리서의 "보이지 않지만 사실임을 알고 바라고 확신하는 것이 믿음이다", 그리고 야고보서의 "완전한 믿음을 이루게 하는 삶이 있어야 한다"는 것을 기억하시기 바랍니다.

두 번째는 소망입니다. 예언을 통해 기다리던 궁극적인 소망, 예수님이 오셨습니다. 그리고 예수님을 믿고 따르는 그의 제자인 우리의 소망도 예수님입니다. 조금 더 나아가서 이 땅이 아니라 그분이 다스리시는 천국, 그리고 그분이 다시 이 땅에 오심을 바라고 사는 것 역시 우리가 가져야 할 소망입니다.

예수님과 천국을 소망하는 사람은 믿음처럼 행동도 다르게 살아가게 됩니다. 유기성 목사님은 이것을 천국 소망이라고 말합니다. 《나는 죽고 예수로 사는 사람》이라는 책을 보면 천국의 안목을 가진 사람이 됩니다. 그렇기에 가진 것을 다 팔아서 진주를 사는 상인처럼 세상이 이해할 수 없는 삶이 그에게는 당연하게 됩니다. 그리고 천국을 사모하기에 이 땅이 아니라 주님의 품에, 주님의 나라에 오늘이라도 가고 싶은 사람으로 이 땅에서의 삶이 바뀐다고 설명합니다. 그 책의 내용을 그대로 옮기면 "소망이 있는 삶이란 주님의 나라가 다가오고 있음을 알고 그 나라를 위해서 준비하며 사는 삶입니다".

여러분, 소망을 깨달으셨으니 소망을 가지고 살아가시길 바랍니다.

세 번째는 사랑입니다. 고린도전서에 나오는 사랑은 사랑이 얼마나 중요한지에 대해 설명하고 있습니다. 사랑에 대한 말씀은 서신서에 풍성하게 나와 있습니다. 서신서가 속한 문학적인 장르에서부터 이미 사랑이 담겨 있습니다. 관심을 담아 보내는 사도들의 편지에 예수님은 사랑을 가르치시고, 믿음의 형제자매들 안에서의 사랑을 경험하게 하십니다.

특별히 요한1서 4장 16절을 보면 "하나님은 사랑이시라"는 직접적인 설명을 하십니다. 하나님은 사랑이시기에 보이지 않는 교회인 우리도 사랑이어야 합니다. 그리고 예수님을 사랑하고, 사랑하는 이웃들을 끝까지 사랑하는 사랑이어야 합니다.

요한계시록에는 예수님이 우리를 사랑하심에 대해, 우리가 기다리는 그날에 모두의 눈물을 닦아 주신다고 설명해 놓았습니다. 사람들에게 조롱받던 때도, 홀로 두려움에 떨며 울고 있을 때도 주님은 우리의 눈물을 알고 계십니다. 그리고 닦아 주십니다. 그런 우리가 해야 할 일은 그분을 사랑하고, 그분이 속히 오시길 바라며 나아가는 것입니다.

그리고 우리가 가는 길을 함께 가는 믿음의 형제자매와 복음을 전해야 할 이들을 사랑하기를 매일 선택하는 우리가 되어야 합니다.

열다섯 번째 깃발강의를 이렇게 마치네요. 수고 많으셨습니다. 남은 한 주, 파이팅입니다!

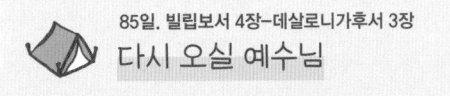

85일. 빌립보서 4장–데살로니가후서 3장

다시 오실 예수님

데살로니가전서와 데살로니가후서에는 공통적으로 예수님이 다시 오실 것에 대해 언급하고 있습니다. 같은 주제이지만 강조점이 다르기 때문에 함께 보려고 합니다.

데살로니가전서에는 예수님이 오실 때를 알 수 없으므로 늘 영적인 긴장을 하라고 권면합니다.

> 그러므로 우리는 다른 이들과 같이 자지 말고 오직 깨어 정신을
> 차릴지라 살전 5:6

사람들은 예수님이 다시 오실 것에 대해 잊고 무감각하게 살아갑니다. 죄가 끌어가는 삶에서 곧 심판대에 오를 염려를 하지 않고 몸

이 이끄는 대로 살아갑니다. 그러나 예수님이 도적과 같이 오신다고 하신 말씀을 기억하는 빛의 자녀들은 깨어 있어야 합니다. 첫 번째로, 영적인 무장을 갖추고 자신을 지켜야 합니다. 믿음과 사랑의 갑옷을 입고, 구원을 소망하는 투구를 늘 쓰고 있어야 합니다. 두 번째로, 공동체를 이루고 서로에게 힘이 되어 주며 깨어 있어야 합니다. 격려하고 위로하며 깨어 있는 교회가 되어야 합니다.

> 그러므로 피차 권면하고 서로 덕을 세우기를 너희가 하는 것 같이
> 하라 살전 5:11

데살로니가후서에는 예수님이 다시 오심을 믿는 사람들에게 기쁜 소식을 전합니다. 바울이 이 편지를 쓸 때, 데살로니가교회가 복음 때문에 심한 핍박을 받고 있다는 소식을 들었습니다. 그렇기 때문에 이들이 받을 고통에 대한 가장 확실한 격려는 예수님이 다시 오심에 대한 소망이었습니다. 그들의 핍박은 예수님 앞에서는 영광이 되고, 하나님 나라로 들어가는 자격이 될 것입니다. 그리고 심판자 예수님이 그 억울함을 갚아 주실 것입니다. 마지막으로 고통당한 이들의 마음을 위로하시고 평안을 주실 것입니다. 심판자 예수님이 이 땅에 다시 오시는 날은 믿는 자들에게는 기쁜 날이고, 영원히 없어지지 않을 평강을 주시는 은혜의 날입니다.

> 환난을 받는 너희에게는 우리와 함께 안식으로 갚으시는 것이
> 하나님의 공의시니 주 예수께서 자기의 능력의 천사들과 함께
> 하늘로부터 불꽃 가운데에 나타나실 때에 살후 1:7

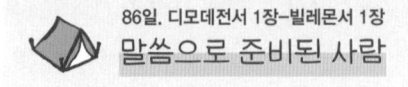

바울은 영적인 아들과도 같은 디모데에게 편지를 썼습니다. 어린 나이에 교회의 지도자가 된 디모데에게 실질적인 도움으로 성경 말씀에 대해 강조했습니다.

> 모든 성경은 하나님의 감동으로 된 것으로 교훈과 책망과 바르게
> 함과 의로 교육하기에 유익하니 딤후 3:16

하나님의 말씀은 글로 기록되었습니다. 사람의 손으로 쓰여졌지만 감동을 주신 분이 하나님이기 때문에 성경의 저자는 그것을 쓴 인간이 아닙니다. 그렇기에 성경의 말씀은 변하지 않는 진리입니다. 하나의 예로 하나님의 언약은 진리입니다. 사도행전 26장 23절은 예수님을 만난 바울이 하나님의 언약이 예수님을 통해 성취되었고, 자신의 삶에서 부인할 수 없는 진리가 되어 복음을 선포하는 삶을 살고 있다고 아그립바 왕에게 간증합니다. 모세와 예언자들을 통한 하나님의 약속이 바울의 삶에서 진리가 되었기 때문에 그는 진리를 선포하는 사람이 된 것입니다. 말씀이 진리이신 예수님을 만나게 하고, 그를 복음을 전하는 사람으로 만들었습니다. 하나님이 인간과 하신 약속은 전능하시고, 실수가 없으신 하나님의 약속이기 때문입니다.

또한 성경 말씀은 하나님이 주신 진리이기 때문에 어떤 대상과 상황에서도 판단할 수 있는 기준이 됩니다. 따라서 바른 길로 인도할 수 있고, 틀린 것을 바로잡는 데 유익합니다. 잠언 11장 1절은 하나님의 공의와 정의에 대한 설명을 기울어지지 않은 저울과 정확한 추로서 설명합니다. 하나님이 원하시는 성공에 대한 의미를 돌아봐야 할 때,

유익한 기준이 되어 줄 것입니다.

디모데는 리더로서 말씀이 준비된 사람이었습니다. 어렸을 때부터 믿음의 어른들에게 믿음의 유산을 물려받았습니다. 외할머니 로이스와 어머니 유니게는 어렸을 때부터 디모데가 말씀을 가까이할 수 있도록 가르쳤으며 그가 읽었던 말씀이 예수님을 통해서 구원을 받게 했다고 바울은 말합니다. 디모데는 준비된 이 말씀을 통해서 지도자로서 성장할 것입니다. 그리고 어떤 일에도 하나님이 기뻐하시는 일을 할 수 있는 사람이 되도록 길이 될 것입니다.

이는 하나님의 사람으로 온전하게 하며 모든 선한 일을 행할
능력을 갖추게 하려 함이라 딤후 3:17

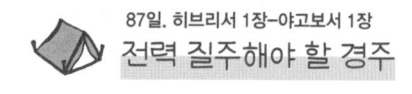

87일. 히브리서 1장-야고보서 1장
전력 질주해야 할 경주

히브리서는 믿음 있는 자들의 마음이 흔들리지 않게 격려하는 말씀들로 채워져 있습니다. 그중에서도 히브리서 12장 1절부터 3절까지의 말씀은 믿음을 가진 사람이 얼마나 복이 많은 사람들인지, 그리고 그 믿음의 길은 어떻게 가야 할지에 대해 친절하게 설명합니다.

이러므로 우리에게 구름 같이 둘러싼 허다한 증인들이 있으니
모든 무거운 것과 얽매이기 쉬운 죄를 벗어 버리고 인내로써 우리
앞에 당한 경주를 하며 히 12:1

예수 그리스도를 믿는 길을 이미 많은 믿음의 선배들이 걸었다

고 말하고 있습니다. 그리고 그들은 증인들입니다. 하나님이 주신 언약은 어떻게 이루어졌는지 믿음의 선배들이 성경 말씀 가운데에서 증거하고 있습니다. 또한 믿음의 길을 걸어간 그들의 헌신된 삶은 어떻게 하나님께 영광이 되었는지 말씀과 교회의 역사를 통해 증거하고 있습니다. 그러므로 그 길을 걸어가는 다음세대들은 경주하듯이 달릴 수 있습니다. 이미 확인된 길이기 때문에 지체하지 않아도 됩니다. 경주하듯 결승선을 보고 전력을 쏟아부어도 되는 길이 우리가 지금 걸어가는 믿음의 길입니다.

> 믿음의 주요 또 온전하게 하시는 이인 예수를 바라보자 그는 그
> 앞에 있는 기쁨을 위하여 십자가를 참으사 부끄러움을 개의치
> 아니하시더니 하나님 보좌 우편에 앉으셨느니라 히 12:2

예수 그리스도를 믿는 길은 온전하게 하시는 예수님을 바라보며 달려가는 길입니다. 주님은 이미 그 길을 걸으셨습니다. 그렇기에 예수님이 결승선입니다. 예수님이 걸어가신 길을 끝까지 달려가는 것, 온전히 닮아 갈 때까지 포기하지 않고 걸어가는 것이 바로 믿음의 경주입니다. 그렇게 달리는 길을 그분께서 책임지실 것입니다. 그분께서 우리를 온전하게 하실 것입니다. 어린아이와 같이 예수님을 닮아 가게 하시면서 성숙하고, 성장하게 하실 것입니다.

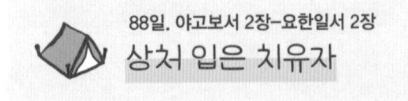

88일. 야고보서 2장-요한일서 2장
상처 입은 치유자

베드로전서는 핍박받는 초대교회 성도들을 위해 쓴 책입니다.

너희는 말세에 나타내기로 예비하신 구원을 얻기 위하여
믿음으로 말미암아 하나님의 능력으로 보호하심을
받았느니라 벧전 1:5

믿음 때문에 고난 가운데 있는 이들에게 줄 수 있는 가장 큰 위로이자 격려는 예수님이었습니다. 피해 갈 수 있는 길이었지만 예수님 때문에 선택한 길이었습니다. 베드로는 그렇게 선택한 믿음이 그들을 지킬 것이라고 격려합니다. 사람의 핍박을 하나님의 능력으로 보호하시므로 담대하라고 말합니다.

너희 믿음의 확실함은 불로 연단하여도 없어질 금보다 더 귀하여
예수 그리스도께서 나타나실 때에 칭찬과 영광과 존귀를 얻게 할
것이니라 벧전 1:7

그들이 지금 고통을 견디며 대가를 지불하고 있는 믿음은 예수님이 보시기에 무엇과도 바꿀 수 없는 귀한 것입니다. 더 순수한 금을 얻기 위해 뜨거운 불로 연단하여도 금은 닳고 사라집니다. 그러나 믿음은 사라지지 않습니다. 고난의 불로 강해지고, 더 순전해지는 믿음은 예수님 앞에서 영원히 남게 됩니다. 예수님이 그것을 보실 때에 모든 것을 인정해 주시고 높여 주신다고 말합니다. 예수님은 복음을 위해 받는 핍박이 어떠한지를 누구보다 잘 아십니다. 아무도 알아주지 않는 그 고난을 자신의 의지로 받을 때의 외로움을 예수님은 십자가를 지시면서 경험하셨기 때문에 고난받는 사람들의 마음의 아픔도, 몸의 고통도 누구보다 이해하십니다. 또한 믿는 자들도 예수님이 십자가의 고통 가운데 인간을 죄로부터 구원받을 수 있는 길을 열어 주셨음을 알고 있습니다. 그렇기에 헨리 나우웬의 《상처입은 치유자》의 제목처럼 고통을

아시는 예수님이 보호해 주시고, 다시 오실 때 격려해 주신다는 약속은
그분을 더 신뢰하며 의지하는 데 큰 도움이 됩니다.

> 모든 은혜의 하나님 곧 그리스도 안에서 너희를 부르사 자기의
> 영원한 영광에 들어가게 하신 이가 잠깐 고난을 당한 너희를 친히
> 온전하게 하시며 군건하게 하시며 강하게 하시며 터를 견고하게
> 하시리라 벧전 5:10

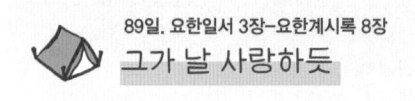

89일. 요한일서 3장-요한계시록 8장
그가 날 사랑하듯

하나님을 사랑하는 법은 무엇일까요? 그분 안에 사는 것입니다.
히브리서 11장 1절은 '믿음'을 바라는 것이 이루어질 것을 믿는 것, 보
이지는 않지만 사실임을 믿는 것이라고 말씀합니다. 하나님 안에 사는
삶은 내 안에 하나님이 계심을 믿고, 나와 함께하심을 바라는 것입니다.

> 누구든지 예수를 하나님의 아들이라 시인하면 하나님이 그의
> 안에 거하시고 그도 하나님 안에 거하느니라 요일 4:15

그렇다면 하나님을 향한 사랑을 확인할 수 있는 방법은 무엇일
까요? 첫 번째는 두려움입니다.

> 사랑 안에 두려움이 없고 온전한 사랑이 두려움을 내쫓나니
> 두려움에는 형벌이 있음이라 두려워하는 자는 사랑 안에서
> 온전히 이루지 못하였느니라 요일 4:18

두려움은 신뢰의 문제입니다. 온전한 사랑에는 조건이 없어야 합니다. 어떤 이유에서든지 조건이 생기면 두려움도 함께 찾아옵니다. 하나님이 인도하시는 길을 가기 위해 내가 포기해야 할 것에 대한 미련이 크다면 그것을 잃게 될 때의 염려는 두려움이 됩니다. 예수님을 선택하지 않으면 하나님께 벌을 받을까 봐 두려워진다면 그 선택은 온전한 사랑이 아닙니다. 예수님이 나를 먼저 조건 없이 사랑하셨듯이 나도 전부를 드리는 것이 바로 사랑입니다.

두 번째는 또 다른 사랑입니다. 예수님을 사랑한다면 함께하는 이웃과 사랑이 이어져야 합니다. 베드로는 하나님을 사랑한다고 말하면서 형제를 사랑하지 않는 것은 거짓이라고 말합니다. 하나님 사랑과 형제 사랑은 직접적인 연관성이 있습니다. 더 나아가서 예수님이 우리를 사랑하셨듯이 사랑해야 합니다. 사랑하지 않음은 죽음 가운데 거하는 것과 같습니다. 예수님이 우리를 위하여 죽으심을 통해 우리는 그 사랑의 진실을 알게 되었습니다. 그렇다면 우리가 형제를 사랑할 때도 그런 각오가 되어 있어야 합니다. 우리의 행위가 예수님을 닮은 형제의 사랑을 증명해야 합니다.

> 그가 우리를 위하여 목숨을 버리셨으니 우리가 이로써 사랑을
> 알고 우리도 형제들을 위하여 목숨을 버리는 것이 마땅하니라
> 요일 3:16

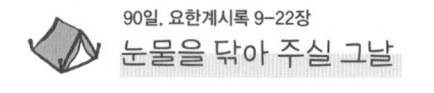

90일. 요한계시록 9-22장
눈물을 닦아 주실 그날

요한계시록은 이 세상 마지막 날에 대한 내용입니다. 마지막 날

에 새 하늘과 새 땅이 임함을 볼 것입니다. 그날이 되면 하나님이 이스라엘에게 주신 언약이 온전히 이루어짐을 모두가 확인할 것입니다.

> 내가 들으니 보좌에서 큰 음성이 나서 이르되 보라 하나님의
> 장막이 사람들과 함께 있으매 하나님이 그들과 함께 계시리니
> 그들은 하나님의 백성이 되고 하나님은 친히 그들과 함께
> 계셔서 계 21:3

하나님의 백성임을 완벽히 이해하고 경험할 수 있는 그날이 오게 됩니다. 하나님이 통치하시는 나라에서 주님을 보게 되는 날은 반드시 옵니다. 그것을 믿고 우리가 살아가는 이 세상 속에서 하나님의 백성으로 살아감이 우리의 부르심입니다.

그날이 되면 예수님이 우리를 보실 것입니다. 우리가 예수님 때문에 치른 수고와 흘린 눈물을 주께서 보실 것입니다.

> 모든 눈물을 그 눈에서 닦아 주시니 다시는 사망이 없고 애통하는
> 것이나 곡하는 것이나 아픈 것이 다시 있지 아니하리니 처음
> 것들이 다 지나갔음이러라 계 21:4

이 땅을 살아가면서 갖게 되는 질문에 답이 될 수 있는 진리는 우리가 천국에 간다는 것이 아닐까 생각합니다. 우리 인생에 끝이 있지만 그것은 오늘의 치열한 고민과 수고를 아시는 주님을 만나는 날이 있다면 허무하지 않을 수 있습니다. 나의 눈물을 아시는 주님과 함께 살아갈 영원한 천국을 깨닫는다면, 오늘의 고통이 설마 죽음으로 이어진다고 해도 영원의 과정일 것입니다. 이를 깨닫는다면 질문에 하나님이 답을 시원하게 주시지 않아도 달려오던 길에서 흔들리지 않고 이어 갈

수 있을 것입니다.

　예수님이 오실 날에 대한 그림이 그려진다면 우리의 소망은 자연스럽게 그날이 빨리 오는 것입니다. 그리고 그 마음을 아시는 주님은 약속하십니다.

> 이것들을 증언하신 이가 이르시되 내가 진실로 속히 오리라
> 하시거늘 아멘 주 예수여 오시옵소서 계 22:20

열다섯 번째, 마지막 캠핑은 사도 요한과의 캠핑입니다. 사도 요한은 지금 죽음의 섬으로 불리는 곳에 유배되어 있습니다. 네로 황제를 떠올리게 하는 도미티안 황제가 온 나라의 기독교인들을 모아 죽이고, 다시 돌아올 수 없는 곳으로 보내는 시기였습니다. 사도 요한을 제외한 모든 열한 명의 사도들이 순교했을 때 그는 95세로 알려진 노년의 나이에 살아남아서 지금 밧모섬이라는 곳에 와 있습니다.

밧모섬은 지금도 배를 7시간 넘게 타고 가야 도착할 수 있다고 합니다. 밧모섬은 돌섬으로 유명한데 돌을 캐내는 채석장이 있었고 노년의 몸이지만 요한도 중노동을 했어야 했다고 전해집니다. 물이 나오지 않는 돌섬에서 고된 중노동을 했던 그에게 예수님은 계시를 주셨습니다. 그 내용이 요한계시록입니다. 예수님과 함께했던 모든 이들이 순교하고 마지막 남은 제자에게 보여 주신 밧모섬의 환상을 통해 우리가 함께 마지막 캠핑을 하려고 합니다. 주께서 주시는 메시지가 앞으로 우리 삶에서 이어 갈 믿음의 트레킹을 위한 메시지가 되길 바랍니다.

첫 번째, 예수님은 교회에게 다가올 소망의 날을 보여 주십니다.

> 예수 그리스도의 계시라 이는 하나님이 그에게 주사 반드시
> 속히 일어날 일들을 그 종들에게 보이시려고 그의 천사를 그 종
> 요한에게 보내어 알게 하신 것이라 계 1:1

요한계시록에 나오는 미래에 일어날 일들은 예수님이 보여 주시는 계시였습니다. 앞으로 일어날 일들은 "반드시" "속히" 일어날 일들입니다.

왜 자기 종들에게 이 글을 주셨을까요?

> 요한은 하나님의 말씀과 예수 그리스도의 증거 곧 자기가 본
> 것을 다 증언하였느니라 이 예언의 말씀을 읽는 자와 듣는
> 자와 그 가운데에 기록한 것을 지키는 자는 복이 있나니 때가
> 가까움이라 계 1:2-3

내일을 알 수 없는 이들에게, 그리고 막혀 있는 이들에게 거짓이 없는 진리를 알려 주기 위해서입니다. 사랑하는 그의 종들에게 복을 주기 위한 것입니다. 듣고 지키는 자들은 복 있는 사람이라고 하셨는데 그 복을 주기 위한 주님의 사랑입니다. 그리고 그날이 점점 다가오고 있음을 알려 주고 소망을 잊지 않게 하고자 하는 주님의 사랑입니다.

하나님은 일어날지 모르는 미래가 아니라 반드시 올 미래, 속히 올 미래를 요한계시록을 통해서 보여 주십니다. 그것은 이 땅의 소망인

교회에게 주시는 예수님이 다스리시는 하늘나라입니다. 예수님이 인도하실 교회는 그렇기에 소망입니다. 교회 된 성도들을 포기하시지 않기 때문입니다. 다른 존재와 상황에서 의지할 곳을 찾지 마시고, 오직 예수님께 평안과 나아갈 힘을 구하는 여러분 되시길 주님의 이름으로 바랍니다.

두 번째, 예수님은 성도들의 모든 눈물을 닦아 주실 것을 알려 주십니다. 요한계시록에 나오는 이 땅의 마지막 날에 임할 심판들이 끝나고 21장에는 새 하늘과 새 땅이 내려오는 장면을 볼 수 있습니다. 21장 1절을 보면 전에 있던 하늘과 땅이 사라지고, 2절을 보면 하늘로부터 새 예루살렘이 내려오는 것을 볼 것이라고 말합니다. 그럴 때 하늘로부터 들려오는 메시지가 있습니다.

> 내가 들으니 보좌에서 큰 음성이 나서 이르되 보라 하나님의
> 장막이 사람들과 함께 있으매 하나님이 그들과 함께 계시리니
> 그들은 하나님의 백성이 되고 하나님은 친히 그들과 함께 계셔서
> 모든 눈물을 그 눈에서 닦아 주시니 다시는 사망이 없고 애통하는
> 것이나 곡하는 것이나 아픈 것이 다시 있지 아니하리니 처음
> 것들이 다 지나갔음이러라 계 21:3-4

지금 사도 요한은 밧모섬에 있습니다. 파트모스섬이라고 불리는 영종도 크기의 큰 섬입니다. 그곳은 섬 전체가 바위로 덮여 있어서 그 시절에도, 지금도 돌을 캐내어 가공하는 채석장이 있다고 합니다. 그 섬에는 도미티안 황제가 기독교인들 중에도 중범자들을 보내서 무거운 노동을 시켰다고 알려져 있습니다. 사도 요한도 95세 노년의 나이에도 채석장에서 노동을 하고 돌아온 뒤에, 같은 곳으로 유배된 일곱 집사 중 한 명인 브로고로가 받아 쓴 것으로 알려져 있습니다.

하늘나라를 바라보면서 쓰고 있는 사도 요한이 잡혀 온 곳은 자신을 고통 가운데 죽이려고 작정하고 보낸 곳입니다. 노년의 몸을 이끌고 무거운 형벌을 받고 나면 내일 또다시 끌려가서 고통을 감당해야 하는 곳입니다. 끝이 보이지 않는 그 시간을 겪고 있는 요한입니다.

예수님의 사랑을 누구보다 많이 받았던 제자인 요한의 노년과 삶의 마지막 자락은 끝이 보이지 않는 고통입니다. 영광 가운데 천국을 보는 순교의 자리가 아니라 몸으로 부딪혀야 할 피와 땀의 자리입니다. 그러나 그 자리에서 그를 붙들어 줄 수 있는 힘은 다른 어떤 것도 아닌 그와 함께할 예수님입니다.

요한계시록을 통해서 보지 못할 마지막 날을 보게 됩니다. 심판이 끝나고, 우리의 모든 눈물을 닦아 주실 예수님을 소망하게 됩니다. 우리가 사는 삶에서 그날을 그려 보게 됩니다. 그리고 미래의 모든 눈물을 닦아 주실 예수님이 오늘도 함께하심을 믿으며 담대하게 하루를 시작할 수 있는 복 있는 사람이 됩니다. 여러분의 눈물을 오늘 닦아 주시고, 우리가 만날 그날 모든 눈물을 닦아 주실 것을 소망하며 나아가시길 축복합니다.

마지막으로 예수님은 "어서 오소서" 소망하는 성도가 되길 원하십니다. 교회를 오래 다니셨던 분은 한 번쯤 들어 봤을 단어가 있습니다. "마라나타." 예수님 시대에 사람들이 많이 쓰던 아람어인데요. "어서 오소서", "속히 오시옵소서"라는 뜻의 단어로, 간절한 기다림을 나타냅니다. 그런데 저는 이번에 성경산맥을 하면서 이 단어가 다른 곳에서 쓰여졌던 것이 특별하게 다가왔습니다.

> 만일 누구든지 주를 사랑하지 아니하면 저주를 받을지어다 우리 주여 오시옵소서 고전 16:22

초대교회의 위대함은 어디서 올까요? 그들의 믿음입니다. 믿음은 어떤 믿음일까요? 예수님이 함께하신다는 미래에 대한 믿음입니다. 우리 사랑하는 성도들에게 가장 필요한 믿음이 내일을 알 수 없는 미래에 대한 믿음이죠? 오늘 주님이 우리에게 그 믿음을 사도 요한을 통해서 주십니다.

그리고 이 믿음은 한 번도 쉬지 않고, 한눈팔지 않고 복음을 향한 경주를 하고 있는 사도 바울을 통해서도 볼 수 있습니다. 오늘 우리가 처한 상황을 바라보지 않고 흔들리지 않는 믿음의 길을 갈 수 있는 비법도 이 땅이 아닌 천국을 소망하면서 살아가는 것입니다.

오늘 바이블 트레킹, 성경산맥의 마지막 캠핑을 하면서 우리 마음에 새길 단어는 이것입니다. "마라나타!" 어서 오시옵소서. 주께서 이루신다고 하신 미래의 말씀을 믿습니다. 모든 것을 다 이루신 후에 새 하늘과 새 땅에서 우리의 눈물을 닦아 주시고, 우리의 하나님이 되어 주심을 믿습니다. 우리 주여, 어서 오시옵소서!

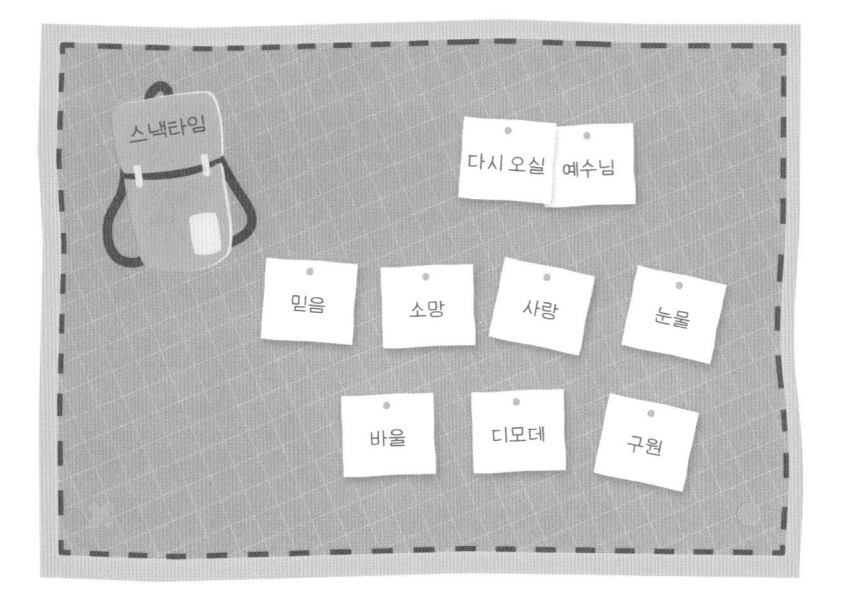

Q1 히브리서 7장에 나오는 멜기세덱은 예수님과 어떤 관계인가요?

　　히브리서를 쓰는 저자는 긴 내용을 할애해서 집중 설명하는 부분
이 있습니다. 그것은 예수님이 우리의 대제사장이 되셨다는 것입니다. 예
수님은 부활하시고 하늘로 올라가셨기 때문에 우리의 죄를 담당해 주시
고, 성소된 우리를 거룩하게 지켜 주시고, 하나님의 말씀을 성령으로 깨
닫게 하실 것입니다.

　　대제사장 되신 예수님을 설명할 수 있는 유일한 인물은 바로 창세
기에 등장하는 멜기세덱입니다. 아브라함이 롯을 구하는 전쟁을 마치고
돌아올 때 살렘 왕 멜기세덱은 떡과 포도주를 가지고 나왔습니다. 그리
고 성경은 그를 높으신 하나님의 제사장이라고 말합니다. 멜기세덱은 그

자리에서 아브라함을 축복합니다.

> 그가 아브람에게 축복하여 이르되 천지의 주재이시요
> 지극히 높으신 하나님이여 아브람에게 복을 주옵소서
> 창 14:19

이렇게 축복해 주는 멜기세덱에게 아브람은 그가 얻은 것에서 십분의 일을 주었습니다. 말씀을 통해 아론의 자손들과 레위지파가 이스라엘 백성에게 했던 제사장 역할을 멜기세덱이 감당하는 것을 볼 수 있습니다. 그리고 멜기세덱의 행동에서 창세기에 나오는 예수님의 성만찬의 모습을 볼 수 있습니다. 조카 롯을 구한 전쟁에서 돌아오는 아브라함을 제사장인 멜기세덱이 마중 나갈 때 의미를 담은 포도주와 빵을 가지고 나아갑니다. 이것은 성만찬으로 앞으로 믿음의 길을 걸어가야 할 제자들을 준비시키시는 예수님의 모습을 표현하는 구절로 볼 수 있습니다. 그렇기에 히브리서에서는 멜기세덱을 예수님이 이어 가시는 제사장의 모형으로 설명하고 있습니다.

또한 멜기세덱은 죽음을 경험하지 않은 영원한 제사장이라고 말하고 있습니다.

> 또 여기는 죽은 자들이 십분의 일을 받으나 저기는 산다고
> 증거를 얻은 자가 받았느니라 히 7:8

레위인들은 결국 죽을 인간으로서 십분의 일을 받았지만 멜기세덱은 영원히 사는 자로서 동일하게 받았습니다. 멜기세덱을 이해하는 것

은 인간의 인지로서 이해하기는 어렵다고 히브리서 5장 11절에 말씀합니다. 그렇지만 우리가 알 수 있는 것은 지금도 영원히 살고 있는 멜기세덱의 계통을 이은 예수님이 우리의 대제사장이라는 것입니다. 그리고 결정적으로 우리를 위하여 지성소로 들어가신 예수님이 우리의 영원한 대제사장이 되신 것을 선포합니다.

> 그리로 앞서 가신 예수께서 멜기세덱의 반차를 따라 영원히
> 대제사장이 되어 우리를 위하여 들어가셨느니라 히 6:20

예수님은 영적으로 완전히 채워질 수 없는 모세의 율법으로 세운 아론 계통의 제사장이 아닌 영원히 함께할 수 있는 멜기세덱을 이어 우리의 대제사장이 되셨습니다.

Q2 베드로전서 2장 4절에 나오는 '산 돌'에 대한 설명이 궁금합니다.

베드로전서 2장은 예수님이 이 땅에 오신 것을 여러 모양과 사용되는 용도로 설명하고 있습니다.

> 사람에게는 버린 바가 되었으나 하나님께서는 택하심을
> 입은 보배로운 산 돌이신 예수께 나아가 너희도 산 돌
> 같이 신령한 집으로 세워지고 예수 그리스도로 말미암아
> 하나님이 기쁘게 받으실 신령한 제사를 드릴 거룩한
> 제사장이 될지니라 벧전 2:4-5

예수님이 이 땅에 오셨을 때 사람들은 그를 주목하지 않았습니다. 모든 예언이 주께서 메시아임을 증거했지만 사람들은 이 돌을 버렸습니다. 그렇지만 이 버린 바 된 돌은 하나님이 선택하신 보배로운 생명이 있는 돌이었습니다. 하나님은 우리도 예수님이 되신 것처럼 거룩한 살아 있는 돌이 되길 원합니다. 옆에 있는 돌과 돌을 연결하고 내 위에 다른 돌을 얹을 수 있는 모퉁이돌이 되기를 사모해야 합니다. 예수님이 모든 이들을 구원으로 연결하는 모퉁이돌이 되셨듯이, 바이블 트레커들도 하나님이 보내시는 영혼들을 이으며 생명으로 인도하는 거룩한 산 돌이 되기를 바랍니다.

바이블 트레킹
BIBLE TREKKING

지은이 김성규
펴낸곳 주식회사 홍성사
펴낸이 정애주
국효숙 김의연 박혜란 손상범
송민규 오민택 임영주 차길환

2020. 11. 30. 초판 발행 2024. 8. 16. 3쇄 발행

등록번호 제1-499호 1977. 8. 1.
주소 (04084) 서울시 마포구 양화진4길 3 전화 02 333-5161 팩스 02 333-5165
홈페이지 hongsungsa.com 이메일 hsbooks@hongsungsa.com
페이스북 facebook.com/hongsungsa
양화진책방 02 333-5161

ⓒ 김성규 이혜민 조하영, 2020

• 잘못된 책은 바꿔 드립니다. • 책값은 뒤표지에 있습니다.

ISBN 978-89-365-1464-8 (03230)